En la cuerda floja

En la cuerda floja

La traducción y el equilibrio de la historia

Anna Aslanyan

Traducción de Ana Cabanes

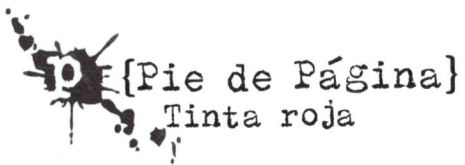

{Pie de Página}
Tinta roja

[Pie de Página]

CÁLAMO&CRAN

Título original: *Dancing on ropes: Translators and the Balance of History*
Publicado por primera vez en Gran Bretaña en 2021
por Profile Books Ltd.
Copyright © Anna Aslanyan, 2021

Primera edición, 2024

© del texto: Anna Aslanyan
© de la traducción: Ana Cabanes
© de esta edición: Pie de Página
Corrección: Susana Sierra
Diseño de cubierta: José Miguel Rodríguez Montoya
Maquetación de interior: Marta Vega

Depósito legal: M-3044-2024
ISBN: 978-84-127158-6-6

La traducción de este libro se rige por el contrato tipo propuesto por ACE Traductores.

Impreso de forma cariñosa en España.

Índice

Introducción

El 26 de julio de 1945 la Oficina de Información de Guerra de Washington emitió la Declaración de Potsdam, un ultimátum que exigía que Japón, todavía en guerra con los Aliados, se rindiera. Al enterarse a la mañana siguiente, el ministro de Asuntos Exteriores japonés, Shigenori Toro, no lo percibió como una orden de capitulación incondicional y, en su lugar, propuso negociar con los Aliados, instando al Gobierno a tratar el asunto «con la mayor circunspección, tanto desde el punto de vista nacional como internacional». Uno de los miembros del consejo de ministros se mostró en desacuerdo y propuso a cambio responder que consideraban la declaración absurda, pero el primer ministro Kantaro Suzuki respaldó a Togo y se decidió publicar el texto en la prensa sin comentario alguno. Sin embargo, los medios no pudieron evitar comentar el ultimátum, el cual consideraban «un chiste», por citar uno de los titulares. Se llegó así a otro compromiso: el primer ministro daría una declaración en la que restaría importancia a la proclamación sin rechazar sus términos. En la rueda de prensa, Suzuki declaró que el Gobierno no consideraba trascendente el documento y añadió: «Lo debemos *mokusatsu*».

La palabra japonesa se traduce literalmente como «matar a base de silencio», aunque Suzuki le explicó posteriormente a su hijo que había querido decir «sin comentarios», una expresión que en japonés no tiene un equivalente directo. Los estadounidenses lo tradujeron como «ignorar» y «tratar con silencioso desprecio». El 30 de julio la portada del *New York Times* anunciaba: «Japón rechaza oficialmente el ultimátum de rendición de los Aliados». El destino de Hiroshima estaba escrito.

Los historiadores tienen toda la razón al señalar que la tragedia no se debió solo a problemas de traducción. No obstante, los debates en torno al papel del traductor, tan antiguos como la misma profesión, siempre giran alrededor de su capacidad de intervención. En nuestro mundo multilingüe el equilibrio de la historia, inestable en el mejor de los casos, depende de las distintas interpretaciones de las palabras. Algunos traductores creen que son un mero conducto, idealmente un filtro invisible a través del cual fluye el significado; otros alegan que es bastante menos sencillo: al final, utilizan sus propias palabras, acentos e inflexiones, por lo que inevitablemente ejercen una influencia. ¿Pueden los traductores tomarse libertades? ¿Deberían hacerlo? La naturaleza del trabajo, como vamos a ver, implica que las intervenciones son difíciles de evitar.

Cuando Donald Trump se refirió a ciertos estados como «países de mierda» en 2018, traductores de todo el mundo se tomaron la molestia de atenuar esta definición. La versión más educada, utilizada en Taiwán, fue «países donde los pájaros no ponen huevos»; Japón optó por «países sucios como retretes»; en Alemania utilizaron «basurero». Ese mismo año, los medios internacionales interpretaron la palabra empleada por Jair Bolsonaro durante la campaña presidencial brasileña *limpeza*, como «limpieza». ¿Qué quería transmitir realmente el candidato? ¿Subestimaba esta traducción la posición de sus enemigos, a los que en realidad podría haber amenazado con una «depuración»? Por muy amplio que sea el espectro de sentidos ocultos en el mensaje original, la elección de palabras de un traductor puede tener consecuencias inmensas. Cuando la frase literal «Muerte a Estados Unidos», muy extendida en Irán desde la revolución de 1979, se traduce como «Abajo Estados Unidos», el mundo empieza a tener un poco más de sentido.

Hasta donde yo sé, mi trabajo como traductora e intérprete autónoma nunca ha inclinado la balanza de la historia. Pero sí me ha dado mucho que pensar, permitiéndome ver más vívidamente la figura del traductor, rodeada de acontecimientos precarios en los que no puede evitar intervenir. Es esta imagen la que me gustaría esbozar en estas páginas.

La comunicación humana, incluso en un solo idioma, siempre está sujeta a la condición de que entendemos y nos entienden mucho menos de lo que esperamos. Al principio de mi carrera como intérprete, un caso judicial me lo dejó particularmente claro. La mujer para la que interpretaba permaneció sentada con la cabeza entre las manos durante toda la vista, que giraba en torno a la custodia de su hijo. Al principio no me di cuenta, y ella no quería decírmelo cuando se lo pregunté, de lo poco que significaban para ella las fórmulas legales (las cuales yo hacía todo lo posible por traducir, exhibiendo mi recién aprendido lenguaje jurídico) y lo único que quería saber era si se reuniría con su hijo. Cuando el juez llegó a «Sería mi intención admitir a trámite este recurso» ella seguía sin reaccionar ante la buena noticia. Después, mientras su abogado le explicaba la resolución de forma clara y sencilla, yo lo interpreté y sentí cómo se me quitaba de encima el lastre de los diccionarios cuando ella levantó la vista y asintió. Esta vez lo había entendido todo.

Cualquier persona que haya intentado traducir algo alguna vez estará especialmente interesada en las lagunas entre idiomas: lagunas creadas por diferencias conceptuales y suposiciones culturales. Es en estos espacios, a menudo ignorados, donde los traductores deben tomar decisiones, basándose a menudo únicamente en su propio criterio. ¿Qué otra cosa puedes hacer cuando eres quien tiene todas las cartas en la mano? Lo que determina este proceso de toma de decisiones es la propia convicción de la traducibilidad de la experiencia humana.

El filósofo español José Ortega y Gasset comienza su célebre ensayo, publicado en 1937, *Miseria y esplendor de la traducción* con la afirmación de que la traducción es un afán utópico. Sostiene que los seres humanos pensamos en conceptos más que en palabras, y que ningún diccionario es capaz de ofrecer equivalencias entre dos lenguas determinadas, ya que dos palabras convencionalmente consideradas como traducciones equivalentes nunca pueden referirse a los mismos objetos. Otros han planteado una cuestión similar al hablar del lenguaje del pensamiento, o «mentalés», un código no verbal procesado por el cerebro humano.

Según esta teoría, para poder traducir con exactitud se necesita un tesauro con una amplia lista de sinónimos de cada palabra, así como ejemplos de su uso en todos los contextos imaginables. Entonces, siempre que la otra parte también disponga de un libro de referencia similar —que contenga no simplemente palabras, sino experiencias— se podrá encontrar la correspondencia exacta entre ambas. A menos que se disponga de tales compendios, la traducción perfecta es una fantasía (y también lo son, siguiendo la misma lógica, la escritura, la lectura, el habla y, en efecto, todos los esfuerzos intelectuales). Desde esta perspectiva, la traducción puede parecer un problema irresoluble, pero merece la pena afrontarlo, sobre todo ante la evidencia de que la comunicación en más de una lengua es posible después de todo. Se puede llevar a cabo de infinitas formas, aunque la traducción palabra por palabra es rara vez una de ellas. Las cosas serían diferentes en un mundo ideal, donde cada palabra tendría una correspondencia perfecta en cada diccionario, cada frase estaría escrita con claridad y cada mensaje estaría cuidadosamente enunciado. Nuestro mundo no es de esta manera, y es mucho mejor así.

La verdadera preocupación del traductor no son las palabras, sino el sentido. Para preservarlo, puede suavizar los rasgos extraños del original para que sea más accesible, o puede conservar algunas pinceladas extranjeras en su traducción, asegurándose de que se perciben como tal. ¿Deben ser mutuamente excluyentes estas estrategias? Una pista reside en la forma en la que se define la traducción como actividad. Puede considerarse un arte, un oficio, un pasatiempo, una afición, una necesidad, dependiendo de lo que motive a los que se dediquen a ello. Puede ser tan creativa como uno quiera, pero también es una actividad secundaria: primero tiene que haber un original. Puede ser una vocación, una pasión, una profesión, pero también una alternativa, algo a lo que recurrir cuando necesitas un descanso de otro trabajo, cuando buscas desesperadamente una nueva experiencia o cuando simplemente estás desesperado. A menudo, los traductores también han sido poetas, esclavos, médicos, aprendices, abogados, espías, predicadores, diplomáticos, soldados y un largo etcétera. «Digamos que la traducción es un oficio, como la ebanistería, la panadería o la albañilería», propone el escritor y traductor Eliot Weinberg. «Es un oficio que cualquier aficionado puede hacer, pero que los profesionales hacen mejor».

La traducción, por tanto, es un trabajo como cualquier otro, impulsado por la oferta y la demanda; algo en lo que uno puede inspirarse o algo que hacer simplemente para ganarse la vida, aceptando los encargos como llegan: un caso de divorcio o una novela experimental, un manual de coche o un folleto de vacaciones. Mientras trabajas, tus acciones pueden cambiar el mundo que te rodea de más formas de las que esperas. Este libro tratará sobre traductores que hacen cosas que, aunque no forman parte de su cometido oficial, determinan la manera en la que abordan su trabajo. Hablará de la calidad del trabajo de los traductores —un concepto escurridizo— e indagará en las relaciones entre los traductores y quienes los necesitan, algo especialmente complejo debido a las inevitables lagunas en la comprensión mutua. Por último, permitirá vislumbrar un futuro, al parecer no muy lejano, en el que los traductores tendrán que volverse todavía más versátiles para competir con las máquinas.

Las historias aquí recogidas muestran a los traductores en acción, describen lo que hacen y lo que ocurre después: acciones concretas y sus consecuencias, trascendentales o no. En cuanto a la teoría, es competencia de la policía de la traducción (como se conoce dentro del gremio a los más dogmáticos entre los eruditos de la traducción), que consideran como tarea propia hacer que se cumplan las normas, desde lingüísticas hasta éticas y políticas. Estas personas forman parte del ecosistema de la traducción, pero no de este libro. Se trata en su lugar de quienes, en vez de tambalearse entre abstracciones, se lanzan a la piscina con la esperanza de resolver un problema que puede o no tener solución. Lo que les quita el sueño no es pensar en la viabilidad de la traducción, sino la cuestión de cómo traducir una expresión, un tratado, un poema, un discurso, una novela, una sentencia, un chiste; cómo hacerlo inteligible mientras se conservan tanto la letra como el espíritu; cómo captar su significado; cómo hacer que funcione.

Si la traducción consiste en encontrar un espacio entre las lagunas o un compromiso entre los significados, ¿cuál es la mejor manera de alcanzar este equilibrio? «Es casi imposible traducir verbalmente y bien al mismo tiempo» escribió John Dryden en 1680 en el prefacio de su traducción de las *Heroidas* de Ovidio.

En resumen, el copista verbal se encuentra con tantas dificultades a la vez, que nunca puede separarse de todas. Debe considerar al mismo tiempo el pensamiento del autor y sus palabras, y encontrar el equivalente de ambos en otro idioma; y además de esto, debe limitarse al compás de los números y a la esclavitud de la rima.

Tras reflexionar detenidamente sobre el asunto, Dryden emite su veredicto, todavía válido hoy en día:

> Es casi como bailar en la cuerda floja con las piernas encadenadas: uno puede evitar la caída mediante la precaución, pero no cabe esperar la gracia del movimiento; y cuando hemos sacado lo mejor de ello, no es más que una tarea tonta, pues ningún hombre sobrio se pondría en peligro para recibir el aplauso por escapar sin romperse el cuello.

Una figura bailando en la cuerda floja, con sus connotaciones tanto alegres como siniestras, es una imagen adecuada para la profesión. Los traductores deben trabajar simultáneamente para alcanzar varios objetivos: transmitir el mensaje y no romper ciertas restricciones, mantenerse erguidos además de mantener la flexibilidad. Para conservar el equilibrio, se mueven constantemente entre estas imposibilidades, y el mundo se mueve con ellos.

1

Sacudiendo el mundo

Si quieres paz, prepárate para la guerra. Mientras EE. UU. y la URSS se enfrentaban en la Guerra Fría —cada bando esforzándose por demostrar la superioridad de su respectiva ideología— ambos afirmaban actuar en nombre de la paz. Junto a una serie de innovaciones tecnológicas también se implementó un nuevo vocabulario: «ordenador», «cibernética» y demás términos se extendieron; *sputnik*, el término ruso para «compañero», se adoptó para representar a un satélite al otro lado del telón de acero; «capitalismo» y «socialismo» no necesitaban mucha traducción, aunque sus definiciones variaban entre los bandos rivales. A menudo, el conflicto —tanto una guerra de significados como de creencias— hizo que los oponentes sonaran imprecisos: a veces realmente inseguros sobre qué decir; a veces intentando demostrar algo; a veces cayendo en trampas tendidas por su propio lenguaje propagandístico. Los intercambios verbales entre las dos superpotencias, refractados a través de la traducción, se convertían en ocasiones en callejones sin salida o culminaban en un enfrentamiento real.

Mientras Richard Nixon y Nikita Khrushchev se preparaban para su primer encuentro en 1959, todo el mundo esperaba un duelo de proverbios. Dada la afición del primer secretario a las expresiones idiomáticas, se aconsejó al vicepresidente que repasara los refranes estadounidenses. Tras hacerlo, no se anduvo con rodeos en su «pelea verbal», como dice el biógrafo de Khrushchev, William Taubman. Cuando un debate sobre la resolución de las naciones cautivas —recientemente aprobada por el congreso de EE. UU. en apoyo a las «naciones dominadas por los soviéticos» (los soviéticos, por alguna razón, preferían un adjetivo menos específico, «esclavizadas»)— llegó a un punto muerto, Nixon se aventuró a decir: «Hemos machacado a este caballo hasta la muerte, cambiemos a otro». Khrushchev contraatacó: «Esta resolución apesta. Apesta a mierda de caballo fresca, y nada huele peor que eso». Nixon tenía preparada su respuesta: «Me temo que el presidente se equivoca. Hay algo que huele peor que la mierda de caballo, y es la mierda de cerdo». Tal vez con la intención de calmar la situación, el intérprete de Khrushchev sustituyó «mierda» por la palabra rusa para «estiércol», debidamente registrada por los anotadores, pero posteriormente ignorada por los comentaristas en favor de la traducción directa.

Fue en esta ocasión, en la Exhibición Nacional Estadounidense en Moscú, cuando Khrushchev afirmó que la URSS pronto «alcanzaría y adelantaría» o, según otra traducción, «adelantaría y sobrepasaría» a Estados Unidos. Nixon respondió sugiriendo que tal vez sus anfitriones estaban a la cabeza en el desarrollo de cohetes, pero «puede que haya algunos ámbitos —como, por ejemplo, la televisión en color— en los que vamos por delante de vosotros». Con estas palabras, señaló a la cámara que los grababa en lo que debía de ser la primera cinta de vídeo que había viajado tan al este. «Nyet, nyet», interrumpió Khrushchev. «También os hemos adelantado en esa tecnología». El «debate de cocina» continúo en la Cocina Milagrosa, llena de relucientes artilugios de última generación, que a Khrushchev le parecieron ridículos. «¿Tenéis una máquina que os ponga la comida en la boca y la empuje hacia dentro?», preguntó. Cuando le mostraron el IBM 305 también lo ignoró, diciendo que los soviéticos también tenían ordenadores en abundancia, igual de potentes pero mucho más grandes.

A Nixon le impresionó la estrepitosa forma de hablar de Khrushchev, así como su lenguaje corporal, el cual incluía «un repertorio de gestos que cualquier director de orquesta envidiaría». No es que estos hicieran que sus improvisaciones fueran más fáciles de traducir. El intercambio de mierda fue seguido de más alardes y amenazas extravagantes por parte de Khrushchev, pero fueron sus incursiones improvisadas en la sabiduría popular rusa las que hicieron el trabajo de los intérpretes especialmente difícil. A diferencia de los traductores literarios, los intérpretes diplomáticos tienden a ceñirse a la interpretación palabra por palabra en la medida de lo posible, incluso a costa de perder un poco de ambiente o fluidez. Así, cuando Khrushchev prometió a los estadounidenses «enseñarles a la madre de Kuzma», el proverbio —una amenaza no especificada que significa, más o menos, «os daremos una lección»— fue traducido literalmente, y las explicaciones posteriores no lo clarificaron mucho.

La misteriosa madre dejó desconcertados a los estadounidenses durante un tiempo. En otra reunión a finales del mismo año, cuando Khrushchev repitió: «Os enseñaremos a la madre de Kuzma» su intérprete, Viktor Sukhodrev, optó por traducirlo como un comentario jocoso. Todo el mundo se preparó para una discusión, pero entonces Khrushchev se dirigió a Sukhodrev: «¿Ha vuelto a salir mal lo de la madre de Kuzma? Mira, simplemente explícaselo, es sencillo. Lo que significa es "algo que nunca hayan visto antes"». La cuestión cayó por su propio peso: Khrushchev nunca había pretendido intimidar a nadie (al menos no con esta expresión), simplemente había estado empleando mal el modismo ruso durante todo ese tiempo.

Las interpretaciones literales en la traducción pueden reducir el riesgo de lo que se conoce en el oficio como «extender
una metáfora»: una situación en la que un dicho aparentemente inocuo pierde su cualidad figurativa. Numerosos ejemplos
de este fenómeno han sido transmitidos a lo largo de los siglos
como historias reales, aunque varían sus detalles y no siempre
pueden atribuirse a una ocasión concreta. Apócrifos o no, ilus-
tran bien la naturaleza traicionera de los proverbios. Uno de
estos incidentes tuvo lugar en una importante conferencia internacional, cuando un delegado soviético utilizó un proverbio
parecido a «comparar peras con manzanas» y el intérprete se
lanzó a por todas con «algo huele a podrido en Dinamarca».
Cuando el representante danés tomó la palabra para protestar
por este «insulto injustificado», el orador —estupefacto— con-
denó lo que supuso que era una provocación. En otra ocasión,
un intérprete avivó una reunión de la UE traduciendo «algunos
prefieren no utilizar abono líquido» por «el abono líquido no es
plato de gusto para todos».

La incertidumbre que impregnaba los diálogos de la Guerra
Fría, aunque a menudo deliberada, también podía derivar de
la inseguridad. En caso de duda, la estrategia parecía consis-
tir en contar un chiste. A veces este método funcionaba; otras
veces, resultaba contraproducente. Al reunirse con Hubert
Humphrey —un senador estadounidense— en Moscú en
1958, Khrushchev le preguntó por su ciudad natal, y cuando Humphrey señaló Mineápolis en un mapa, Khrushchev la
rodeó con un lápiz azul y explicó: «Es para acordarme de dar
instrucciones de que se perdone a esta ciudad cuando vuelen
los cohetes». El senador, al constatar que Khrushchev vivía en
Moscú, respondió: «Lo siento, señor presidente, pero no puedo devolverle su amabilidad». Aunque el intercambio divirtió
a todos los presentes, no estaba nada claro quién iba a reír el

último. La URSS gozaba de un rápido crecimiento económico y de avances en la exploración espacial gracias el lanzamiento del Sputnik I en 1957, seguido dos años más tarde de la primera misión a la Luna. Khrushchev estaba en una «ofensiva de paz» que culminó con un viaje a Estados Unidos en 1959, el cual representa un punto álgido en su relación de amor-odio con Occidente. Lo acompañaban sus ayudantes-intérpretes, entre ellos Oleg Troyanovsky —que pronto se convertiría en su principal ayudante en política exterior— y Sukhodrev —un consumado lingüista muy respetado por ambos bandos—. Los dos relatan la visita en sus respectivas memorias.

Al visitar Estados Unidos por primera vez, Khrushchev estaba firmemente decidido a no mostrar lo impresionado que estaba. Sus intérpretes recibieron instrucciones de transmitir sus reacciones con un apropiado espíritu de «ponerse al día». Las circunstancias que requerían una interpretación en más de un sentido de la palabra surgieron inmediatamente cuando, de camino a Washington, vieron a gente alineada a lo largo del recorrido: de unas 200 000 personas algunas pocas sonreían y saludaban, pero la mayoría permanecía allí, como relataba Taubman, «con una expresión imperturbable y extrañamente silenciosos». George Dixon, del *Washington Post*, escribió sobre el estado de ánimo de la multitud: «No sabía si vitorear a rabiar, aplaudir con indiferencia o simplemente quedarme allí emitiendo pequeños sonidos que podrían traducirse como cualquier cosa». Fueran cuales fueran los sonidos emitidos, la prensa soviética los tradujo de forma inequívoca: «un tsunami de gritos», «estallidos de aplausos», «vítores de alegría», «alegría, calidez y cordialidad», todo ello aparecía en sus reportajes. Sukhodrev observó algunos rostros entusiastas: la embajada soviética había colocado estratégicamente a su personal y a sus familias a lo largo de la ruta.

Para romper el hielo en su primer encuentro, Khrushchev obsequió a Dwight D. Eisenhower con una caja que contenía una maqueta de la cápsula espacial que acababa de llegar a la Luna. Estaba tan hablador como siempre: Sukhodrev recuerda su «incontenible locuacidad», mientras que William Hayter, el embajador británico en Moscú en la década de 1950, lo describe como «ruidoso, impulsivo, charlatán, desenfadado y alarmantemente ignorante sobre asuntos exteriores». Hablaba «con frases cortas, con voz enfática y con gran convicción», aunque a menudo «se trababa al elegir las palabras» y «decía cosas equivocadas». Cuando esto ocurría, sus intérpretes solían corregirlo discretamente. No hay normas estrictas sobre si un intérprete debe preservar los errores o remediarlos. El principio básico de Sukhodrev era: si un orador comete un error que es claramente un desliz, hay que corregirlo sin que lo note. No todos los intérpretes son de la misma escuela.

Mientras sus anfitriones estadounidenses hacían todo lo posible por impresionar a Khrushchev, este se obsesionaba con sus inseguridades, teniendo berrinche tras berrinche, tomándose muchas cosas como insultos, y cuando sus ayudantes intentaron explicarle que algunas de las cuestiones más controvertidas reflejaban el «pluralismo estadounidense», siguió sin aceptarlo. Cuando visitó la sede de IBM en California, en una revocación de su postura sobre las cocinas, le gustó más su cafetería que sus ordenadores —las cafeterías de autoservicio aparecieron poco después en algunas ciudades soviéticas, mientras que los ordenadores tardaron algo más en llegar—. Desestimando los avances en la tecnología de la información, Khrushchev dijo que no se había «convertido a vuestra fe capitalista» porque, como dice un proverbio ruso, «cada *kulik* alaba su propio pantano». Sukhodrev —quien había oído hablar del ave llamada *kulik* pero, como la mayoría de los urbanitas, no tenía ni idea de cómo era— no conocía la palabra inglesa para designar al ave. Consiguió salir del paso con el improvisado «cada pato alaba su propio estanque»; uno de sus colegas estadounidenses utilizó la definición del diccionario «agachadiza»; un artículo periodístico ofrecía otra variante con «serpiente» y «pantano». Al día siguiente, otro periódico publicó un artículo titulado «Guerra Fría entre intérpretes».

En uno de los actos de Nueva York, cuando alguien sacó el tema del Gran Terror de Stalin, Khrushchev —que tres años antes había denunciado la idolatría de su predecesor— enrojeció y recurrió una vez más a la sabiduría popular: «Una mentira, por muy largas que sean sus patas, nunca puede mantener el ritmo de la verdad». Algunas de sus declaraciones fueron tan confusas que parecía como si hubiera rechazado la escalofriante claridad de Stalin junto con el resto del legado del dictador. De hecho, los arrebatos idiomáticos de Khrushchev eran un curioso producto de la preparación (como a Nixon, se le había animado a ponerse al día) y la improvisación. Aunque la mayoría de sus discursos estaban cuidadosamente ensayados, nunca fue de los que tenía cuidado con lo que decía. En una memorable ocasión en 1956, le soltó a unos diplomáticos occidentales: «Os guste o no, la historia está de nuestra parte. Os enterraremos». Según explicó más tarde, quería decir que la URSS sobreviviría a Occidente económica y políticamente; además, sus palabras se fundamentaban en la teoría marxista: el capitalismo estaba destinado a morir una muerte natural y, puesto que alguien debe enterrar su cadáver, la tarea recaía naturalmente en el socialismo. Pero no fue así como se entendió el comentario en ese momento. El *Times* publicó la frase literalmente; la versión de *Pravda* directamente la omitió junto con las palabras «fascistas» y «bandidos», utilizadas por Khrushchev para referirse a Reino Unido, Francia e Israel ese mismo día.

Durante el viaje a EE. UU. en 1959, en una ceremonia en Los Ángeles, el alcalde le recordó al primer secretario soviético su famosa predicción: «No puede enterrarnos, Khrushchev, así que no lo intente. Si nos desafían, lucharemos hasta la muerte». El invitado estaba fuera de sí: había venido a tender una mano de amistad a Estados Unidos «y si no la aceptan, no pasa nada». Después, Khrushchev pretendió que se había dejado llevar «fríamente por el cálculo» y no por la rabia. Sea cual sea la verdad, el incidente, como la mayoría de los de la visita, se relató de formas muy distintas: a veces por motivos ideológicos, a veces por discrepancias lingüísticas. En cualquier caso, la comunicación mediante traductores, por su propia naturaleza, tiende a generar historias difíciles de verificar o refutar: sean cuales sean los hechos que acaezcan, se suele dejar mucho margen a la interpretación.

En Los Ángeles, Khrushchev planeaba dar un «discurso muy breve y carente de emociones», pero después no pudo evitar arrojar sus humildes orígenes a las caras de la multitud de Hollywood —entre la que se encontraba Marilyn Monroe luciendo, como le habían indicado, su «vestido más ajustado y sexy»—, y soltó: «Aquí estamos ahora, en vuestra ciudad, donde tenéis las mejores estrellas del mundo cinemático artístico, como decís en vuestro país». Al contemplar una exhibición de cancán, la tachó de inmoral: «En la Unión Soviética, tenemos la costumbre de admirar las caras de nuestros actores, en lugar de sus traseros». Los soviéticos calificaron el espectáculo como totalmente indecente, de acuerdo con la definición que el diccionario ruso proporcionaba del cancán: «baile que entraña movimientos impúdicos». Al día siguiente, Khrushchev seguía dándole vueltas al asunto: «Esto es a lo que llamáis libertad: libertad para que las jóvenes enseñen el trasero».

Tampoco es que fuera un mojigato con sus propios discursos. Publicados en inglés bajo el título *Khrushchev in America*, contienen algunos chistes verdes y, en su mayoría, sin gracia; una de sus frases de apertura típica es: «A veces una chica demasiado exigente deja pasar el tiempo, es una solterona durante demasiado tiempo y se queda con las manos vacías». El recopilatorio se tradujo a partir de una edición rusa —en la que no se cita a los traductores—, que incluía inevitables cortes, como las despectivas interrupciones del público y las irritadas respuestas del orador («Creéis que me habéis doblegado», soltó en un momento dado). Calificado por la prensa soviética como «los trece días que sacudieron el mundo» el viaje fue en parte un éxito, con algunos avances en la cuestión de Berlín, pero la personalidad de Khrushchev resultó demasiado torpe para las delicadas tareas diplomáticas a las que se enfrentaba. Un político locuaz, irritable, malhablado, dado a salirse del guion, militantemente monolingüe y despreocupado por cómo sería percibido en otros idiomas; tal vez le hubiera ido mejor si hubiera visitado Estados Unidos en la actualidad.

Las anécdotas sobre el humor de Khrushchev en su primera incursión en el campo enemigo incluyen una que trata sobre una nota sin firmar que le fue entregada en un acto: «¿Qué estaba haciendo mientras Stalin cometía todos sus crímenes?». Pidió al autor que se identificara y, cuando nadie lo hizo, dijo: «Bueno, camaradas, ahora ya saben lo que estaba haciendo entonces». Una gran broma, sobre todo en comparación con sus otros intentos, pero resultó ser una noticia falsa, lo que nos deja con una única aportación graciosa del primer secretario soviético durante esa visita. Al ver en una esquina a una mujer con una pancarta que decía «Muerte a Khrushchev, el carnicero de Hungría», volvió a perder los papeles. ¿Lo había invitado Eisenhower para que lo insultaran? Cuando le dijeron que el presidente no tenía nada que ver, Khrushchev respondió: «En la Unión Soviética ella no estaría aquí a menos que yo hubiera dado la orden». Un comentario verdaderamente astuto, aunque involuntario.

La carrera de proverbios EE. UU.-URSS prosiguió en la siguiente visita de Khrushchev a Nueva York en 1960, cuando fue entrevistado por David Susskind en la televisión. Después de que Khrushchev instara a Estados Unidos a aceptar la idea de la paz, fue Susskind quien utilizó una expresión idiomática al preguntarle a su invitado si no estaría «aullándole a la Luna», queriendo expresar algo como «pidiéndole peras al olmo». Sukhodrev pensó más tarde que podría haber traducido las palabras de Susskind como «derribando una puerta abierta», pero en aquel momento, al hacerlo en directo en televisión lo tradujo palabra por palabra. «Pero añadí "como nosotros decimos"» explica en sus memorias, «para indicar que es idiomático». Pero ya era demasiado tarde. Khrushchev explotó, diciéndole a Susskind que él era el líder de un gran estado socialista, no un perro que había venido a ladrar. Aun así, la entrevista terminó de forma pacífica.

Mientras tanto, la carrera espacial se encontraba en pleno apogeo. Cuando otro periodista estadounidense le preguntó a Khrushchev si los soviéticos iban a enviar un hombre a la Luna, Troyanovsky interpretó «enviar» como *zabrosit*, una palabra a menudo usada en el sentido de «utilizar» pero que también significa «echar». Una vez más, Khrushchev se indignó. «¿A qué se refiere con "echar"? ¿A "desechar"?». Alzando la voz, les aseguró a todos que el Estado soviético valoraba a todos sus hombres y que nunca los desecharía. El 12 de abril de 1961, Yuri Gagarin fue enviado al espacio; unas semanas más tarde, en junio, Khrushchev y John F. Kennedy celebraron su primera cumbre en Viena.

Ha sido «la cosa más dura de mi vida», dijo Kennedy tras dos días de reuniones. En una de estas, en la que se habló sobre Berlín Occidental —lugar que Khrushchev deseaba incorporar al bloque soviético—, Kennedy expresó su preocupación por un posible «error de cálculo» por parte del soviético. El registro de su conversación indica que Khrushchev describió el término error de cálculo como un «término confuso» y se preguntó si

EE. UU. quería que la URSS «se sentara como un colegial con las manos en el pupitre», pero el taquígrafo estadounidense podría haberle restado importancia a la respuesta del ruso. Según Kennedy, «Khrushchev se puso hecho una furia. Empezó a gritar "¡Error de cálculo! ¡Error de cálculo! ¡Error de cálculo! ¡Todo lo que oigo decir a su equipo y a sus corresponsales son esas malditas palabras! […] ¡Estoy harto!"».

Al día siguiente, Khrushchev continuó su ofensiva de paz, diciendo que si Estados Unidos quería una guerra por Alemania, «que empiece ya». El anotador soviético lo suavizó por «que Estados Unidos asuma toda la responsabilidad de hacerlo», mientras que su homólogo estadounidense escribió «que así sea».

La guerra nuclear era uno de los temas favoritos de Khrushchev. En su visita a Estados Unidos en 1959, hablaba tan a menudo de ella que uno de los intérpretes estadounidenses, Alex Akalovsky, empezó a utilizar un símbolo taquigráfico en sus notas: un pequeño hongo nuclear. En su intervención ante la Asamblea General de la ONU, Khrushchev propuso que «todos los Estados deberían llevar a cabo un desarme completo» en un plazo de cuatro años. Los medios de comunicación soviéticos estaban eufóricos, elogiando al «infatigable defensor contra los poderes de las tinieblas» y su «análisis profundo y estrictamente científico» expresado con la oratoria más poderosa «en la historia de las Naciones Unidas». Occidente lo vio de otra manera, calificando el discurso de Khrushchev como algo «tan absurdo e impráctico que resulta insultante».

En el fondo, Sukhodrev estaba de acuerdo con esta última opinión. Menos mal que no tuvo que interpretar el discurso —ese honor recayó en un intérprete de la ONU—; sin embargo, como cualquier profesional, a menudo tuvo que traducir todo tipo de tonterías sin inmutarse. En sus memorias recuerda un paseo por Nueva York en el que Khrushchev se fijó en unas obras y se lanzó a dar un largo sermón sobre los méritos de la industria de la construcción soviética. Al escuchar esta gran conferencia sobre cómo construir casas, el intérprete se alegró de que no hubiera estadounidenses presentes. «Si no, todavía seguiría a su lado interpretando estos sinsentidos», escribe. «Cualquier persona sensata se daría cuenta de que son estupideces. ¡Y, aun así, yo lo tendría que interpretar!». Años más tarde, Sukhodrev no se explaya sobre sus convicciones políticas, sino que insinúa que había que obedecer las normas del partido, pero que su verdadera lealtad era hacia la lengua.

El desarme, el tema más candente durante la época de la Guerra Fría, parecía una idea fácil de definir —simplemente, una situación en la que los países «ya no poseen medios para llevar a cabo una guerra»—, pero frases tan superficiales significaban tan poco que, cuando se traducían, provocaban más desacuerdos que los refranes. En 1961, Khrushchev invitó a su dacha a John J. McCloy, asesor de Kennedy sobre el control de armamentos. McCloy y su homólogo soviético, Valerian Zorin, negociaron un acuerdo bilateral de desarme o, como lo describe el biógrafo de McCloy, Kai Bird, «discutieron sobre el lenguaje, leyéndose mecánicamente discursos preparados el uno al otro». Zorin seguía insistiendo en utilizar la frase «desarme general y completo», mientras que McCloy se aferraba a su propia versión de «desarme total y universal». Como las dos frases eran idénticas en ruso, «la discusión parecía bastante absurda», como también lo era la idea de evitar por completo la guerra como «instrumento para resolver los problemas internacionales». La ONU aprobó el acuerdo (utilizando la versión de Zorin) ese mismo año; diez meses después, el mundo se encontraba al borde de la destrucción.

Los acontecimientos de octubre de 1962 —cuando el futuro de la humanidad, a pesar de los esfuerzos anteriores por mantener la paz, parecía más incierto que nunca— se conocen en distintos idiomas como la crisis del Caribe, de octubre y de los misiles de Cuba. Después de que Estados Unidos intentara invadir Cuba en 1961, a Khrushchev y a Fidel Castro se les metió en la cabeza que la mejor manera de disuadir al agresor imperialista sería llevando misiles nucleares soviéticos a la isla. Como respuesta, tras considerar dos opciones, un ataque aéreo contra las bases de misiles y un bloqueo naval de Cuba, Estados Unidos se decantó por la última y así lo notificó a la URSS. El mensaje enviado desde Washington al Kremlin el 22 de octubre sonaba bastante indirecto: «Espero que su gobierno se abstenga de cualquier acción que amplíe o profundice esta ya grave crisis», escribió Kennedy, «y que podamos acordar reanudar el camino de las negociaciones pacíficas».

Al día siguiente, el presidente envió otro telegrama, haciendo uso del término «cuarentena» en lugar de «bloqueo», lo que hacía la situación todavía más confusa: la palabra rusa *karantin* tiene connotaciones menos amenazantes y sobre todo epidemiológicas, mientras que *blokada* trae el sitio de Leningrado a la mente de cualquier rusohablante. Durante el viaje a Estados Unidos de 1959, cuando le dijeron que no podía ir a Disneylandia, Khrushchev bromeó: «¿Por qué? ¿Tienen plataformas de despegue de cohetes ahí? ¿O es que está en cuarentena?». Viniendo de la Casa Blanca, la palabra «cuarentena», aunque no precisamente conciliadora, no hizo saltar las alarmas. Sin embargo, la sensación de calma que creó duró poco. Durante los días siguientes, la confrontación se intensificó, y cuando el Kremlin recibió otra carta de Kennedy, fechada el 27 de octubre y firmada solo con el nombre del presidente, sin el habitual «Atentamente» que lo acompañaba, se dieron cuenta de que el momento de las conversaciones confusas había terminado.

Esa misma noche, Khrushchev dictó una respuesta para Kennedy, en la que le agradecía su «sentido de la proporción» y prometía «desmantelar las armas que usted ha descrito como ofensivas». Los soviéticos evitaron la palabra «misiles» en todo momento, fingiendo incomprensión, y les acabaron saliendo sus propias «armas ofensivas» por la culata. Fue esta ambigua formulación la que permitió más tarde a los estadounidenses ampliar sus exigencias de misiles a bombarderos, los cuales finalmente, tras prolongadas negociaciones, también tuvieron que ser evacuados de Cuba. Pero en octubre de 1962 había cosas mucho más importantes de las que preocuparse. Una vez que los ayudantes de Khrushchev tradujeron su carta y la revisaron varias veces para que estuviera a la altura, fue entregada a la embajada de Estados Unidos. Aunque se retrasó por la presencia de manifestantes en el edificio, que gritaban «Manos fuera de Cuba» (¿estaban allí bajo las órdenes de alguien?), el texto llegó a Radio Moscú a tiempo para el informativo de la noche. Quien tradujo la carta al inglés transmitió bien el mensaje.

En estas historias del mundo al borde del abismo, el propio acto de traducción emerge como un choque cultural en el que infinitas variaciones de significado son capaces de perturbar el equilibrio de los acontecimientos. Nunca sabremos si se habría producido una catástrofe de haberse traducido de otro modo alguna de las conversaciones mencionadas. Lo que es evidente es que la Guerra Fría no solo se libró a través de los traductores, sino también gracias a ellos. Puede que los dos bandos no siempre tuvieran una idea clara de lo que querían decir, pero todos sabían lo que no querían que ocurriera nunca: una guerra nuclear. Como dicen los angloparlantes, mejor una paz austera que una victoria grandiosa.

2

Efectos cómicos

Ivan Melkumjan nunca se hubiera imaginado dedicándose profesionalmente a los idiomas. Armenio nacido en Bakú, se formó como cantante de ópera en Leningrado; posteriormente se casó con una italiana que se enamoró de su tono de barítono, en 1986 se mudó a Italia y comenzó a buscar trabajo. Con su dulce voz consiguió un trabajo en la radio, traduciendo y presentando un programa de lengua rusa. Un día, el servicio diplomático italiano se encontraba falto de personal y se pusieron en contacto con él. «Casi no dormí la noche de antes», recuerda mientras me cuenta la historia. «Durante todo el rato que estuve interpretando, uno de los ayudantes del director —que sabía ruso— no dejaba de mirarme, asintiendo con la cabeza. Pensé que debía de haber cometido algún error y que solo intentaba animarme». Resultó ser una muestra de aprobación genuina, y pronto Melkumjan acabó trabajando para Silvio Berlusconi, el primer ministro italiano. Fue un golpe de suerte, al menos para uno de ellos.

«Trabajar con Berlusconi fue fácil y difícil al mismo tiempo», dice Melkumjan. «Es todo un personaje, tiene esa vena artística». Uno de los problemas de trabajar con Berlusconi era su tendencia a improvisar, a permitirse divagaciones y ocurrencias espontáneas; el tipo de humor que, divertido o no, podía pillar desprevenido a cualquier intérprete. «Cuando estaba con amigos, con gente a la que le caía bien, lo daba todo traduciendo sus florituras, pero en los actos protocolarios solía suavizarlas un poco». Lo único que parecía impedir a Berlusconi contar chistes era la preocupación de que el público no los entendiera. A menudo, sin embargo, la tentación resultaba demasiado fuerte. En el primer día de trabajo de Melkumjan la parte oficial fue bien, y entonces, cuando todos se sentaron a cenar, Berlusconi se acercó al intérprete y le susurró: «Qué, ¿contamos un chiste?». Era una pregunta retórica, pero Melkumjan sintió que tenía que responderle, así que le dijo: «Venga, vamos a intentarlo». Lo dio todo, cambiando algunos detalles, centrándose en el final. Todo el mundo se rio en el momento justo, y Berlusconi sugirió: «¿Contamos otro?». Cuando terminaron, se dirigió a alguien de su séquito y le dijo: «Este tío va a trabajar con nosotros».

Preguntarle a un intérprete —o, en realidad, a un humorista— cómo trabaja es como preguntarle a un ciempiés cómo camina. Como la mayoría de intérpretes, Melkumjan tiene una buena memoria a corto plazo, pero al final de una larga sesión recuerda poco de lo que se ha dicho: un riesgo profesional o quizá una bendición, en el fondo. Su agudeza le ayudó a hacerse un nombre como intérprete diplomático en poco tiempo. Berlusconi no entendía las interpretaciones de Melkumjan, pero las consideraba buenas; lo que le importaba a este experto artista era la reacción del público. Al fin y al cabo, lo principal al traducir una expresión humorística es asegurarse de que sea graciosa, sacrificando si es necesario la precisión. ¿Y qué si no se pueden traducir literalmente los chistes? No hace falta; lo importante es que se entienda la gracia.

La habilidad de Melkumjan para parafrasear le resultaba a menudo muy útil. En sus propias palabras:

Hay una serie de chistes sobre *pidocchio*, un tipo de piojo, muy populares en Italia. Sé que en Rusia no suelen gustar estas criaturas: allí son un símbolo de falta de higiene. Berlusconi está contando uno de estos chistes, el que termina con el marido descubriendo al amante de su mujer en el armario y gritando: «¿Qué? ¿Tenemos piojos en casa?». Naturalmente, cambio el final y opto por una versión al estilo ruso: «¡Mira, tenemos una polilla!». Funciona igual, qué más da lo que tengan allí.

En teoría, Melkumjan podría haberse librado contando chistes de su propio repertorio, eligiendo los que más pudieran animar el ambiente (en todo caso, habría mejorado los originales), pero el actor que hay en él no se habría conformado con eso. En cambio, elevó el arte de traducir el humor a nuevas alturas, haciéndolo en directo, pensando sobre la marcha. Ese era uno de los principales requisitos con Berlusconi, quien, a diferencia de la mayoría de políticos, nunca proporcionaba un guion de antemano. Rogarle a sus ayudantes que le proporcionaran material de referencia era inútil; de todas formas, el primer ministro siempre se salía del guion. Melkumjan pasaba la noche anterior a cada reunión importante leyendo las últimas noticias, tratando de adivinar lo que podría surgir.

No era siempre fácil de predecir. Cuando Barack Obama fue elegido presidente en 2008, Berlusconi, en una rueda de prensa, le describió como «giovane, bello, abbronzato». Traducida a varios idiomas como «joven, guapo, bronceado» (por utilizar el equivalente español), la frase se hizo viral: en algunos países se tomó a broma, en otros como una metedura de pata. En Italia generó un escándalo. Melkumjan estaba junto a Berlusconi en la rueda de prensa, haciendo de intérprete para el público de habla rusa. Así lo recuerda:

Me di cuenta de que era una broma y lo traduje tal cual. Los medios italianos, al informar, montaron un drama sobre la derrapada de Berlusconi, y cuando mi madre lo vio en la tele y oyó mi voz de fondo, se pensó que todo era culpa mía. Cuando la llamé, estaba llorando: «¿Qué acabas de decir? ¡Todo el mundo está indignado!».

En Rusia, el comentario tuvo una enorme acogida. El talento artístico de Melkumjan debió tener algo que ver. Por otra parte, el valor de entretenimiento de la mayoría de los chistes traducidos debe convertirse a la moneda local, y ante la aparición del primer presidente estadounidense negro, el rublo resultó ser débil, como de costumbre. En un país que a menudo considera el racismo como un motivo de risa, lo del «bronceado» nunca habría dejado de ser gracioso.

Otra ocasión inolvidable en la que Melkumjan necesitó todo el sentido del humor que pudo encontrar sin perder la compostura fue durante una entrevista que Berlusconi concedió para un documental sobre el presidente ruso Vladimir Putin. «Estaba sentado junto a la chimenea, relajado, contando anécdotas sobre su compañero y viejo amigo; todo era improvisado», comienza Melkumjan.

En un momento dado, el presentador le pregunta: «¿De dónde sacáis los dos esa energía inagotable?». Veo sonreír a Berlusconi, y se me encoge el corazón porque sé que algo se avecina. Y en efecto, dice: «Oh, usamos unos supositorios especiales antes de ir a trabajar». De hecho es bastante común en Italia, me refiero a usar supositorios, pero sé que tal vez los rusos tengan algún problema con esto, así que me lanzo a la piscina: «Oh, simplemente tomamos tres pastillas mágicas especiales antes de ir a trabajar». Casualmente, esta versión no funcionaría en Italia: aquí las pastillas suelen asociarse a los yonquis.

Sea como sea, a todo el mundo le encantó esta broma aséptica y provocó muchos comentarios, hasta el punto de que los periodistas empezaron a preguntarle a Putin: «¿Es cierto que tienes unas pastillas mágicas?». Al oír eso, Melkumjan se quedó helado, pero por suerte Putin se rio. «Y yo no paraba de pensar, Iván, ¿dónde estaríamos ahora sin esas pastillas tuyas?».

El humor es solo una de las herramientas de Melkumjan. Su mayor talento parece ser su capacidad para explorar los espacios entre significados, donde las cosas tienden a ponerse especialmente interesantes. Por pequeños que sean, estos espacios pueden llenarse con los matices justos para transmitir un mensaje con precisión y, si es necesario, con un toque diferente. La ambigüedad, una de las cosas más difíciles de tratar para un intérprete es, como casi todo en el habla humana, propia de cada cultura; también es difícil de identificar con certeza. «Cuando se utiliza a propósito —a Berlusconi, por ejemplo, le encantaba hacerlo; decía algo ambiguo y esbozaba esa sonrisa de "entiéndelo como quieras"—, entonces la mantengo, transmitiendo la misma señal, invitando al público a interpretar por sí mismo el mensaje oculto», explica Melkumjan. «Pero solo cuando conozco bien al hablante y su comportamiento. De lo contrario, cuando no estoy seguro de si una frase realmente quiere sonar ambigua, la traduzco tal cual, de manera que la cuestión en sí —aunque el mensaje sea claro o no— sigue sin estar clara». Como intérprete de negociaciones, a menudo tiene la sensación de que si lo tradujera todo exactamente como lo plantean ambas partes, estas nunca llegarían muy lejos. «Luego me guio por la intuición: altero la estructura de una frase, le cambio el énfasis, ese tipo de cosas. Sin cambiar el significado, dejo de lado o le resto importancia a lo que podría derivar en un callejón sin salida».

Una de las mejores anécdotas de Melkumjan no fue fruto de un intento por hacer reír. Se estaban llevando a cabo unas celebraciones ruso-italianas, recuerda. «Así que los rusos le dijeron a sus socios italianos: como gesto especial para conmemorar nuestra amistad nos gustaría interpretar una canción italiana, como *Bella ciao*, vuestra favorita; significaría mucho para toda la nación. ¿De dónde sacaron esa idea?». Esta canción, himno de los partisanos italianos durante la guerra, se considera hoy esencialmente una pieza de izquierdas y, de hecho, está bastante lejos de encabezar las listas musicales italianas. Melkumjan, al traducir, se tomó la libertad de modificar la sugerencia: «Nos gustaría interpretar alguna canción italiana, una de sus favoritas, algo que signifique tanto para toda la nación como *Bella ciao* significaba para los partisanos». De lo contrario, sabía que cierta tensión sería inevitable. A los italianos les gustó la idea y propusieron algunas canciones más. Al final se decidieron por *O sole mio*, y todos quedaron contentos.

Para traducir bien a alguien no solo hay que entender lo que dice, sino también por qué lo dice. Esto se aplica igualmente tanto a los chistes (que, como hemos visto, no tienen por qué traducirse literalmente para producir el efecto deseado) y a las declaraciones. «Cuando mi cliente quiere conseguir algo, mi prioridad es eso. Haré todo lo que esté en mi mano para ayudarlo a conseguirlo, utilizando mis habilidades y mis métodos», afirma Melkumjan. «Conozco a mucha gente que solo quiere traducirlo todo exactamente y no le importa nada más. Yo no soy así: trabajo para conseguir el objetivo que el orador tenga en mente». Y parece que esto da sus frutos.

Las tarifas que cobro actualmente son bastante elevadas, así que me suelo preguntar: ¿por qué crees que puedes permitírtelo? Creo que es porque mis clientes acuden a las reuniones con grandes expectativas, tienen unas intenciones complicadas y saben que yo puedo ayudarlos a hacerlas realidad. Mi objetivo es conseguir que la negociación avance lo máximo posible.

Solo dejo de intentarlo cuando siento que esta ha llegado definitivamente a su fin.

En una ocasión, esta actitud le permitió darle un giro completo a las cosas. Una gran empresa ubicada en uno de los antiguos países soviéticos tenía ciertos problemas de financiación; habían hablado con varios bancos internacionales para obtener un préstamo, pero sus posibilidades eran bastante desalentadoras. Mucho dinero estaba en juego. Finalmente, se dirigieron a un banco italiano en un desesperado intento de salvarse del colapso. Cuando Melkumjan, que fue avisado con poca antelación, llegó para la interpretación, el representante de la empresa se negaba a fracasar.

Estaba bastante seguro de que nunca conseguiría nada del banco. Aun así, se esforzó mucho, hablando elocuentemente, dirigiéndose a los banqueros no en nombre de la junta directiva, sino personalmente, diciéndoles lo mal que se sentía porque mucha gente iba a perder su empleo. Pero él tenía claro que ya había perdido. En un momento dado le dije: ¿por qué no intentas utilizar frases más cortas, y veré si puedo transmitir lo que quieres decir de una manera más inmediata? Entonces empecé a retocar su monólogo, sin cambiar el sentido, naturalmente: una risa por aquí, un énfasis por allá, siempre intentando darle un toque algo más humano. Quería que los banqueros se sintieran exactamente como él se sentía, que imaginaran las consecuencias exactamente como él las imaginaba. Los estaba empujando hacia la posibilidad de seguir adelante. Subrayé cada cosa buena que dijo; introduje tonos de disculpa, reorganicé un poco sus frases; hice que pareciera que les estaba pidiendo un favor, algo que él mismo nunca habría hecho. Y adivina qué: al cabo de media hora (se suponía que la reunión solo iba a durar quince minutos) partieron como amigos y el banco le prometió que estudiarían la posibilidad de concederle otro préstamo.

Las situaciones que describe Melkumjan son todo lo contrario a esas ocasiones en las que el intérprete se ve obligado a decir: «El ilustre orador está contando un chiste». Esto siempre provoca algunas risas, aunque no sean del tipo que espera el orador. Además, la traducción puede hacer reír incluso a pesar de la intención original. Reunidos en Nueva York en 1995, Bill Clinton y Boris Yeltsin salieron después de una de sus sesiones a hablar con los periodistas. «Escribisteis en vuestros artículos que nuestra reunión acabaría en desastre», les dijo Yeltsin, «ahora os digo que sois vosotros los que habéis acabado en desastre». No sonó especialmente fuerte en ruso —Yeltsin solo quería burlarse un poco de los gacetilleros y, desde luego, no pretendía decir nada desternillante—, pero el intérprete estadounidense Peter Afanasenko interpretó su comentario como: «¡Ahora puedo deciros que sois un desastre!». No fue solo lo que dijo, sino también cómo lo dijo.

Afanasenko, muy apreciado por sus colegas debido a su talento para traducir chistes, quizá se excedió un poco, subestimando cómo de neutras se suponía que debían de ser las palabras de Yeltsin, y olvidando que ningún político occidental atacaría así a la prensa. En cualquier caso, el hecho de que los dos líderes estuvieran en sintonía constituyó un espectáculo alentador y dejó una foto icónica en la que todo el mundo se está riendo. Especialmente Clinton: estaba partiéndose de risa.

Tanto al hablar como al escribir, el humor, como cualquier efecto especial, suele requerir cierta paráfrasis. En *Un pez en la higuera: Una historia fabulosa de la traducción*, David Bellos habla de dos tipos de chistes: los que se entienden universalmente y los que aprovechan la función metalingüística del lenguaje. Para ilustrar estos últimos, cita un ejemplo de la novela de Georges Perec *La vida, instrucciones de uso*: una tarjeta de presentación en la que se lee «Adolf Hitler, *Fourreur*». La última palabra significa «peletero», pero en francés también suena parecido a *führer*. Bellos tradujo la inscripción al inglés como «Adolf Hitler, *Lieder* alemán», jugando con la casi homofonía del inglés *leader* y el alemán *Lieder*, lo que demuestra que un juego de palabras propio de una lengua determinada no debe clasificarse automáticamente como intraducible.

De hecho, las creaciones de Perec y sus compañeros del OuLiPo —un grupo de autores que explora varios géneros restringidos, como la traducción de términos homófonos, la cual se sirve de juegos de palabras basados en construcciones de sonido similares, por ejemplo, «ABCDEFG» convertido a «¡Ave, cedé! ¡Efigie!»— son la prueba de que los traductores, si se les da carta blanca, pueden hacer lo que sea. «Al crear calcos exactos de las obras, se suele pensar que los traductores deben desaparecer; los buenos traductores se transformarán meramente en sombras o fantasmas del autor de la obra», escribe Derek Schilling (omitiendo la letra «i», como dicta otra regla, en este lipograma). «Pero ¿puede este hecho de transformarse en sombras alcanzar plenamente a las obras de este grupo —las cuales son fruto de las ataduras—, obras que abogan por un enfoque de los traductores más moderno, cuando no audaz, y que albergan volteretas del lenguaje?». Cuando a un traductor se le permite exprimir el humor, puede llegar a superar al propio autor: quienes conocen la traducción húngara de *Winnie the Pooh* realizada en 1935 por el humorista Karinthy Frigyes creen que es incluso más divertida que el original.

Que el humor implica cierta interacción es obvio; lo que cada traductor decide por sí mismo es la medida en la que está dispuesto a interactuar con él. Algunos optan por dejar espacio a la imaginación, permitiendo que el lector se adapte al chiste;

otros prefieren ir a lo seguro. Umberto Eco en *Decir casi lo mismo. Experiencias de traducción* cita un chiste de su novela *El péndulo de Foucault*. El diálogo en el que aparece se traduce literalmente así:

> —Dios creó el mundo hablando, no mandando un telegrama.
> —*Fiat lux*, para. Va carta.
> —A los tesalonicenses, supongo.

En inglés, William Weaver modificó la frase clave por «Va epístola» con la aprobación de Eco. De hecho, probablemente se hubiera podido ahorrar el cambio: en inglés, igual que en italiano, «carta» también puede usarse en ese contexto y, por si sirve de algo, en el momento en el que escribo «carta a los tesalonicenses» produce más resultados de búsqueda en Google que «epístola a los tesalonicenses».

Sin embargo, estas sutilezas pueden cargarse fácilmente el humor y, por tanto, hay que afinarlas. A veces es más fácil rehacer un chiste por completo, sobre todo cuando su premisa es universal. Si utiliza una expresión idiomática sin equivalente directo en la lengua meta, en muchos casos se puede encontrar o inventar una similar. El escritor francés Laurent Binet, que se enfrentó al dicho inglés «seis de uno, media docena de otro» en una historia que estaba traduciendo, creó uno análogo para «deux demis et un pinte», basado en el simple hecho de que dos mitades hacen algo entero en cualquier parte del mundo. Cuando todo lo demás falla, una variación arbitraria sobre un tema relacionado puede servir. Hace años, traduciendo al ruso la novela de Penelope Fitzgerald *La escuela de Freddie*, cambié «Un corte por encima del resto» (el letrero de una peluquería) por «No llores por tu pelo», haciendo un guiño al proverbio «cuando te corten la cabeza, no llores por tu pelo». Puede que no parezca la fórmula perfecta para el éxito empresarial, pero provocó algunas risas.

En cualquier caso, una de las escenas más solemnes que he presenciado fue en una fila de pasajeros en el metro de Moscú, cada uno leyendo su ejemplar de cierta revista rusa dedicada a los chistes, titulada, más o menos, *Diversión para todos*. Al observar cómo los lectores pasaban las páginas en silencio, no vi ni una sola sonrisa; un tratado filosófico podría haberles generado más alegría. Lo absurdo del espectáculo me suscitó dos reflexiones. Primero, el humor suele fracasar en papel, y cuando se pone por escrito dos veces, sus posibilidades de supervivencia disminuyen todavía más. A veces, incluso un buen chiste tiene que morir antes de resucitar en otro idioma. La otra reflexión fue que el humor rara vez está concebido para el consumo individual. Al menos dos personas tienen que compartir un chiste para que este cobre vida, y si una de ellas resulta ser el autor del chiste y la otra quiere traducirlo, reírse de él juntas es el primer paso para que resulte gracioso la segunda vez.

3

El arte de halagar

Siendo ahora su más alta santidad; poseedor de genio y entendimiento; dotado de sagacidad y juicio; apoyo de los doctos entre los seguidores del Mesías; líder entre los sabios de la cristiandad, el inglés padre Wolff tiene la intención de proceder en esa dirección, urgido por la sincera amistad que existe entre nosotros, y con el fin de promover la unanimidad del islam, nos vemos inducidos a emitir esta auspiciosa carta denotativa de amistad, siendo reflejados hacia su benévola mente los céfiros crecientes de afecto, y siendo favorable la oportunidad para anunciar los lazos de amistad que de antaño y ahora nos unen.

Así comienza una carta que el sah de Persia le envió al emir de Bukhara en febrero de 1944. Traducida por el propio reverendo Joseph Wolff, aparece en su *Narrativa de una misión a Bukhara en los años 1843-1845*, resulta del intento de averiguar el destino del coronel Stoddart y el capitán Conolly. Durante el transcurso de su viaje Wolff tradujo partes del Corán del árabe al persa; conversó con judíos, turcos y armenios; y predicó en inglés, alemán e italiano. Sin embargo, el conocimiento de estas lenguas le habría sido menos útil si no hubiera adoptado el lema «donde fueres, haz lo que vieres».

En julio de 1843, Wolff le escribió a la milicia británica «en nombre de dos de sus camaradas, el capitán Conolly y el coronel Stoddart, que se encuentran actualmente cautivos en la gran ciudad de Bukhara; pero tras haber estado yo mismo dos meses allí, y conociendo como conozco el carácter de sus habitantes, estoy plenamente convencido de que el anuncio de que han sido ejecutados es sumamente cuestionable». Se formó un comité, se recaudaron fondos y Wolff, que se ofreció voluntario para emprender la misión solo a cambio de que sus gastos fueran cubiertos, partió en octubre hacia la ciudad más sagrada del Asia Central musulmana. Bukhara la Noble, también conocida como Bokhara, Boghar o Bujará, es la prueba de que los topónimos son la pesadilla de cualquier viajero (y también de los traductores, que se pelean continuamente con ellos), por lo que Wolff se aprovisionó prudentemente de mapas anotados en caracteres árabes. Su equipaje también contenía una sotana, varios ejemplares de la Biblia, relojes de plata y tres docenas de ejemplares de *Robinson Crusoe* traducidos al árabe. «Al leer el libro que les di —recuerda—, los árabes exclamaron: "¡Oh, ese Robinson Crusoe debe de haber sido un gran profeta!"».

Y así, Wolff —«un clérigo valiente pero muy excéntrico», según afirma Peter Horpkirk en *El gran juego: El servicio secreto en los altos de Asia*; «un victoriano quijotesco y espléndido, ordinario, de pequeña estatura, con un rostro plano y hogareño», como lo describen Karl E. Meyer y Shareen Balir Brysac en *Torneo de Sombras: El gran juego y la pugna por la hegemonía en Asia Central*— emprendió su viaje. Por el camino, tras visitar numerosos consulados y misiones, y tras asistir a reuniones entre funcionarios británicos, rusos, turcos y persas, consiguió la ayuda de estos, más de manera administrativa que lingüística. Para un europeo, viajar a Asia Central era imposible sin cartas de presentación. Las originales solían ser suficiente para el políglota Wolff y solo de vez en cuando confiaba en la traducción de otra persona: «Su excelencia el conde de Medem me prometió una carta de recomendación en ruso, y le pedí también que mandara traducir al ruso mi diploma de medicina y los documentos de mi ordenación, pues tienen intérpretes rusos en Bukhara».

Provisto de referencias, Wolff comenzó la última etapa de su misión. Se puso

la sotana durante todo el trayecto de Mowr a Bukhara, resuelto en no perder nunca de vista mi posición de mulá, de la que pronto comprendí que dependía mi seguridad. También mantuve la Biblia abierta en la mano; sentía que mi poder residía en el Libro y que su fuerza me sostendría. El carácter poco común de estos actos atrajo multitudes […] lo cual me resultó favorable.

La predisposición de Wolff de respetar las costumbres locales fue tan importante como su dominio del persa de Bukhara, la lengua de la corte. Antes de su primera audiencia con el emir, tras ser cuestionado por uno de los cortesanos sobre si estaría dispuesto a someterse a «la ceremonia de *Selaam*», Wolff le dijo que con mucho gusto llevaría a cabo el ritual treinta veces, por no hablar de las tres reglamentarias. «Hice repetidas reverencias y exclamé sin cesar: "Paz al rey", hasta que su majestad estalló en un ataque de risa, y por supuesto también lo hizo el resto de personas que estaban a nuestro alrededor. Su majestad me dijo: "Suficiente, suficiente, suficiente"».

Lo que podría haber sido toda una vergüenza terminó siendo un salvavidas. Las peores sospechas de los socios de Wolff pronto se confirmaron: el coronel Charles Stoddart y el capitán Arthur Conolly habían sido ejecutados bajo las órdenes del emir Nasrullah. Su participación en el Gran Juego les había costado la vida. En el enfrentamiento entre Reino Unido y

Rusia por Asia Central, ambas partes tuvieron que traducir no solo entre lenguas sino, de manera todavía más crucial, entre culturas. Stoddart, a pesar de su conocimiento del persa, no logró hacerse entender cuando llegó a Bukhara en diciembre de 1838. El enviado británico, un valiente soldado, pero un pésimo diplomático, cabalgó hasta el palacio del emir en lugar de desmontar cortésmente como era costumbre. Durante su audiencia con Nasrullah, infringió todas las normas establecidas. A diferencia de Wolff, que solía hacer todo lo posible por respetar las ceremonias, Stoddart se comportó como si estuviera visitando por trabajo a un funcionario menor y, como consecuencia, fue arrojado a un calabozo bajo la ciudadela, donde durante largos meses su única compañía fueron las ratas y otras alimañas. Los carceleros se comunicaban con él bajando una cuerda a la fosa y gracias a este método pudo hacerle llegar cartas a escondidas a su familia.

Stoddart, del cual se sospechaba que era más un espía que un emisario, sabía que su suerte dependía del éxito de los británicos en la región. «Mi puesta en libertad no se dará probablemente hasta que nuestras fuerzas se hayan acercado a Bukhara», escribió en una de sus cartas. En una ocasión, un verdugo bajó por la cuerda con una orden de ejecución que le decía al prisionero que debía convertirse al islam o morir. Stoddart optó por la primera opción y tuvo que someterse a una circuncisión (más tarde, él declaró inválida esta conversión forzada). Liberado del calabozo bajo la custodia del jefe de policía del emir, continuó siendo prisionero de Nasrullah. «Ya no le temo al emir», escribió en otra carta, «y las posibilidades de que me trate cruelmente disminuyen a medida que aumentan sus temores». Las autoridades de Londres y Calcuta intentaron rescatar a Stoddart, pero el emir se quejó de que sus mensajes no parecían tener ningún sentido. El caprichoso despotismo de Nasrullah y el hecho de que los británicos tuvieran otros problemas más importantes que la pérdida de un solo peón en su partida tampoco ayudaron mucho.

La suerte de Stoddart acompañó a la de los militares británicos en Afganistán en términos más generales. En enero de 1841, cuando su situación había mejorado un poco, escribió: «Mi cometido durante los dos últimos meses, y de ahora en adelante, es traducir de mis libros […] lo que considere útil para este país; y además, el emir me ha pedido información sobre los ejércitos europeos». (La carta no dice qué libros fueron los que despertaron la curiosidad del déspota). La esperanza del coronel aumentó todavía más en noviembre cuando el capitán Conolly, un veterano de la Gran Guerra, llegó a Bukhara en una misión de rescate. Nasrullah lo recibió educadamente, pero pronto el estado de ánimo del emir se ensombreció, posiblemente porque no obtuvo respuesta a una amistosa carta que le había enviado a la reina Victoria. Finalmente, el destino de Stoddart y Conolly quedó sellado cuando llegaron noticias desde Kabul de que los británicos estaban perdiendo el control en Afganistán. En junio de 1842, el emir volvió a encarcelarlos a ambos, hasta que un día los oficiales fueron llevados a una plaza donde se los obligó a cavar sus propias tumbas. Stoddart fue el primero en ser decapitado; Conolly, al que se le ofreció la oportunidad de convertirse al islam, se negó, y entonces también se acabó la partida para él.

De las dos víctimas, Conolly era el más experto a la hora de entender a Oriente. Había estado años viajando en misiones oficiales del gobierno y, cuando se hallaba en Asia Central, a veces adoptaba el disfraz persa, a pesar de reconocer en sus diarios que «por muy bien que un europeo hable la lengua […] su forma de hablar, de sentarse, de andar o de montar […] es diferente de la del asiático». Para un inglés era más fácil hacerse pasar por un médico francés o italiano, o por un comerciante en ruta desde la India, un truco que Conolly utilizó ocasionalmente para su beneficio. En 1830 se hizo pasar por médico en Afganistán, «observando en secreto y anotando todo lo que fuera relevante».

Otros también se sirvieron de trucos similares, con mayor o menor éxito. Durante la misma época, el teniente Eldred Pottinger, que dominaba el persa y el pastún, viajó a Kabul haciéndose pasar por un comerciante de caballos. El disfraz funcionó a la ida, pero a la vuelta cayó en manos de unos ladrones uzbekos. Desconfiaban de su pálida piel, de sus escasos conocimientos del islam y de los papeles y libros que llevaba encima. Pottinger les explicó que era un converso reciente de «la tierra de las vastas montañas», al sur del Indostán, y los uzbekos, aparentemente convencidos por su persa coloquial, le dejaron marchar. En 1837 llegó a Herat en una misión de reconocimiento, haciéndose pasar por un hombre santo musulmán, con la piel oscurecida con un tinte. Mientras deambulaba, alguien le paró en el bazar y le susurró: «¡Usted es inglés!». Por suerte, el hombre resultó ser un amigo de Conolly. Hizo falta un occidental para reconocer a otro, o al menos para que se lo desvelara en un idioma que ambos entendieran a la primera.

Los exploradores rusos fueron tan obvios como sus rivales ingleses e igual de ingeniosos en sus esfuerzos por integrarse. En 1819, al enviar al capitán Nikolay Muravyov a una expedición a la ciudad de Jiva, capital de un poderoso kanato centroasiático, su comandante le dijo: «Su capacidad para caer bien, junto con su conocimiento de la lengua tártara, nos puede ser de bastante utilidad. No mire al arte de halagar desde un punto de vista europeo. Los asiáticos hacen uso de ello constantemente; no debe preocuparse por ser demasiado generoso en este sentido». Para protegerse de los traficantes de esclavos y de los ladrones, Muravyov viajó por el desierto de Karakum disfrazado de turcomano, aunque sus guías sabían que era un ruso que llevaba regalos y mensajes al kan de Jiva. Cinco días antes de llegar a su destino, se cruzaron con otra caravana y alguien señaló a Muravyov. Sus hombres tuvieron la entereza de decir que era un ruso capturado y que lo estaban llevando a Jiva para venderlo. Los felicitaron y les permitieron proseguir.

Al llegar a la ciudad, Muravyov fue encarcelado: su cuaderno de notas lo había delatado como un espía. Tras sopesar la idea de enterrarlo vivo en el desierto, el kan se dignó a recibirlo. Muravyov acudió con su uniforme de gala, pero sin su espada, como se le había aconsejado. Mientras titubeaba sobre cómo acercarse al kan, de repente lo sujetaron por la espalda y él se preparó para luchar por su vida, pero alguien le explicó que era una antigua costumbre de Jiva, en la que cualquier enviado era llevado a rastras ante el gobernante. Muravyov se sometió al ritual y luego saludó al kan al estilo típico del lugar, diciéndole que el zar le había enviado «para profesarle su profundo respeto» y para entregarle una carta. «También se me ha ordenado que le haga llegar sus palabras», añadió, «y que espere sus órdenes para entregar el mensaje ahora, o en cualquier momento que le sea conveniente». Propuso entonces establecer una relación mutuamente beneficiosa y le aseguró al kan: «Mi señor, si se alía con nosotros, sus enemigos serán también nuestros enemigos». El kan se mostró dispuesto a negociar: «Yo mismo deseo que una amistad firme y sincera prospere entre nuestros dos países». Aunque tuvo éxito, la misión de Muravyov no consiguió nada políticamente transcendente. Tras leer sus informes, sus superiores lo ascendieron y le enviaron a otra misión, ignorando su propuesta de la anexión de Jiva y de la liberación de sus esclavos. Posteriormente, tuvo una ilustre trayectoria militar y una distinguida, aunque algo accidentada, trayectoria administrativa (de vez en cuando hería algunas sensibilidades entre los suyos). Sin embargo, el viaje de Muravyov a Jiva, citando a Hopkirk una vez más: «estaba destinado a marcar el comienzo del fin de los kanatos independientes de Asia Central».

Comportarse como un nativo era una táctica de supervivencia en el Gran Juego, y si los documentos de la época están repletos de historias de terror, a menudo se debe a que sus jugadores no lograron mimetizarse lo suficiente con su entorno. El teniente Alexander Burnes, oficial del ejército indio, llegó a Bukhara en junio de 1832 con una flamante carta para gran visir, redactada por él mismo, en la que llamaba al destinatario «la Torre del Islam» y «la Gema de la Fe». Cuando fue requerido ante el visir en el palacio del emir, Burnes se puso el traje típico y acudió a pie, sabiendo que los musulmanes tenían prohibido ir a caballo por la ciudad santa. El visir interrogó a Burnes durante dos horas, preguntándole por su religión (Burnes tuvo que descubrirse el pecho para demostrar que, a diferencia de los cristianos de Rusia, no llevaba un crucifijo) y por si los cristianos comían cerdo. Cuando le preguntó a qué sabía, Burnes le respondió diplomáticamente: «He oído que se parece a la ternera». Le contó algunas anécdotas sobre su vida en Europa y le obsequió a su anfitrión una de sus dos únicas brújulas. El visir le pidió a Burnes que la próxima vez le trajera un par de lentes inglesas.

«Mis atuendos son puramente asiáticos», escribió Burnes a su familia en 1832.

> Tengo la cabeza rapada, despojada de sus mechones morenos, y la barba teñida de negro, lamento —como dicen los poetas persas— la belleza marchitada de mi juventud. Ahora como con las manos, y bien grasientas están [...] Nunca oculto que soy europeo [...] La gente me conoce como Sekunder, que en persa significa Alexander, magnánimo nombre que es.

En su país natal le apodaron Bukhara Burnes debido sus exploraciones pioneras, descritas en su exitoso libro *Travels into Bokhara*.

Ese mismo año, Burnes se encontraba en Kabul, donde conoció a Wolff. Este último llegó allí, según una fuente, «emergiendo de Asia Central en completa desnudez tras haber sido saqueado y obligado a recorrer casi cuatrocientos kilómetros sin ropa». Describiendo al evangelizador como «el misionero de los judíos» y alguien que «había llegado a Tartaria como un judío (el mejor personaje que se puede adoptar para viajar en un país mahometano)», Burnes señaló que «las desgracias de Wolff habían surgido por denominarse a sí mismo como un peregrino *hajji*». El reverendo, al parecer, tenía demasiadas ganas de parecer nativo; sus conocimientos lingüísticos, sin embargo, eran todavía limitados en aquella época.

En su visita al soberano de Kabul, Burnes ejerció como intérprete de Wolff en un debate teológico entre este y «varios doctores mahometanos». Aunque fue algo reticente al principio «por no ser un mulá», Burnes no tardó en ir más allá de su cometido y confundir a los doctos caballeros con preguntas complicadas sobre el Corán y entretenerlos con anécdotas europeas. El soberano disfrutó del espectáculo y les prometió a los invitados toda la ayuda posible en sus viajes.

En 1841, Burnes se encontraba en Kabul de nuevo. La primera guerra anglo-afgana había generado un creciente resentimiento hacia el gobierno británico, y aunque nuestro aventurero estaba bastante seguro de que los afganos nunca le harían daño, un día una horda de personas rodeó su casa para prenderle fuego. Según una versión de los hechos, un traidor se ofreció a ponerles a salvo a él y a su hermano si se disfrazaban con los trajes típicos, pero, en cuanto aparecieron, gritó: «¡Es Sekunder Burnes!», y ambos fueron acuchillados hasta la muerte.

El final de Burnes contaba con un precedente en otra trágica historia de lenguas orientales y traición, la cual se desarrolló en enero de 1829 cuando Alexander Griboyedov, el embajador ruso en Persia, llegó a Teherán. Los dos países habían estado recientemente en guerra. La declaración de guerra por parte de Rusia, preparada en 1826 por un oficial formado en Kazán (presuntamente en tártaro), había sido redactada en un persa tan pésimo que los persas la devolvieron y les pidieron un texto que se pudiera entender. En consecuencia, el ataque ruso fue completamente inesperado y, sin duda, resultó aún más eficaz. Fue Griboyedov quien, en 1828, había negociado los términos del Tratado de Turkmenchay (extremadamente humillante para Persia), y quien ahora tenía que asegurarse de que se cumplieran en su totalidad. Con su excelente conocimiento de Persia, de su lengua y de sus costumbres, tuvo ciertos presentimientos sobre el viaje: por un lado, sabía que su estancia en la capital coincidiría con el mes sagrado de *muḥarram*. No obstante, dejó en Tebriz a su joven esposa embarazada, bajo la promesa de que pronto regresaría.

Cuando se preparaba para su audiencia con Fath Ali Sah, al ponerse su traje bordado en oro y su sombrero tricornio, Griboyedov se sentía como si se estuviera vistiendo para un absurdo baile de máscaras. Siendo un polímata, cuyas verdaderas pasiones eran la música y la poesía, desdeñaba toda la ostentación que su cargo conllevaba. Su comedia *Woe from Wit* (o *El mal de la razón*, título derivado de la ingeniosa traducción inglesa de Anthony Burgess *Chatsky, or The Importance of Being Stupid*) fue un éxito sensacional en San Petersburgo, ya que fue bastante leída pese a ser prohibida por la censura. Sin embargo, allí estaba, lejos de las exhibiciones literarias, de los teatros y de su querido piano; ya no era el escritor Alexander Griboyedov, sino un visir en un uniforme de pavo real. No tuvo más remedio que seguir adelante. El sah lo recibió con una gran ceremonia. La audiencia, llena de silencios más pesados que las palabras, duró casi una hora, en la que los vencedores no cesaban en dictar su voluntad a los vencidos.

Sin embargo, no fue nada fácil garantizar el pleno cumplimiento de los términos del tratado de paz. Griboyedov tendía a ser bastante autoritario en sus tratos con los persas: por ejemplo, hacía uso solo de la mitad de los títulos oficiales del sah en una carta, para recalcar que sus exigencias no eran negociables. Una de las cláusulas del tratado concedía a los armenios que vivían en Persia el derecho a regresar a su patria, que ahora formaba parte del Imperio ruso. Con la intención de acogerse a esta estipulación, tres personas —un eunuco del harén del sah y dos esposas del yerno del sah— solicitaron asilo en el consulado ruso, el cual les fue concedido. El sah exigió que los tres le fueran devueltos, pero Griboyedov se negó, insistiendo en que era su deber proteger a los súbditos del emperador. Preveía que su decisión podría salirle cara, pero también sabía lo que les ocurriría a los fugitivos en caso contrario.

No tardó en extenderse por la ciudad la noticia de una insolencia cometida por un detestado impío durante el mes sagrado. Los mulás incitaron al pueblo a marchar hacia el consulado ruso y apresar a los refugiados. Miles asaltaron el recinto. El embajador y un puñado de sus hombres resistieron hasta el final, pero fueron hechos pedazos por la multitud. Un vendedor de kebabs le cortó la cabeza a Griboyedov y la exhibió para el regocijo de la gente. El cuerpo mutilado del embajador fue encontrado posteriormente en un montón de basura, tras haber sido identificado gracias a su mano deformada, consecuencia de un duelo, y a lo poco que quedaba de su traje. Preocupado por las consecuencias de esta atrocidad, Fath Ali Sah mandó a su nieto a San Petersburgo con generosos regalos. Al parecer, el joven príncipe se ofreció a suicidarse con su propia espada ante los ojos de Nicolás I, a modo de expiación. Sin embargo, el zar, para quien tales derrames diplomáticos no eran más que un día normal en la oficina, lo instó a no exagerar, concluyendo: «Confino el desafortunado incidente de Teherán al olvido eterno».

El valor de integrarse a la cultura de un pueblo cuya lengua intentas hablar, como se manifiesta en estas historias, se refleja mejor en el reverendo Joseph Wolff. A lo largo de su estancia en Bukhara, el emir Nasrullah lo mantuvo a raya, enviándolo a menudo un *makhram*, o chambelán, para hacerle diversas preguntas. Cuando el emir quiso saber «los nombres de los cuatro grandes visires, los doce visires menores de Inglaterra y los cuarenta y dos ancianos», Wolff le proporcionó un listado, pero «el *makhram* volvió hecho una furia y me dijo que su majestad me había tomado por mentiroso». Al parecer, su versión difería de la que el malhumorado déspota había recibido de Stoddart. Llevado ante el emir, Wolff consiguió rescatar la situación dándole «una visión completa de la constitución de Inglaterra». «Aunque su majestad no podría comprenderla completamente —declaró—, lo convencí de que mi lista también podía ser verídica». Estos intercambios no llevaban a Wolff a ninguna parte; se disponía a compartir el mismo destino que Stoddart y Conolly hasta que el emir recibió otra carta del sah. «Le regalo a Joseph Wolff», le dijo al mensajero que la trajo. «Puede irse con usted».

De camino a casa, Wolff conoció a «un interesante y desdichado caballero en Tabriz, llamado Edward Burgess, bastante familiarizado con la lengua persa». Contratado por un príncipe local para traducirle periódicos ingleses, Burgess se encontró en apuros cuando su hermano, enviado por el gobierno persa a Inglaterra con una importante suma de dinero, desapareció. Aunque era un rehén, Burgess siguió con su trabajo, que incluía la traducción de una carta de su jefe a Wolff. «Espero que la traducción sea de su agrado», le escribió al reverendo.

> La he redactado lo más parecida posible al persa para que tenga sentido, y me he esforzado, en la medida en que nuestra lengua lo permite, por conservar el estilo del persa; usted, que

conoce esta lengua, sabe lo difícil que es. El título de «excelencia» que se le da en la carta puede parecer extraño en Europa, pero es la única traducción que he podido darle a la palabra *jenaub*. En este país solo se usa para los sacerdotes de alto rango y los embajadores, y siempre se ha traducido como yo lo he hecho.

De este modo, Wolff disfrutó brevemente de un título que podría haber sido demasiado grandioso para él, pero que lo ayudó a regresar a Inglaterra sano y salvo y a publicar un relato de sus viajes.

Hoy en día, equivocarse en un nombre o un título tiene menos posibilidades de llevar a la decapitación, pero los marcadores culturales siguen siendo vitales en la traducción. Mi propia misión a Bukhara se plasmó en varios casos de asilo en los que trabajé como intérprete. En uno de ellos, una trabajadora sexual traficada a Reino Unido. desde Uzbekistán se dirigía a todo el mundo —a los abogados, al juez, a mí— con la segunda persona del singular, *ty*, en vez de utilizar la opción formal rusa *vy*. Al principio me chirrió tal exceso de familiaridad, pero luego se me ocurrió que en la cultura de la mujer esta forma de dirigirse a la gente es una muestra de confianza, no un signo de descaro. Traduciendo, me aseguré de que mi interpretación sonara tan respetuosa como era su intención. Le concedieron el asilo y nos despedimos de una forma que ya no me resultaba tan familiar.

Cometer un error cultural en un entorno más relajado puede ser igual de grave. En una reunión con unos empresarios azeríes, el anfitrión contó un chiste autocrítico en el que se llamaba a sí mismo gordo (en efecto, era corpulento, como también lo eran algunos de sus invitados). Lo traduje literalmente, sin pensar que era necesario recurrir a los eufemismos como «estar rellenito» o «estar de buen ver». Los invitados se quedaron

visiblemente estupefactos: una palabra considerada perfectamente normal en mi Moscú natal sonaba grosera para personas
acostumbradas a la forma más cortés del ruso que se hablaba
en Bakú. Uno de ellos me corrigió amablemente, sustituyendo
«gordo» por «rollizo», y yo me disculpé.

Sin embargo, no todos los incumplimientos de las normas
locales suponen una vergüenza. La forma más memorable de
dirigirse a alguien que he tenido que traducir fue la de un testigo que empezaba cada una de sus respuestas con «Señor juez,
caballero». Tal vez se estaba inspirando en alguna serie de televisión, o intentaba adaptarse al entorno desconocido que le suponía un tribunal de primera instancia inglés utilizando lo que
él creía que era la forma estándar. Al mirar a la jueza con peluca
que presidía el proceso, me tomé la libertad de cambiar su vo-
cativo por «Señoría».

4

Observación y análisis

En agosto de 1877, el astrónomo italiano Giovanni Virginio Schiaparelli dirigió su telescopio hacia Marte. El director del Observatorio de Brera, en Milán, había instalado un refractor Merz de ocho pulgadas en el tejado del Palacio de Brera, destinado originalmente a observar estrellas dobles. Tras quedar satisfecho con su rendimiento en esta tarea, quiso comprobar si el refractor «poseía las cualidades necesarias para permitir también el estudio de las superficies de otros planetas». A principios de septiembre, Marte se encontraría en oposición con la Tierra, por lo que Schiaparelli decidió aprovechar la ocasión.

Las observaciones que realizó durante los dos meses posteriores transformaron nuestra imagen del Planeta Rojo. Además de las ya conocidas áreas claras y oscuras, denominadas *terrae* (tierras) y *maria* (mares), pudo distinguir, al principio «de forma muy difusa e indeterminada», unas líneas oscuras que unían los mares. Schiaparelli elaboró un nuevo mapa de Marte, en el que denominó a estas marcas *canali*.

Cuando los hallazgos de Schiaparelli fueron publicados en inglés, los traductores tradujeron *canali* como *canals* («canales»), ignorando otra alternativa, *channels* («cauces»). Esto causó un gran revuelo. En 1882, J. T. Slugg, químico inglés y miembro de la Real Sociedad Astronómica, resumió la reacción de la comunidad científica internacional en una carta al *Manchester Guardian*: «Lo primero que le vendrá a la mente a todos después de leer este artículo será la pregunta: "Si estos canales son reales, ¿son naturales o artificiales?"». El gran astrónomo francés Camille Flammarion afirma que «si estos canales son auténticos, no parecen naturales, y parecen [...] representar el trabajo industrial de los habitantes del planeta». Flammarion, cuya obra *La planete Mars et ses conditions d'habitabilite* resultaría bastante influyente, utilizó el término francés *canaux*, que al igual que *canals*, sugiere un origen artificial. La existencia de cualquier artificio implica entonces la presencia de seres inteligentes, y especuló además que, gracias a la escasa gravedad del planeta, «los habitantes de Marte tienen una morfología distinta a la nuestra y vuelan por su atmósfera». Muchos teóricos lo siguieron hasta las nubes.

Uno de los más ardientes defensores de la existencia de vida inteligente fue el astrónomo estadounidense Percival Lowell, quien fundó un observatorio en Flagstaff (Arizona) y se dedicó a estudiar lo que él denominó «características no naturales» del planeta. Sus libros —*Mars*, *Mars and Its Canals* y *Mars as the Abode of Life*— inspiraron numerosos debates y todo un subgénero de ciencia ficción desde *La guerra de los mundos* de H. G. Wells en adelante. Hubo, por supuesto, quienes tomaron con pinzas las entusiastas afirmaciones de Lowell; sin embargo, su convicción resultó contagiosa. En su artículo *Giovanni Schiaparelli: Visions of a Colour Blind Astronomer* William Sheehan, uno de los principales expertos actuales sobre Marte, señala que en la última década del siglo xix la obsesión por la idea de que había vida inteligente en Marte alcanzó el nivel de histeria colectiva. En 1899, Théodore Flournoy, un psicólogo ginebrino, describió el caso de una mujer que, bajo los efectos de la hipnosis, visitó Marte y elaboró testimonios ilustrados de sus paisajes, habitantes, lenguaje y alfabeto.

Se nos plantea pues la siguiente cuestión: ¿cómo de diferente habría sido el curso de la historia si, ante la palabra *canali*, quien tradujo de forma anónima a Schiaparelli hubiera optado por «cauces» en lugar de «canales»? Esta segunda opción puede sonar más parecida al original, pero la primera es posiblemente más válida y, desde luego, menos chocante. Aquí tenemos un ejemplo de polisemia, o coexistencia de múltiples significados, así como de los denominados falsos amigos: palabras que suenan parecidas en dos idiomas pero que significan cosas diferentes. (A menudo estos últimos hacen que la gente se confunda, como le ocurrió al presidente francés Emmanuel Macron, quien, en una visita de Estado a Australia en mayo de 2018, le dio las gracias al primer ministro Malcolm Turnbull y a su «deliciosa esposa» —claramente un calco de *délicieuse*, que en francés significa simplemente «encantadora»—).

Antes de culpar al traductor de toda la confusión que se generó, necesitamos saber qué quería decir el propio Schiaparelli con *canali*. Uno puede imaginarse dirigiendo en su cerebro una especie de telescopio telepático que amplía el pensamiento de la cabeza del autor y enfoca perfectamente el aspecto que se busca. Pero la traducción no funciona así (todavía). Justo cuando parece necesaria la más mínima distinción el traductor debe, paradójicamente, ampliar su campo de investigación, salir fuera y recabar información, siendo más detective que astrónomo. En otras palabras, para entender a Schiaparelli primero hay que *entender a Schiaparelli*.

Así pues el detective se pone manos a la obra. ¿Qué clase de hombre era? Aunque era miope y parcialmente daltónico, Schiaparelli era un buen dibujante, capaz de plasmar rápidamente sus observaciones sobre el papel. Al presentar sus descubrimientos marcianos a varios oficiales en Roma en 1878, insistió en que podría obtener resultados todavía mejores con un equipo más potente. Les aseguró «que Marte parece ser un mundo parecido al nuestro; y empleando un poco el estilo flammarionesco, gestioné el asunto bastante bien». Esta «emocionante fantasmagoría» fue todo un éxito: el gobierno italiano, dispuesto a apoyar a los científicos del país en el contexto nacionalista posterior a la unificación, accedió a la compra de un nuevo telescopio de dieciocho pulgadas: caro, de última generación, perfecto para interpretar las señales ópticas de Marte.

Schiaparelli sabía que incluso los mejores telescopios magnificaban las distorsiones causadas por las condiciones atmosféricas —del mismo modo que una traducción, aunque se haga de buena fe, puede aumentar la cantidad de interferencias aleatorias ya presentes en el original—. «En la situación actual», escribió «sería prematuro hacer conjeturas sobre la naturaleza de estos *canali*. En cuanto a su existencia, no tengo necesidad de declarar que he tomado todas las precauciones necesarias para evitar cualquier tipo de espejismo. Estoy absolutamente seguro de lo que he observado». En sus momentos de menor discreción, llegó a especular sobre un sistema de irrigación construido por estados ilustrados para distribuir el agua marciana de manera justa y eficaz. En *La vita sul pianeta Marte* Schiaparelli imaginó una sociedad socialista utópica en la que «los intereses comunes no se distinguen unos de otros; [las ciencias] se desarrollan hasta un alto grado de perfección; los conflictos internacionales y las guerras son desconocidos; todos los esfuerzos intelectuales [son] unánimemente dirigidos contra el enemigo común: la dificultad que la mísera naturaleza opone a cada paso». Este artículo, ampliamente difundido y traducido a varios idiomas, fue probablemente su obra más rocambolesca. A falta de rigor científico, podría haberse inspirado en la época contemporánea de los canales en la Tierra. Con el canal de Suez terminado en 1869 y el de Panamá en construcción, la posibilidad de descubrir canales en nuestro vecino planetario debía de ser extremadamente atractiva: otra hazaña de la ingeniería, otro paso hacia la modernidad.

Schiaparelli cruzó la línea que separa los hechos de la fantasía con sumo cuidado: «Yo mismo evitaría combatir esta suposición, que no abarca nada imposible [...] No obstante, uno puede formular hipótesis sobre tales actividades [...] como, por ejemplo, obras agrícolas extensas e irrigación a gran escala». Aquí podemos encontrar tanto una escrupulosa reticencia sobre sus propias opiniones como una voluntad de complacer las especulaciones más exóticas de sus compañeros. No es la prueba decisiva que esperábamos, pero estamos avanzando en nuestra investigación. Si los primeros comentaristas ingleses le hubieran pedido que se explicara más, ¿les habría dicho exactamente lo que tenía en mente? Si no fuera por los «canales», ¿sería hoy más pobre nuestro conocimiento de Marte, enriquecido por el temprano interés en la falsa conjetura? ¿Habría la NASA lanzado el programa Mariner? ¿Habría continuado la búsqueda de agua en Marte, que llevó al tan aclamado anuncio de su descubrimiento en 2015, seguido dos años más tarde por la declaración más titubeante de que es más probable que las «líneas de pendientes recurrentes» sean flujos de arena?

Es posible que nunca podamos responder con certeza a estas preguntas. Sin embargo, estas suscitan otras más amplias sobre la traducción y la pluralidad de significados. Quienquiera que se encargara de comunicar el mensaje de Schiaparelli al mundo anglosajón tuvo que interferir en el original y ampliarlo, tal vez de forma inadvertida y sin molestarse aparentemente en justificar su decisión. Resulta extraño que esto haya llamado tan poco la atención, mientras que otros aspectos del asunto han sido objeto de un minucioso escrutinio. Como los propios bocetos, por ejemplo. Algunos coetáneos dudaban de la habilidad de Schiaparelli para el dibujo. El artista Nathaniel Green comentó que sus «líneas fuertes y nítidas» debían de ser el resultado de su estilo de dibujo. El astrónomo Edward Emerson Barnard le escribió en 1893: «En sus dibujos publicados de Marte, los canales aparecen intensamente marcados. Los dibujos de su cuaderno no muestran estas líneas tan marcadas. ¿Es un error de copia el hecho de que sean tan gruesas y oscuras en el grabado?». Schiaparelli respondió: «Desgraciadamente, las réplicas de mis dibujos pueden confundir al lector. No encuentro artistas que los reproduzcan bien».

Sin embargo, el uso de «canales» permaneció bastante indiscutido por la comunidad científica y el público general, aunque uno de los oponentes de la palabra, el astrofísico inglés J. Norman Lockyer, insistió en que eran «verdaderos cauces de agua». Para apreciar los retos a los que se enfrentaron los traductores de Schiaparelli, es útil considerar sus otros escritos, donde se abre un gran espacio interestelar de posibles malentendidos. Schiaparelli desarrolló un vocabulario totalmente nuevo para describir las características de Marte. «En general», explicó:

> las configuraciones observadas representaban una analogía tan clara con las del mapa terrestre que es dudoso que cualquier otra clase de nombres hubiera sido más adecuada. ¿No nos inducen la brevedad y la sencillez a emplear palabras como «isla», «istmo», «estrecho», «canal», «península», «cabo», etc.? Cada una de las cuales proporciona una descripción y una notación que de otro modo no podrían expresarse sino mediante una larga paráfrasis, y que habría que repetir cada vez que se hablara del objeto correspondiente.

Su sugerencia de que estos términos «pueden considerarse un mero artificio para ayudar a la memoria y abreviar las descripciones» habría sido generalmente aprobada por los traductores, que a menudo emplean tales trucos (en el mejor de los casos, con moderación y prudencia). Pero la cuestión permanece: el vocabulario acuoso de Schiaparelli era —al menos hasta cierto punto— metafórico.

Por otra parte, las metáforas, inteligentes o no, cobran vida propia. Incluso el extravagante Percival Lowell fue prudente al principio. «He adoptado su nomenclatura —escribió veinte años después de las primeras observaciones de Schiaparelli— en la denominación de las características recientemente encontradas he seleccionado nombres conformes a su esquema, que destaca tanto por razones prácticas como poéticas». Al principio, trató de actuar con cierta cautela: «En este punto de nuestra investigación, cuando la deducción directa de los fenómenos físicos generales observables en la superficie del planeta muestra que, si hubiera habitantes allí, un sistema de irrigación sería esencial para su existencia; el telescopio nos presenta quizás el descubrimiento más sorprendente de nuestros tiempos: los llamados canales de Marte». El calificativo no tardó en desaparecer.

En *Mars*, Lowell desarrolló las metáforas de Schiaparelli para destacar la naturaleza artificial del sistema: «Esparcidas por todo el suelo rojizo y ocre de las extensiones desérticas del planeta [...] hay un número innumerable de manchas oscuras circulares u ovaladas. Aparecen, además, siempre en íntima asociación con los canales. Estas constituyen otros tantos núcleos a los que los canales se unen como radios». Comentó «un fin y un objetivo para la existencia de los canales, y el más natural del mundo, a saber, es que los canales se construyen con el propósito expreso de fertilizar los oasis», antes de concluir: «Todo esto, por supuesto, puede ser una serie de coincidencias que no significan nada, pero la probabilidad apunta en sentido contrario».

Lowell le dedicó *Mars and Its Canals* a Schiaparelli, a quien llamaba «cher Maître Martien». Ambos mantuvieron una intensa correspondencia, principalmente en francés, que en aquella época era más popular que el inglés en muchos campos, incluidas las ciencias naturales. Schiaparelli también publicaba en alemán y era capaz de leer en inglés —como sugieren algunas de las comunicaciones de Lowell, como el telegrama que le envió al *Maître Martien* el 17 de agosto de 1896: *Ganges is double*—. Si en 1895 Lowell había aceptado que la característica del planeta rojo podía ser «un conjunto de coincidencias», en 1906 era categórico: «Ninguna fuerza natural propulsa [el agua], y la inferencia directa e inevitable es que es ayudada artificialmente a su fin. No parece haber ninguna escapatoria a esta deducción». Al principio se basó en dibujos, luego pasó a la fotografía y, como dice en su biografía Abbot Lawrence Lowell, hermano del astrónomo, «finalmente en 1905 aparecieron canales en las láminas, treinta y ocho en total y uno de ellos doble. Al enterarse del éxito, Schiaparelli escribió maravillado a Percival: "Nunca creí que fuera posible"».

Tenía sus motivos para ser escéptico. A finales de la década de 1890, otro astrónomo italiano, Vicenzo Cerulli, a quien Schiaparelli consideraba su sucesor, afirmó que los canales de Marte eran una ilusión óptica y que, cuando se dispusiera de refractores más potentes, «perderían esa forma lineal que actualmente los hace tan misteriosos e interesantes». En 1909, el astrónomo griego Eugène Michel Antoniadi respaldó esta opinión, demostrando que ni los telescopios de Schiaparelli ni los de Lowell proporcionaban una resolución suficiente para distinguir líneas rectas. Cerulli y Antoniadi, con sus dispositivos mejor ajustados, actuaron como traductores que revisan la versión de otro con la creencia de que cuantas más iteraciones sufre, más exacta se vuelve, un principio que no siempre se extiende más allá del mundo ideal. La reacción de Flammarion ante la nueva teoría fue sorprendentemente dialéctica: «¿Tiene, pues, cada astrónomo, tanto en asuntos físicos como morales, una "manera de ver"?».

La manera de ver de Schiaparelli se resume en el artículo de Sheehan. «Es evidente que no pensaba en canales (con su connotación de construcción artificial), sino en cauces. De hecho [...] tiende a utilizar los términos *canale* y *fiume* (o río) de forma bastante indiscriminada». Es cierto que *fiume* y *canale* son intercambiables en los textos de Schiaparelli; el Nilo y el Ganges, por ejemplo, reciben ambos nombres. Sin embargo, lo realmente interesante no es cómo debería haberse traducido *canale* en aquella época, sino cuántos aspectos de la traducción revela esta historia: la importancia de nombrar las cosas; los aspectos emocionales de la comunicación, incluida la persuasión y la confianza; la tendencia a abreviar con la esperanza de seguir siendo entendido; la necesidad de tener una fuente claramente redactada; y lo más importante, el hecho de que aunque la comunicación siempre está plagada de errores, eso no significa que debamos dejar de intentar entender las cosas, incluidas las situaciones que implican a más de un idioma. Si la historia de Schiaparelli nos enseña algo, es que siempre se puede mirar pesimistamente a través de un cristal, incluso con un ojo pegado al ocular. Un traductor no funciona como un telescopio, haciendo visible lo que antes era invisible. Pero ¿qué lo hace?

A menudo se asume que los textos científicos son más fáciles de traducir que las obras literarias, ya que la potencial ambigüedad de estas últimas obliga al traductor a improvisar. Sin embargo, cuando empecé a traducir en revistas académicas para ganar algo de dinero mientras estudiaba, pronto me di cuenta de que la supuesta claridad de la ciencia era, al igual que los canales marcianos, una ilusión. Por una parte, el lenguaje de la inteligencia artificial, la óptica láser o la teoría de operadores suele ser solo hablado por unos pocos especialistas que no necesitan demasiadas palabras para entenderse. «Si no puedes explicárselo a un niño de seis años», pudo o no haber dicho Albert

Einstein, «es que ni tú mismo lo entiendes», pero no todos los científicos exponen sus ideas a los niños, por muy entretenidas que les pudieran parecer. Uno de los primeros artículos que tuve que traducir del inglés al ruso era prueba de ello. La editora, que conocía ambos idiomas, pero no sabía de física, había cambiado cada aparición de la palabra *dyrka* (hueco) por lo que ella consideraba un sinónimo más apropiado. («Hueco de electrón», o simplemente «hueco», es un término establecido para designar un lugar en el que un átomo carece de un electrón. Tanto la palabra inglesa como su equivalente rusa tienen otros usos no científicos, un problema habitual de los vocabularios técnicos, que tienden a adoptar palabras cotidianas sin tener en cuenta las dificultades que eso puede generar en posibles traducciones). Este término, que aparecía en casi todas las frases, se sustituyó por *otverstie* (apertura), ya que la editora quiso sonar más refinada.

El acto de traducir distorsiona inevitablemente el original, aunque en sí mismo no elimina el significado pretendido, siempre que la distorsión sea calculable. Como traductora que también se formó en matemáticas, busqué una metáfora para contraponerla al telescopio de Schiaparelli y la encontré en un lugar que no podría haber sido más satisfactorio. Tres décadas antes de la polémica de los *canali*, otro científico italiano, Luigi Federico Menabrea, conoció al matemático inglés Charles Babbage, quien había estado muy ocupado inventando máquinas que revolucionarían el mundo. En agosto de 1840, Babbage acudió a Turín para dar una conferencia en la Accademia delle Scienze sobre la máquina analítica —un ordenador en el sentido moderno de la palabra; el primer dispositivo mecánico jamás concebido que, en teoría, podía realizar operaciones programadas—.

Fue el matemático y astrónomo Giovanni Plana quien había invitado a Babbage a la «reunión de filósofos italianos», donde, según Babbage, «al principio el Sr. Plana había planeado tomar algunas notas para escribir un resumen de los principios de la máquina. Pero sus propias ocupaciones detallistas lo llevaron a renunciar a este plan y a transferirle esta tarea a un joven amigo suyo, el Sr. Menabrea, quien ya tenía una establecida reputación como analista profundo». Babbage pasó varios días hablando con sus colegas italianos; es razonable suponer que conversaron sobre todo en francés. Menabrea transcribió sus notas, añadió algunas explicaciones y más tarde, ese mismo año, publicó el trabajo bajo el título *Notions sur la machine analytique de M. Charles Babbage*.

Una traducción inglesa del artículo apareció en 1843: *Sketch of the Analytical Engine Invented by Charles Babbage, Esq. By L.F Menabrea, of Turin, Officer of the Military Engineers*, firmado simplemente por «A. A. L», no pasó a los anales de la historia como un ejemplo de modestia; tampoco destacó por ningún error de traducción. La persona que lo tradujo y que añadió extensas notas —casi el doble de extensión de la obra original, incluida una tabla que es a menudo descrita como el primer programa informático— es hoy muy conocida tanto en círculos literarios como científicos.

La educación temprana de Ada Lovelace fue amplia, aunque con algunas lagunas. Una de sus institutrices, la señorita Lamont, le impartía «por la mañana lecciones de aritmética, gramática, ortografía, lectura y música, cada una de ellas de no más de un cuarto de hora; después de cenar de geografía, dibujo, francés, música y lectura, todo ello con presteza y docilidad». Lovelace también estudió italiano, pero las ciencias le interesaban más que los idiomas. Fue su madre quien introdujo las matemáticas, una asignatura inusual para una niña de la época, en el plan de estudios de Ada (esperando así neutralizar cualquier locura que Ada pudiera haber heredado de su padre, lord Byron). Lovelace tenía diecisiete años cuando conoció a Babbage, quien le mostró una parte de lo que se convertiría en un ordenador a vapor.

Las lecciones que Lovelace había recibido en casa solo le proporcionaron un nivel básico de matemáticas, y entre 1840 y 1841 siguió un curso por correspondencia con Augustus de Morgan, un destacado lógico y profesor de matemáticas en lo que hoy en día es el University College de Londres. Sus cartas, conservadas en la Biblioteca Bodleiana, demuestran que Lovelace tenía un buen ojo para los detalles: a menudo detectaba errores o erratas en los libros que leía. Otro de sus puntos fuertes era su persistencia en llegar al fondo de cada enunciado hasta comprenderlo por completo. Estas cualidades, útiles en cualquier matemático, también son de gran valor para la traducción, sobre todo cuando hay que abordar una propuesta tan extravagante como la máquina de Babbage.

«Al principio, la imaginación se asombra ante la idea de semejante proyecto», dice Menabrea, en la versión de Lovelace, sobre la máquina analítica. El diseño «se basa en dos principios: el primero consiste en el hecho de que todo cálculo aritmético depende en última instancia de cuatro operaciones principales: suma, resta, multiplicación y división; el segundo, en la posibilidad de reducir todo cálculo analítico al de los coeficientes de los diversos términos de una serie. Si este último principio es cierto, todas las operaciones de análisis entran en el dominio de la máquina». En otras palabras, el ordenador sería capaz de manejar fórmulas además de números. A continuación se enumeran sus posibles ventajas: «Primero, estricta precisión [...] Segundo, economía del tiempo [...] Tercero, economía de la inteligencia». Aunque se muestra esperanzado sobre la potencia de la máquina, Menabrea también observa proféticamente que «tales máquinas [...] requieren la intervención continua de un agente humano para regular sus movimientos, y por consiguiente, surge una fuente de errores».

Sin embargo, Lovelace podría haberle hecho la competencia a la máquina. Una de sus notas a pie de página dice:

Esta observación parece requerir un comentario adicional, ya que en cierta medida está calculada para llamar la atención por su discordancia con el pasaje siguiente. La aparente discrepancia es también mayor en la traducción que en el original, debido a la imposibilidad de traducir con precisión a la lengua inglesa todas las sutilezas de distinción que el lenguaje francés admite en las frases utilizadas en los dos pasajes a los que nos referimos.

Otra nota dice: «Esto no debe entenderse de manera poco rotunda». Otra advierte: «Esta frase se ha modificado ligeramente en la traducción para expresar con mayor exactitud el estado actual de la máquina». A lo largo del texto. A. A. L. muestra más iniciativa de lo que cabría esperar de un traductor. «Consideré que yo misma debía subsanar la deficiencia —escribe— pensando que este artículo habría sido imperfecto si hubiera omitido señalar un medio que podría emplearse para resolver esta parte esencial del problema en cuestión». Es como si la traductora que hay en ella diera paso a la autora, alguien con más que decir que lo que se ofrece en el texto de partida. No nos olvidemos de su estrecha colaboración con Babbage, lo que sugiere que la traducción inglesa quizá pudo contar con su aprobación.

Una traductora que tal vez no tiene intención de intervenir activamente y, sin embargo, no consigue mantenerse neutral es un buen ejemplo de lo que implica esta profesión en nuestro mundo imperfecto, donde pocas cosas tienen definiciones claras. Lo que hizo ejemplar a Lovelace fue que ella, a diferencia de los responsables de la confusión de los *canali*, quiso ser lo más fiel posible a su fuente tal y como ella la entendía, no solo en la forma, sino también, y más importante, en el espíritu. Aunque era capaz de lograr un buen grado de transparencia —una característica deseable—, no quería depender exclusivamente del texto. De ahí su decisión de pasar de ser un conducto pasivo a hacer sus propias indagaciones antes de expresar sus opiniones sobre el tema. Lo consiguió sin comprometer la exactitud de su traducción, en parte gracias a las cualidades inherentes al propio tema, pero también a su enfoque informado. De hecho, su éxito demostró que las matemáticas y la traducción están más estrechamente relacionadas de lo que podría parecer a simple vista. La máquina analítica, con su lógica binaria, es lo contrario del telescopio, que requiere un ajuste constante. Un buen traductor es capaz de trabajar en ambos modos: enfocar y reenfocar la óptica una y otra vez mientras reflexiona sobre sus opciones, hasta ese momento crucial en el que deja las lentes a un lado y enciende la máquina. En lugar de temer la naturaleza formulista de este dispositivo, lo utiliza para despojar al texto de aparentes ambigüedades y, con un poco de suerte, colocar finalmente las palabras adecuadas en el orden correcto.

Tras la muerte de Lovelace, un obituario anónimo publicado en *The Examiner* el 4 de diciembre de 1852 destacó sus logros científicos. «La condesa de Lovelace era absolutamente original —decía— y el temperamento propio de un poeta era lo único que tenía en común con su padre. Su genio, ya que genio poseía, no era poético, sino metafísico y matemático, se había centrado en la práctica constante de la investigación, y lo hizo con rigor y exactitud».

Durante el siglo y medio posterior, los eruditos que se dedicaron a su obra oscilaron entre concederle demasiado crédito por sus investigaciones matemáticas o desestimarlas por estar llenas de errores típicos de un colegial. En *Ada: A Life and a Legacy*, Dorothy Stein parece considerar a Lovelace como una especie de decepción intelectual. Stein, formada como psicóloga, llega a la conclusión, basándose en las cartas Lovelace, de que las manipulaciones algebraicas más sencillas superaban su competencia y que el propio Babbage debió haber participado en las notas a pie de página del *Sketch*. En una serie de artículos recientes, los historiadores de la ciencia Christopher Hollings, Ursula Martin y Adrian Rice cuestionan «las opiniones anteriores que impugnaban la competencia [de Lovelace] para contribuir al artículo de 1843, y su potencial, con el tiempo, para la investigación matemática», dando una serie de ejemplos para apoyar su punto de vista. En *Ada, The Enchantress of Numbers*, Betty Toole utiliza la expresión de Lovelace «ciencia poética», calificándola como una «sintetizadora y visionaria» quien «vio la necesidad de un lenguaje matemático más expresivo y que incorporara la imaginación». Aquí, como en la mitología marciana, el poder de la poética permite que el espíritu triunfe sobre la forma.

Lovelace fue, entre otras cosas, alguien que apostaba, mujer, madre, pensadora de mente abierta, investigadora y traductora. Este último papel no era del que se sentía más orgullosa; sus ambiciones iban mucho más allá de la práctica de una habilidad que poseían muchos en aquella época. «No creo que mi padre fuera (o pudiera haber sido alguna vez) tan poeta como yo seré analista», alardeaba. Se podría argumentar que, incluso como traductor, Byron —conocido por las libertades que se tomó con Dante— es más conocido que Lovelace la matemática. Ella murió a los treinta y seis años, a la misma edad que su padre, pero mientras que la temprana muerte de él sirvió para cimentar su leyenda, la de Lovelace la interrumpió en mitad de su carrera.

Todas las máquinas de Babbage no llegaron a construirse durante su vida. Hubo algunos planes para poner en práctica su diseño de una de las predecesoras de la máquina analítica, la máquina diferencial, pero su financiación no llegó a buen puerto. La máquina diferencial n.º 2, una versión mejorada de la original, fue creada por el Museo de la Ciencia de Londres para conmemorar el bicentenario de Babbage en 1991; tardó diecisiete años en completarse y funcionó tal y como su creador había previsto. La máquina analítica nunca se construyó, pero

la profecía de Lovelace de que «podría llegar a componer elaboradas y científicas piezas musicales» se hizo realidad en otro
mundo: el tan imperfecto en el que vivimos.

Estas historias de la lente y la máquina son emblemáticas de
la traducción. En ellas lo podemos encontrar todo: la tendencia
del traductor a permanecer en un segundo plano o dar el paso
al frente; el impacto que puede tener su iniciativa; su capacidad
para hacer que los demás confíen en sus palabras; los saltos de fe
que se le exigen para ver a través del original, por opaco que sea;
y, por último, la importancia de la investigación para alcanzar el
éxito. Son estas facetas de la traducción las que nos llevan a los
espacios donde se producen las interacciones verbales más interesantes —desde un punto de vista lingüístico y de otros tipos—.

5

Tesoros de la lengua

Nacido en Londres en 1553, de padre italiano y madre inglesa, John Florio creció en Europa y regresó a Inglaterra cuando ya era un joven, donde se convirtió en profesor de italiano. La lengua y la cultura italiana en general estaban de moda en la Inglaterra isabelina, a pesar del recelo con el que se trataba tradicionalmente a los extranjeros. En el prefacio de *Florio His Firste Fruites*, un libro de texto publicado en 1578, Florio menciona a aquellos ingleses maleducados que descuidan los idiomas; aun así, nunca le faltó trabajo.

Compuesto por una gramática y cuarenta y cuatro diálogos, impresos paralelamente en inglés e italiano, *Firste Fruites* no era un simple libro de frases, sino también una especie de manual de estilo que incluía proverbios útiles para diversas ocasiones, los cuales Florio reformulaba a menudo. Le encantaban los modismos y aprovechaba cualquier ocasión para colarlos en sus escritos. En una factura que envió a uno de sus alumnos en 1600 (escrita en italiano, presuntamente con fines pedagógicos) en la que le exigía el pago de sus clases aparecen dos: «el cura consigue su sustento del altar» y «el hambre saca al lobo del bosque». Los traductores autónomos a menudo tienen que perseguir a sus clientes, pero nunca había visto una manera tan original de hacerlo como la de Florio. Desgraciadamente, no ha quedado ninguna constancia del pago de este alumno.

En 1583, Florio fue contratado por la embajada francesa de Londres y pasó los dos años posteriores dando clases a la hija del embajador, haciendo de intérprete, de recadero y, muy probablemente, espiando. Sus tareas incluían llevar mensajes a *Monsieur de Raglay* (aparentemente, sir Walter Raleigh), sobornar a funcionarios para sacar de aprietos al mayordomo del embajador, lidiar con hordas enfurecidas congregadas frente a la embajada y saldar las deudas del embajador tras su partida de Inglaterra. Durante esta época entabló amistad con el filósofo italiano Giordano Bruno, quien aparece en su siguiente libro de texto, *Florios Second Frutes*. Se trata de la mayor recopilación de proverbios jamás publicada en la época: contiene una lista de 6000, muchos de los cuales están entretejidos en diálogos. «Yo me dedico a todos, e soy commo el saco de un molinero, e no commo otros, que a las veces se toman commo una cuestión de conciencia gargajear en la iglesia, e en otra ocasión profanar el altar». Estas palabras, puestas en boca de un personaje basado en Bruno, tenían probablemente la intención de defender al filósofo de las acusaciones de ateísmo y blasfemia que finalmente lo llevaron a la hoguera. Frances A. Yates en su biografía sobre Florio señala que debió de ser criticado por sus simpatías italianas. En el prefacio de *Second Frutes*, Florio se burla de sus críticos, arrebatándoles su propia arma: «Vn Inglese Italianato è vn Diauolo incarnato. Now, who the Diuell taught thee so much Italian?», antes de firmar por primera vez con un adjetivo que se asociará para siempre a su nombre: «Resuelto I. F.».

Mientras trabajaba para los franceses, además de traducir comunicados de Roma, impresos para satisfacer la gran demanda de noticias en la Inglaterra isabelina antes de la aparición de los periódicos, Florio también recopilaba un «abundantísimo y exacto diccionario en italiano y en inglés». Publicado en

1598, *A Worlde of Wordes* contiene 44 000 entradas (su único predecesor tenía 6000); sus ediciones revisadas constituyeron el principal material de referencia para los eruditos italianos a lo largo del siglo xvii y sirvieron de base para los diccionarios posteriores. La mayoría de sus entradas abarcan una extraordinaria variedad de significados y contextos. Por proponer un ejemplo al azar, *parare* tiene veinticuatro definiciones, entre las que se incluyen «adornar», «prepararse», «ponerse en camino» y «enseñar a un caballo a detenerse y mantenerse disciplinado». Aparecen palabras regionales italianas; también hay jerga, calificada como «tonterías o lenguaje de canallas»; se puede encontrar todo tipo de inglés, desde el formal hasta el vulgar. El propio Florio quedó impresionado con sus descubrimientos, que equiparaban las dos lenguas: «E creo que pora los caballeros ingleses ha que ser un placer videre que un idioma tan rico es superado por so lengua madre, así commo por aquestas múltiples variedades del inglés rebosantes de abundantes palabras que se encuentran en aqueste manifiesto».

¿Cómo se las apañaban los traductores antes de que existieran los diccionarios? No tenían más remedio que consultar libros corrientes en su lugar. Junto a sus evidentes desventajas, esto tenía al menos una ventaja importantísima: las palabras venían acompañadas de su contexto, listas para ser utilizadas en una situación concreta, sin el riesgo de elegir una definición errónea de una lista. Hoy en día, con una abundante cantidad de fuentes a nuestra disposición, no debemos descartar por completo este método artesanal. De hecho, la mayoría de los traductores utilizan los diccionarios como un punto de partida antes de seguir investigando usos específicos de palabras y expresiones. En el siglo xvi, cuando aparecieron los primeros diccionarios bilingües en Europa, la necesidad de diccionarios monolingües ya era evidente, en parte gracias a la penetración mutua entre las culturas en la época del Renacimiento. Por ejemplo, el número de palabras en inglés, según las estimaciones basadas en los textos que se conservan, se duplicó con creces entre 1500 y 1650, a medida que se absorbía vocabulario extranjero.

La afluencia de terminología especializada también estaba transformando el panorama lingüístico europeo del comienzo de la modernidad. Por ejemplo, el erudito holandés Adriaan Koerbagh publicó un diccionario jurídico en 1664. Koerbagh, uno de los pensadores más radicales de su época, intentó desmitificar el lenguaje arcano que permitía a los abogados aprovecharse de sus clientes. En 1668, para continuar con su campaña contra los abusos perpetrados por las clases profesionales, recopiló un diccionario en el que le explicaba a la persona media otro enjambre de términos técnicos, jurídicos y médicos, así como el lenguaje de las Escrituras, el cual también es deliberadamente oscuro en su opinión. Fue esta última adición la que provocó un gran alboroto en Ámsterdam. Koerbagh abandonó la ciudad, pero no tardó en ser detenido y encarcelado por blasfemia; murió en prisión pocos meses después. La mayoría de sus obras publicadas fueron destruidas por considerarse incendiarias.

El lenguaje especializado presenta retos algo distintos para traductores e intérpretes. Si hay que traducir un documento técnico, recurrir a los glosarios es un paso claro: aquí, en comparación con los diccionarios de uso general, es más probable que los términos tengan definiciones estándar únicas. Por poner un ejemplo sencillo, la palabra «conjunto» suele ser unívoca en un documento matemático, mientras que en otros ámbitos puede asociarse con cualquier cosa, desde la ropa hasta la informática. Al traducir para especialistas, no hay que preocuparse de sintonizarse primero con su mentalés, ya que en gran medida ya se está en sincronía. Los intérpretes también se informan de antemano cuando preparan un encargo. Sin embargo, a diferencia de los traductores, que pueden asumir con seguridad que los conceptos tratados en el texto de partida serán familiares para el lector al que van dirigidos, los intérpretes a veces tienen que evaluar a su público sobre la marcha. Ceñirse a la jerga técnica está bien en una conferencia, pero cuando un profesional se dirige a una persona de a pie, hay que valorar sus reacciones y desempeñar el mismo papel interpretativo que asumió Koerbagh.

Afortunadamente, los médicos de hoy en día no se pasan con el latín cuando hablan con sus pacientes. Los abogados, en cambio, están muy apegados a la jerga jurídica, y puede corresponderle al intérprete rebajar su registro en beneficio del cliente. Tras aprobar el examen de interpretación, al principio me entusiasmaron todas esas palabras recónditas que había aprendido de los libros de consulta y, decisivamente, de las transcripciones de los procesos judiciales: puestas en contexto, tenían mucho más sentido. Luego comencé a ejercer, y las situaciones en las que tenía que traducir de la jerga jurídica al ruso llano —sustituyendo «disputa» por «pelea», «perjurio» por «mentira», «comunicación malintencionada» por «mensaje obsceno»— me hicieron apreciar tanto la utilidad de los diccionarios como sus limitaciones.

Tras terminar su diccionario, Florio le dio un buen uso a su rico vocabulario al embarcarse en un proyecto que le otorgó la fama eterna. Los *Ensayos*, traducción de la célebre obra de Montaigne publicada por primera vez en Francia en 1580, se publicaron en Inglaterra en 1603 con el subtítulo «Discursos morales, políticos y militares» y comienzan dirigiéndose «Al cortés lector». «¿Debo excusar la traducción?» pregunta Florio, antes de enunciar lo que siempre ha sido el predicamento de todo traductor: «El sentido puede mantener la forma; la frase se desfigura; la finura, la adecuación, la proeza se aminoran, tanto commo la natura de las artes se queda corta ante el arte de las naturas, una semejança de un cuerpo, una umbra de una esencia». Esta original disposición de metáforas y aliteraciones marca el estilo del texto principal.

«Deseo que sea descrito a la mía guisa genuina, sencilla e ordinaria, sin contención, arte o estudio; ca es a mí mismo a qui retrato» dice Montaigne en el prefacio, y Florio lo sigue de cerca, pero no por mucho tiempo. «Es un tanto irónico que Montaigne, que fue uno de los primeros grandes escritores de una lengua moderna en escribir a la manera moderna, tuviera como traductor a alguien para quien los elaborados patrones retóricos de las palabras eran una necesidad instintiva y un hábito», señala Yates. Se pueden encontrar ejemplos del eufuismo de Florio casi en cada página. Añade florituras para crear efecto; duplica y triplica palabras y frases; introduce calificativos. Bajo su pluma, *nous ne travaillons* se convierte en «trabajamos, nos esforzamos y seguimos trabajando» y *l'entendement* se convierte en «entendimiento y conciencia». A veces estos cambios se hacen solo en beneficio de la aliteración (otra pasión de Florio), por ejemplo cuando *une estude profonde* se traduce como «un estudio profundo y melancólico». «Le parler que j'ayme», escribe Montaigne «c'est un parler simple et naif [...] esloigné d'affectation et d'artifice». «Es un discurso natural, sencillo y sincero el cual amo», se limita Florio, y luego, en un giro de 180 grados, procede a bordar el texto a su antojo, añadiendo «estas olas embravecidas» en lugar de *ces flots* y ampliando *cette renommée* para que sea «este renombre transitorio».

Las intervenciones de Florio precedieron en casi un siglo a las reflexiones de John Dryden sobre el modo de trabajo «en el que el traductor (si es que ahora no ha perdido ese nombre) se toma la libertad no solo de variar las palabras y el sentido, sino de renunciar a ambos según considere oportuno, y tomando solo algunas ideas generales del original, divide el trabajo

preliminar como le plazca». ¿Caracterizan a Florio tales libertades como un vanidoso hombre de letras cuya intromisión
compulsiva no le hace ningún favor a Montaigne, o como un
experimentado estilista que comprende que para que el pensador francés sea apreciado en Inglaterra por lectores condicio-
nados a asociar el habla simple con una mente simple ha de ser
embellecido? Citando de nuevo a Dryden «un traductor debe
hacer que su autor parezca lo más encantador posible, siempre
que mantenga su carácter y no lo haga diferente de sí mismo».
Al leer los *Ensayos,* en ocasiones estuve tentada de desestimar
la exuberancia de Florio por innecesaria (y contagiosa), pero al
final resultó ser demasiado encantadora como para molestar.
En un sentido más práctico F. O. Matthiessen, en *Translation,
an Elizabethan Art,* señala que Florio utilizaba a veces la repetición sinonímica «para naturalizar una palabra inusual empare-
jándola con otra mejor conocida». Esto es especialmente cierto
al tener en cuenta la experimentación de Florio, por medio de
la cual introdujo nuevas palabras, frases y construcciones gra-
maticales que pensó que la lengua inglesa «podría bien sopor-
tar». Entre ellas figuran *entraine, conscientious, endeare, tarnish,
comporte, efface, facilitate, ammusing, debauching, regret, effort,
emotion, and such like,* así como el pronombre *its.*

¿Pueden estos neologismos excusar las inexactitudes? Yates
cree que sí, y escribe que, a pesar de todas sus afectaciones y
exageraciones, «Florio era realmente un artista» que «amaba las
palabras con un deleite estético por su fuerza» y tenía un «noble sentido del ritmo». También T. S. Eliot consideraba que los
Ensayos fueron una gran traducción por parte de Florio, solo
superada por la Biblia del rey Jacobo. Fue una influencia importante para muchos escritores, sobre todo para Shakespeare,
cuya deuda con Florio incluye préstamos como los verbos *rou-
gh-hew* y *outstare,* así como un pasaje entero utilizado en *La
Tempestad* solo con algunas modificaciones. No cabe ninguna

duda de que Shakespeare leyó los *Ensayos*: varios académicos han identificado en sus obras un centenar de estrechas correspondencias y otro centenar de pasajes que muestran algunas similitudes con la obra de Florio. En un ejemplar de su primera edición conservado en la Biblioteca Británica aparece «Willm Shakspere» en su guarda, aunque la procedencia de esta se ha debatido. En cualquier caso, concluye Yates, Shakespeare le debía mucho a Florio, «como lo hacen todos los ingleses que valoran el rico tesoro que es su lengua».

«Traducir significa no solo llevar al lector a comprender la lengua y la cultura del original, sino también enriquecer la propia», dijo una vez Umberto Eco en una conferencia. Esta función de la traducción incluye la creación de neologismos, un juego al que a muchos traductores les gusta jugar. No todas las novedades son bien acogidas: por ejemplo, *netify* («pulcrar») como una versión de *wash* («lavar») que intentó adoptar Florio, nunca cuajó. Sin embargo, la edad moderna temprana era bastante receptiva a las nuevas nociones aportadas por los avances de las ciencias, las artes, los viajes y el comercio, que naturalmente requerían de nuevas palabras. John Shute, que en 1562 tradujo la historia del Imperio otomano de Andrea Cambini, introdujo *aga*, *cadi*, *seraglio* y *vizier* en la lengua inglesa.

Los cambios generados por la traducción no se limitan solo a nuevas palabras; tampoco pertenecen exclusivamente a un pasado lejano. Las traducciones de las obras de Martin Heidegger al francés desde 1931 en adelante han cambiado el estilo del discurso filosófico francés (algunos existencialistas podrían argumentar que fue para mejor); Ellio Vittorini, que tradujo a escritores estadounidenses, contribuyó al florecimiento de un nuevo realismo italiano tras la Segunda Guerra Mundial. Pero los neologismos que surgen de la traducción parecen más fáciles de acuñar para las novedades, sobre todo las tangibles, ya que las nociones inmateriales son más resistentes a las influencias externas. Vladimir Nabokov observó que la palabra rusa *toska*, cuyo significado oscila entre «gran angustia espiritual», «anhelo» y «aburrimiento», no puede traducirse plenamente con ninguna palabra en inglés, y aunque los traductores han intentado trasplantarla al inglés, esta no ha arraigado.

Una de las cosas más difíciles de la traducción es la voz. Ya es bastante difícil mantener el registro elegido, evitando los cambios de demótico a elevado a través de diversos grados de formalidad, pero al menos estas características, una vez identificadas, pueden corresponderse con mayor o menor precisión en muchos idiomas. Pero ¿y si un texto contiene un dialecto local u otra idiosincrasia? Se han probado varias soluciones. En otra conferencia, Eco cita dos ejemplos de *El péndulo de Focault*: el traductor francés utilizó el provenzal como análogo del italiano «afrancesado» que hablaba uno de los personajes; en la versión alemana, las inflexiones alemanas de la voz de otro personaje se sustituyeron por un habla arcaica. Sin embargo, cuando se intenta intercambiar equivalentes, hay que tener mucho cuidado, ya que un toque local puede resultar demasiado desconocido o demasiado distintivo para permitir nuevas connotaciones. Cuando colaborábamos en un libro ambientado en parte en la hambruna de los años treinta en Ucrania, Robert Chandler y yo intentábamos encontrar un análogo adecuado para su ruso regional salpicado de ucraniano. El escocés, sugerí, podría servir. «¿La hambruna en Escocia?» dijo Chandler. La imagen parecía tan incongruente que la idea se descartó de mutuo acuerdo. El uso de cadencias irlandesas parecía todavía menos apropiado, así que acabamos con alguna que otra frase del suroeste de Inglaterra.

Encontrar el registro adecuado es aún más importante en las expresiones orales. Eco se pregunta qué pasaría si al final de una conversación *bonne journée* se tradujera por «espero que tenga unas buenas y agradables experiencias durante el resto del día», o si la exclamación *attento allo scalino* se convirtiera en «le aconsejo que preste atención al escalón cuya presencia quizá se le haya pasado por alto». Formalmente, los significados serían los mismos, pero la cuestión es que los saludos y las advertencias deben ser breves. Los intérpretes, que tienen que mantener el ritmo todo el tiempo, son especialmente sensibles a los pasajes largos. También están atentos a cualquier peculiaridad para no desconcertar a los oyentes. Así, se supone que los intérpretes de la ONU no deben resaltar los pocos matices que pueda haber en los discursos: esencialmente, trabajan en ONU-és, un lenguaje convencional que aprenden como parte de su formación. Cuando le pregunté a Stephen Pearl, quien pasó varias décadas en la ONU antes de jubilarse como jefe de la Sección de Interpretación al Inglés, si su enfoque podría ser demasiado formulista, no estuvo de acuerdo. «Lo único que quieren los oradores es que conste en el acta, preferiblemente en dos minutos», dijo. «En realidad, las cosas se deciden por presión entre bastidores».

6

La Sublime Puerta

Hasta principios del siglo xix, pocos musulmanes del Imperio otomano conocían otras lenguas más allá del otomano, el persa y el árabe. «Con su elaborada estructura oracional y su complejo vocabulario», escribe el historiador Philip Mansel en *Constantinopla: La ciudad deseada por el mundo 1453-1924*, «la lengua otomana erigió un muro entre el Imperio y el mundo exterior». Los otomanos se comunicaban con los extranjeros a través de los truchimanes, denominación que solían recibir los traductores en Oriente Próximo. El trabajo de estos implicaba mucho más que transmitir mensajes. Traducían, oralmente y por escrito, pero también redactaban notas y negociaban acuerdos, hacían recados y vendían secretos. Al traducir, intervenían, añadiendo y acortando, a veces cambiando el significado, a menudo reformulando la fuente, comentando los aspectos culturales o contextualizando reivindicaciones políticas, reformulando la formulación del autor o reescribiendo su introducción. ¿Por qué no se limitaban a transmitir las cosas de forma neutra y precisa? ¿Tenían miedo de repetir ciertas expresiones? ¿Eran demasiado vanidosos como para no añadir sus aportaciones? ¿Lo bastante sabios como para no ceñirse al original?

En los siglos xvi y xvii, el italiano sirvió como lengua vehicular en el Mediterráneo. Uno de los socios más importantes del

Imperio otomano era la República de Venecia, que ya en el siglo XVI enviaba a sus súbditos a Constantinopla para formarse como traductores. Algunos jóvenes se reclutaban en la casa del representante veneciano —el *bailo*— para servir como *giovani di lingua* (muchachos de idiomas). Estos aprendices aprendían otomano mientras cumplían con sus tareas, y los mejores acababan ascendidos a truchimanes.

El gobierno otomano, conocido como la Sublime Puerta, hacía uso de sus propios truchimanes, los cuales se captaban entre esclavos, refugiados, comerciantes y marineros. Entre sus filas se encontraban judíos procedentes de Europa; cristianos convertidos al islam o apóstatas; armenios y griegos que viajaban al extranjero; y, a partir del siglo XVII, los vástagos de las familias cristianas —en su mayoría griegos acomodados de Constantinopla, conocidos como fanariotas— que estudiaban en Europa y posteriormente regresaban con conocimientos de las lenguas y tradiciones occidentales. Por último, las embajadas y consulados europeos también contrataban a sus propios intérpretes, recurriendo a los levantinos. Estos últimos —descendientes de europeos, a menudo italianos o griegos, que se habían establecido en el Imperio— se escapaban de una categorización clara: citando al orientalista Bernard Lewis, eran «europeos pero no realmente europeos», con «una pizca de maneras y educación europeas». La mayoría de los truchimanes de aquella época eran, según dice la historiadora E. Natalie Rothman, «sujetos transimperiales», intermediarios que cruzaban fronteras culturales, religiosas, étnicas, políticas y, por supuesto, lingüísticas entre Oriente y Occidente. Y con el tiempo, esta libertad les dio a algunos de ellos un poder real.

Alexander Mavrocordato fue descrito en una ocasión por un diplomático francés como «uno de los mejores actores de Europa». Los retratos de truchimanes, encargados por ellos mismos o por europeos interesados en las costumbres orientales, eran un género popular en el siglo XVII, y aunque nunca he visto una imagen que se crea que es de Mavrocordato, me resulta fácil imaginármelo trabajando: un hombre solemne y barbudo con un gorro de piel y una capa carmesí (usada en servicio oficial; el atuendo de diario era azul), equipado con su sello y un cinturón con útiles de escritura, ahí sentado escuchando atentamente, procesando las palabras de alguien para después hablar él.

Nacido en 1641 en el seno de una familia de comerciantes griegos, Mavrocordato fue uno de los primeros ciudadanos de Constantinopla que se educaron en Occidente al estudiar en el colegio griego de Roma y luego en las universidades de Padua y Bolonia, donde escribió una tesis sobre la circulación sanguínea. Lo que circulaba por su vida, profesional, política y privada, era otro tipo de corriente: una corriente de información que fluía rápidamente. Tras regresar a su hogar y ejercer como médico de varios gobernantes locales, en 1671 se convirtió en secretario de Panagiotis Nikousios, el gran truchimán de la Puerta. Este alto cargo, creado una década antes, combinaba las funciones de intérprete principal del gobierno y ministro de Asuntos Exteriores. Con la muerte de Nikousios en 1673, Mavrocordato asumió el cargo. Su carrera se vio interrumpida por la gran guerra Turca, o la guerra de la Liga Santa, y en 1683, tras la derrota otomana en Viena, fue llevado a prisión, encadenado y multado con una enorme suma. Sin embargo, su conocimiento de las lenguas y costumbres europeas lo hacía indispensable y pronto fue readmitido.

En 1699, Mavrocordato ayudó a negociar la Paz de Karlowitz entre los otomanos y los Habsburgo, al lograr que cada parte creyera que la iniciativa procedía de la otra. Su contemporáneo Dimitrie Cantemir escribe que el principal funcionario otomano en Karlowitz «no era más que un mero instrumento de Maurocordatus, por cuya secreta persuasión hizo muchas cosas que Maurocordatus, como cristiano, no podía proponer en público; y por lo tanto muchas cosas se atribuyen falsamente a su habilidad y perspicacia, las cuales nadie más que un hombre del discernimiento y capacidad de Maurocordatus podría haber inventado». Por su éxito en esta misión, Mavrocordato fue nombrado *mahremi esrar*, o, como dice N. Tindal, el traductor al inglés de Cantemir «aquel a quien se le descubren secretos». Cantemir afirma que «inventó este nuevo nombre para su cargo, que nunca antes había sido utilizado ni ha sido concedido a ningún otro desde su muerte». Quizá fuera una evolución natural de su anterior trabajo como médico de la corte, lo que le dio acceso a lo que ocurría a puerta cerrada. Los historiadores modernos suelen traducir este singular título por «ministro de los secretos» o, más intrigantemente, *secretaire intime*. Este es el término utilizado en la obra de Nestor Camariano *Alexandre Mavrocordato, le grand drogman*, en la que se cita a los socios de Alexander, que le otorgan diversos epítetos, desde «un bel homme fort discret et civil» a «instruit en tout et sage et pratique» o «Judas».

En su correspondencia con William Paget, el embajador inglés, Mavrocordato se muestra como un hombre con mucha labia, aunque quizá no tanta para los estándares de su época. «Nuestros deseos son igualmente fuertes, pero mientras que el de Vuestra Excelencia nace de vuestra infinita bondad, el mío proviene de mi creciente deseo de encontrar más cerca vuestros generosos auspicios», comienza una carta fechada el 20 de abril de 1699, escrita en italiano. A pesar de toda su grandilocuencia, Mavrocordato también utilizaba jerga textual en sus misivas, por ejemplo «7bre» en lugar de *settembre*. Su caligrafía se volvía aún más ornamentada cuando se pasaba al latín (¿o prefería dictar en esas ocasiones?) y sus florituras eran realmente elaboradas. Más de tres siglos después, estas aún conservan incrustaciones de la arena que solía utilizar en lugar de papel secante.

Cuando me senté en el archivo a examinar el legajo de cartas, aquellos granos y manchas de lacre pegados al pergamino me agradaron casi tanto como mi capacidad de entender el italiano de Mavrocordato, arcaico pero bastante comprensible. «Es tan grande el atractivo de Vuestra Excelencia que permanecer tanto tiempo privado de sus maneras más dulces y de sus más amigables rasgos resulta casi insoportable», prosigue, rociando gemas de elocuencia oriental sobre Paget. Su relación con el embajador francés Charles de Ferriol era, según Camariano, menos cordial; sin embargo, siempre que había problemas en Constantinopla, Mavrocordato se refugiaba en la embajada francesa.

Un polímata y político corrupto, un alto cargo y todo un maquinador, un estudioso «célebre en el mundo erudito por muchos motivos», un hombre rico cuya biblioteca privada era famosa en toda Europa, un confidente de los grandes y los poderosos, un políglota que conocía el otomano, el persa, el árabe, el griego, el latín, el francés, el italiano y probablemente también el alemán y el rumano, un príncipe del Sacro Imperio Romano Germánico, «profesor de filosofía, divinidad y física», una figura eminente de la política oriental y occidental, Alexander Mavrocordato fue también el fundador de toda una dinastía de truchimanes. Su historia refleja en muchos aspectos la de los griegos en el Imperio otomano. Aun siendo cristianos en medio de una civilización islámica, conservaron su identidad religiosa y étnica al mismo tiempo que formaban parte de esa cultura, una hazaña lograda en parte gracias al idioma. El estatus oficial de los truchimanes les proporcionó a ellos y a sus familias una serie de privilegios negados a otros no musulmanes, como el derecho a ser juzgados por el tribunal supremo del gran visir y a disfrutar de ciertas exenciones fiscales, a montar a caballo y a ir acompañados de guardias armados, a dejarse crecer la barba y a llevar sombreros de piel.

La familia de Mavrocordato y las demás familias fanariotas que alcanzaron cierta prominencia de forma similar, con su condición minoritaria vinculada a su capacidad para comunicarse con Occidente, fueron tanto constructores del Imperio como sus beneficiarios, privilegiados con la perspectiva de un forastero, una posición única que explotaron al máximo. «Lejos de ser prisioneros de una identidad», escribe Mansel, «consideraban la nacionalidad como una profesión», y aunque es difícil saber dónde estaban sus verdaderas lealtades, «creían que, mientras existiera el Imperio otomano, tanto ellos como sus compatriotas griegos podían beneficiarse de él».

Alexander Mavrocordato aceptó sobornos e intercambió información, aunque «su corrupción e indiscreción no eran en absoluto excepcionales», y es posible que actuara siguiendo las instrucciones del gran visir o con el conocimiento de este. Las ventajas de ser el gran truchimán de la Puerta eran tan grandes que bien podrían haber compensado cualquier cosa que obtuviese de sus socios extranjeros. Su hijo Nicolás, nacido en 1680, sabía tantos idiomas como Mavrocordato «padre», todos ellos aprendidos en Constantinopla en lugar de en el extranjero. Tras suceder a su padre como gran truchimán, en 1709 fue elevado al trono de Valaquia, abriéndoles el camino a sus descendientes. Un «hombre versado en el saber oriental y occidental», por citar de nuevo a Cantemir, escribió la primera novela griega moderna, *The Leisure of Philotheus*, ambientada en Constantinopla. Su narrador podría estar hablando en nombre de toda la dinastía cuando afirma: «Éramos tan griegos como es posible serlo».

Antes de los fanariotas, existió otra categoría de traductores que se encontraron en un papel que probablemente nunca esperaron desempeñar: europeos que se despojaron de su identidad y se reinventaron según sus nuevas circunstancias. He aquí, brevemente, las historias de tres renegados del siglo XVI que no acabaron en tierras otomanas por voluntad propia, pero que, sin embargo, encontraron un propósito en su situación. Yunus Bey, originalmente un súbdito veneciano del Peloponeso, fue capturado de joven, se convirtió en truchimán y ayudó en las negociaciones de paz entre otomanos y venecianos en 1539. Es coautor de una guía de la administración otomana en la que presenta a los italohablantes las palabras turcas para «ministro», «jefe de la guardia imperial», «mayordomo de palacio» y «cocinero jefe», entre otras. Se trata de la primera obra conocida de autores otomanos dirigida a un público europeo y constituye un útil instrumento de información pública con toques de propaganda.

Otro renegado, Mahmud Bey, nacido en Viena, también fue capturado por los otomanos y, con su alemán nativo y su buen latín, comenzó a servir al Imperio en la década de 1540. Su obra magna, *Historia de Hungría*, presentada como una traducción del latín de un libro hallado en una fortaleza húngara conquistada por el sultán Süleyman, en realidad trata principalmente de Alejandro Magno. La fuente ha sido identificada como *Historiae Philippicae*, una obra del historiado romano Pompeyo Trogo. El traductor sigue el original con bastante fidelidad, pero con comentarios sustanciales, y atribuye a Alejandro varios de los títulos del sultán, incluido el de «gobernante de los siete climas». Mahmud esperaba obsequiar al monarca con este libro, que retrata su conquista como el punto culminante de la historia de Hungría, pero es poco probable que Süleyman llegara a verlo. El libro permaneció relativamente desconocido y no se publicó hasta 1859. Aun así, fue una jugada inteligente: optar por la inmunidad de un simple traductor en un intento de reescribir la historia, o al menos de introducir algunas ideas heterodoxas.

Por último, Murad Bey, nacido en Transilvania, pasó dos años y medio en cautiverio. Tras convertirse al islam, fue nombrado truchimán imperial en 1553. Murad, que conocía el otomano, el húngaro, el latín, el alemán y posiblemente también el árabe y el persa, creía en la importancia de la traducción para la promoción y subversión de ideas religiosas. Autor por derecho propio, escribió *Guía para dirigirse hacia Dios*, un tratado polémico al que añadió el relato de su conversión; también tradujo a diferentes idiomas varias obras religiosas e históricas, entre ellas las suyas propias. Una de sus fuentes fue el *De Senectute* de Cicerón, contado en otomano como *In Praise of Old Age* con varias alteraciones. Algunos historiadores creen que no se trata de una traducción, sino de un pastiche de Cicerón escrito por encargo, mientras que la introducción afirma que el original es una conversación documentada entre el sultán Murad II y su hijo. En su crítica a los extranjeros que con conocimientos limitados de árabe se embarcan en traducciones del Corán, produciendo inevitablemente así versiones llenas de omisiones y blasfemias, Murad señala que «para cada palabra en una lengua existen muchos sinónimos, de modo que para entenderla cuando se traduce a la lengua final, uno no puede sino inferir un significado diferente».

Tanto si hablaban en su nombre como en el de otra persona, los truchimanes solían recurrir a un modo de expresión deferente y florido. Un «mensaje severo» se transmitía a un oficial como una «humilde súplica». Cuando uno de los habitantes locales que trabajaba para el consulado británico en Constantinopla fue encarcelado, suplicó clemencia a las autoridades en una carta redactada de forma característica:

> Habiendo agachado mi cabeza en sumisión, y frotado mi servil frente en total humildad y completa abyección y súplica al benéfico polvo bajo los pies de mi poderoso, gentil, altivo, compasivo, misericordiosos benefactor, mi más generoso y espléndido amo, ruego que el todopoderoso y sin igual

proveedor de remedios bendiga su noble persona, la extremidad del beneficio, proteja a mi benefactor de las vicisitudes y aflicciones del tiempo, prolongue los días de su vida, su poder y su esplendor y perpetúe la sombra de su piedad y misericordia sobre este esclavo.

¿Eran los truchimanes excesivamente serviles o simplemente eran prudentes en su cortesía? Su tendencia a evitar declaraciones contundentes era bien conocida. El enviado veneciano Antonio Tiepolo escribió en 1576 que «el truchimán, quien a menudo se ve obstaculizado por la dificultad de la interpretación, y más aún por su incomprensión no solo los temas, sino también el modo del *bailo* de recalcar estos temas, debilita los argumentos y muestra una timidez que nunca es propia del *bailo*». Ciertamente tenían razones para ser tímidos, sobre todo cuando se trataba de un lugareño sin estatus diplomático, mientras que sus jefes extranjeros los reprendían igualmente por tenerles demasiado miedo a las autoridades otomanas como para darles noticias desagradables.

Según Lewis, esta es solo una de las muchas quejas sobre los truchimanes levantinos que pueden encontrarse en los documentos europeos de la época. Otras se referían a su incompetencia (injustificada en opinión de Lewis, aunque muchos comentaristas señalan que los levantinos no habían recibido tanta educación como sus colegas fanariotas de rango superior) y deslealtad, pues sus amos los acusaban de «vender sus servicios al mejor postor», europeo u otomano. La mayoría estaban emparentados entre sí, lo que les facilitaba pasarse los secretos de una embajada a otra. El embajador británico James Porter escribió en el siglo XVII acerca de

una gran perplejidad para los fervientes ministros, ya que si confían sus secretos a los intérpretes, que aun con familias

91

numerosas viven con un pequeño salario, y que están acostumbrados al lujo oriental, la tentación del dinero de otros es difícilmente resistida por ellos e incluso excluyente de cualquier consideración de ganancia, a menudo se entusiasman por mera vanidad al descubrir el secreto que se les confía con el fin de mostrar su propia importancia.

Sin embargo, otro historiador, Alexander de Groot, señala que los levantinos «vestidos de francos» fueron de los mejores mediadores, indispensables en las relaciones entre las potencias europeas y la Puerta. Más allá de las inexactitudes que los truchimanes permitían en sus traducciones, los errores de otro tipo eran más peligrosos para ellos, independientemente del bando al que pertenecieran. Incluso los más respetados, como Mavrocordato y sus descendientes, oscilaron entre la corte, la cárcel y la embajada francesa. Citando a De Groot, los truchimanes «nunca se lo jugaron todo a una carta», pasando de un protector a otro, ahora confiando en sus amigos occidentales, ahora volviendo al Estado otomano. Los fanariotas siguieron beneficiándose de su lealtad al Imperio, así como del monopolio del cargo de gran truchimán, hasta el siglo XIX, cuando se sospechó que apoyaban la guerra de Independencia griega. En 1821, Stavrachi Aristarchi, el último truchimán fanariota, fue acusado de alta traición, exiliado y asesinado.

Rothman describe algunos de los problemas lingüísticos que tuvieron que resolver los traductores de la Edad Moderna en su artículo «Interpreting Dragomans», donde cita dos interesantes ejemplos de sus intervenciones en los textos que se les encargaron. Ella compara dos versiones de una carta enviada por el sultán Murad III al dux Pasquale Cicogna en 1594, en respuesta a las protestas expresadas por los venecianos después de que una de sus galeras fuera atacada por corsarios norteafricanos en el Adriático. Las traducciones se hicieron de forma independiente: una en Constantinopla por Girolamo Alberti, llevado allí desde su Venecia natal como aprendiz y luego convertido en truchimán; la otra en Venecia por Giacomo de Nores, quien nació en Chipre y pasó su infancia y juventud como esclavo en una casa otomana antes de convertirse en truchimán de la Junta de Comercio veneciana. Las diferencias entre estos documentos ejemplifican las principales cuestiones que hasta hoy dividen a la comunidad de traductores: permanecer invisibles o tomar la iniciativa; parafrasear o no.

Alberti, instruido de manera más sistemática, es más literal en su trabajo, mientras que De Nores utiliza un estilo muy interpretativo. Muchas de las elecciones de De Nores, como los títulos italianizados, los términos jurídicos y las fechas del calendario, muestran su inclinación por las glosas culturales. Presenta y enmarca el documento —«a través de una petición que acaba de ser presentada en mi elevado puesto»; «se añade además en esta petición que»— distanciándose de él, del mismo modo que los intérpretes de la ONU insertan hoy en día la mayor señal de alarma posible «El distinguido orador dice» para subrayar quién es responsable de cualquier posible metedura de pata. Siguiendo el mismo estilo, De Nores evita a menudo los pronombres en primera persona utilizados por el autor: donde Alberti se refiere fielmente a la paz «que se obtiene entre nosotros», De Nores escribe «entre las dos partes»; «los amigos de nuestros amigos» se convierte en «los amigos de los amigos de esta Sublime Puerta»; «no presten ayuda a nuestros enemigos» es cambiado por «no presten a sus enemigos ningún tipo de ayuda».

Rothman señala que la versión de De Nores «sugiere un esfuerzo por liberar al traductor de cualquier complicidad con la perspectiva del sultán y situarse en un espacio intermedio supuestamente más "neutral"»; también parece que De Nores carece de formación y por ello tiene que adivinar el significado de términos desconocidos, a menudo desarrollándolos como si intentara compensar por cualquier inexactitud. Si los dos se presentaran hoy a un examen para obtener el título de traductor —en los que normalmente se exige a los candidatos que produzcan traducciones precisas de textos generales y especializados— Alberti habría obtenido mejores resultados que De Nores.

No es que los niveles de exigencia sean especialmente altos en el mercado de la traducción del siglo XXI, donde el peor postor se lo lleva todo. La preocupación por la calidad de la traducción y la interpretación en determinados campos se debe a la actitud de «recoges lo que siembras», y la sensación de estar infravalorado ha llevado a algunos profesionales del mundillo a hablar de «mano de obra esclava». No cabe duda de que el significado de este término ha cambiado desde la época otomana, al igual que el estatus del traductor. El poder detrás del trono de antaño gozaba de una fuerza y un reconocimiento que no tienen análogos en la profesión actual. Junto a estas figuras influyentes trabajaban los traductores de a pie, a los que se prestaba poca atención a menos que sus esfuerzos dieran lugar a algo indeseable, pero que tenían en sus manos algo más que meras palabras. Para todos ellos, el conocimiento de idiomas no servía de nada sin cualidades como la prudencia, la discreción, la versatilidad y el talento para actuar. Cuando su hijo se convirtió en príncipe de Valaquia, el veterano Alexander Mavrocordato «se golpeó la cabeza y se tiró del pelo, proclamando que era la ruina de su familia», escribe Mansel. «Seguía el lema de Talleyrand de que las palabras nos sirven para ocultar nuestra intención».

7

Infidelidades

FISCAL GENERAL: Describa lo que sucedió después.

INTÉRPRETE DEL REY: Ella pregunta, ¿durante la misma tarde?

LORD CANCILLER: Traduzca sus respuestas directamente como ella las da, en primera persona; cuando ella dice «yo», usted no diga «ella».

Este intercambio tuvo lugar durante un «importante y memorable juicio» celebrado en el Parlamento británico en 1820. De hecho, no fue un juicio en el sentido corriente. El proceso fue iniciado por el rey Jorge IV, quien acusaba a su esposa, la reina Carolina, de adulterio. Su matrimonio había estado repleto de problemas desde el principio: Jorge estaba borracho en la ceremonia nupcial en 1795; cuando su hija nació al año siguiente, él hizo un nuevo testamento, en el que legaba todo a su amante; su aversión hacia Carolina era conocida por todos; la pareja vivía separada, teniendo ambos, según se rumoreaba, aventuras. Los excesos de Jorge lo hicieron poco popular entre el público, mientras que Carolina era generalmente percibida como la parte perjudicada. En 1814, presionada por la clase dirigente, Carolina accedió a abandonar Reino Unido e instalarse en Italia.

Uno de los criados que allí contrató fue un antiguo oficial del ejército llamado Bartolomeo Bergami. Durante los años siguientes, según algunos testimonios, Carolina lo alzó «de la oscuridad a la distinción», permitiéndole el acceso a su dormitorio. Cuando Jorge se enteró, inició una investigación sobre el comportamiento de su esposa, con la esperanza de divorciarse de ella por infidelidad. En 1820, sus espías habían descubierto suficientes trapos sucios como para llenar una inmensa bolsa, y Jorge solicitó la disolución de su matrimonio presentando ante el Parlamento el llamado Proyecto de Ley de Dolores y Penas. Le lectura de este proyecto de ley en la Cámara de los Lores, a la que asistió Carolina, se escenificó como un juicio para demostrar su adulterio.

La mayoría de los testigos de la acusación eran extranjeros —italianos, franceses y alemanes— y necesitaban un intérprete. El primero en prestar juramento, el marqués di Spineto, había recibido instrucciones de los representantes del Ministerio de Asuntos Exteriores y de Hacienda, por lo que el asesor jurídico de la reina, Henry Brougham, se vio obligado a llamar además a otro intérprete, Benedetto Cohen, para garantizar el trato justo de su clienta. Sin embargo, la propia imparcialidad de Brougham se vio algo comprometida. Antes de que los testigos fueran llamados, les advirtió a todos los presentes de que no se podía confiar en esos extranjeros, lanzando un comentario tan despiadado, que el fiscal general tuvo que salir en defensa de ellos. «¿Escucharán sus señorías tal argumento como este?», se lee en un acta del proceso. «Dejen que se enorgullezcan de la superioridad del carácter inglés, pero no que declaren con una condena tan extensa que todos los extranjeros son indignos de reconocimiento». Muchos encontraron esta sugerencia difícil de cumplir.

Cuando el primer testigo, Theodore Majocchi, fue llamado al estrado, Carolina, al ver a su antiguo sirviente, gritó: «¡Theodore, oh no!». Interrogado ampliamente sobre la disposición de los dormitorios de la reina, informó que la habitación de Bergami estaba cerca de la de Carolina, y que de vez en cuando se oían chirridos y susurros procedentes de los dormitorios reales. Sin embargo, durante el contrainterrogatorio desarrollado por Brougham, el testigo sonó menos convincente. Mientras el abogado de la reina lo interrogaba sobre diversos detalles relacionados con su declaración anterior, él respondía repetidamente: «Non mi ricordo», una frase sobre la que Brougham montó un escándalo. Le pidió a Spineto una traducción exacta y este dijo que podía significar «no me acuerdo» o «no lo sé». Entonces se dirigió a Cohen, que solo dio una versión: «No recuerdo». Presionado para que se explayara, Majocchi hizo lo que pudo: «Cuando digo *non mi ricordo* quiero decir que no tengo en la cabeza el haber recibido el dinero, porque si lo hubiera recibido diría que sí; pero ahora no lo recuerdo, pero no recuerdo lo contrario».

Enseguida los intérpretes dejaron de esperar a que se les pidiera que esclarecieran las palabras de Majocchi y de inmediato ofrecían las explicaciones. A la pregunta de si estaba dormido a cierta hora, el testigo respondió: «Tan dormido como estoy ahora»; lo que llevó al intérprete a aclarar: «Quiere decir que estaba despierto». A medida que avanzaba el contrainterrogatorio, Majocchi se vio obligado a satisfacer el gran interés de sus señorías por los vestidos y hábitos de baño de la reina, así como por sus propias circunstancias familiares. Posiblemente como resultado, sus respuestas se volvieron tan retorcidas como las preguntas que se le hacían: «Puedo jurar y además juro…». La antipatía general hacia el escurridizo extranjero aumentó, tanto dentro como fuera de la Cámara los Lores. Para echar más sal en la herida, uno de los intérpretes se quejó de que no podía comunicarse adecuadamente «con un tipo tan estúpido». Al final de su calvario, Majocchi estaba «muerto de miedo». Cuando le llegaron acusaciones de soborno, le pidió a uno de los intérpretes que asegurara a todo el mundo su honradez, y el mensaje fue debidamente transmitido.

Otros testigos fueron objeto de las mismas sospechas. Brougham afirmó que «si debían creer sus testimonios, la reina era peor que Mesalina, o tan mala como María Antonieta» e hizo generalizaciones disparatadas sobre los italianos. Los intérpretes, en cambio, se mostraron cada vez más atentos a posibles malentendidos, señalando cualquier ambigüedad por iniciativa propia. Cuando un testigo mencionó que Bergami dormía «junto» a Carolina, Spineto explicó que la palabra que había utilizado, *insieme*, también podía significar «similarmente», y el testigo lo clarificó añadiendo «en dos camas diferentes». El interrogatorio pasó a girar en torno a una ocasión en la que se vio a Carolina en el jardín con Bergami, y en la que otro testigo especificó que era «sobre la una o la una y media». Spineto lo tradujo literalmente (tal vez para evitar que otros italohablantes presentes lo interrumpieran, como hacían a menudo, no siempre con utilidad) antes de señalar: «La hora italiana y la inglesa se calculan de manera distinta». Explicó que la frase significaba una hora y media después del anochecer, y Cohen lo confirmó: «Señorías, yo mismo nací en Lombardía y sé que este es el modo de calcularla».

Una vez terminado el drama italiano, la acusación llamó a otra testigo, Barbara Kress, una sirvienta, y un intérprete alemán, Georg William Kolmanter, sustituyó a Spineto y Cohen. Alguien señaló errores en su traducción y, tras algunas discusiones, se decidió traer a otro germanohablante. En consecuencia, Brougham pidió un aplazamiento y, cuando se le reprochó su falta de preparación, preguntó si la próxima vez «se le pediría de improviso un intérprete tunecino, turco, griego o egipcio, ya que la reina ha estado en todos estos países». Al día siguiente, Charles Karsten prestó juramento y se reanudó el interrogatorio de Kress. Mientras proseguía la caza de los trapos sucios de la reina, la pobre criada tuvo que describir detalladamente el estado de las sábanas de Carolina una determinada mañana. «La palabra que ha utilizado no puede interpretarse en inglés», afirmó Karsten, por lo que se invitó a Kolmanter a intervenir de nuevo. Los dos discutieron posibilidades como «desorden» y «desecho» hasta que se convenció a Kress para que dijera otra palabra, traducida unívocamente como «manchas». La cámara le preguntó si estaba casada. Ella respondió afirmativamente y rompió a llorar.

Fuera de la Cámara de los Lores, el público y la prensa se mostraron todavía más hostiles hacia los venales extranjeros que testificaban contra la pobre reina perjudicada. Solo el testimonio de Majocchi ya dio lugar a un gran número de estallidos xenófobos, que incluían varias canciones cómicas de este estilo:

What chambermaid, what valet,
Came running to the bell O?
What footman brought the dinner up?
Non mi ricordo quello,
Indeed I cannot tell O –
A d–d convenient fellow!

¿Qué sirvienta, qué ayuda de cámara
Corriendo al timbre vino?
¿Qué criado trajo la cena?
Non mi recordó quello,
En efecto, no puedo decirlo
¡Un tipo oportuno!

Los periódicos publicaron caricaturas burlándose del rey, así como canciones de apoyo a la reina. Impresas en *Satirical Songs, and Miscellaneous Papers, Connected with the Trial of Queen Caroline*, incluían algunos versos bastante cargados:

Entonces que Inglaterra e Irlanda, y Escocia en voz alta,
Por los derechos de las mujeres declaren.

Todo el sórdido espectáculo terminó finalmente con el abandono del proyecto de ley. A pesar de su popularidad entre las masas, un año más tarde se impidió la asistencia de Carolina a la coronación de Jorge. Cayó enferma y murió poco después de que la cancioncilla *The Italian Witness (England's Lament)* pasara de moda.

El juicio, uno de los primeros ejemplos en los que un asunto real se convertía en una noticia sensacionalista, también puso de relieve una serie de cuestiones algo familiares para los intérpretes actuales. Algo que Sus Señorías se tomaron muy en serio fue la calidad de la interpretación, de ahí su insistencia en que los intérpretes trabajaran por parejas, una medida obvia que, lamentablemente, a menudo se tacha de impracticable. A pesar de representar formalmente a bandos opuestos, los intérpretes cooperaron entre sí, completando lapsos cuando era necesario. La preocupación por los posibles conflictos de intereses descartaría este tipo de acuerdo en la mayoría de los contextos actuales, aunque es difícil entender por qué un profesional no debería ser capaz de mantener la imparcialidad independiente de quién le pague. Un obstáculo más serio para el control de calidad es, por supuesto, la extendida escasez de fondos.

Otro aspecto presente en los procesos de 1820 que sigue siendo relevante actualmente es la importancia de la glosa cultural. El juramento del intérprete judicial utilizado en los tribunales ingleses y galeses incluye la promesa de «realizar las explicaciones necesarias» para garantizar la plena compresión. Los detalles propios de la cultura del orador, desde los hábitos domésticos hasta las tradiciones religiosas, deben explicarse con todo lujo de detalles. Luego está el principio básico que exige que los intérpretes transmitan la explicación original en primera persona, excepto cuando se refieran a sí mismos («El intérprete quisiera aclarar...») que, como nos recuerda el comienzo de este capítulo, se reconoce desde hace mucho tiempo. Respetar esta norma es la única manera de evitar confusiones y, sin embargo, sorprendentemente muchas personas perciben de manera instintiva al intérprete como el verdadero orador y no como un conducto. Curiosamente, esta incapacidad para distinguir entre el medio y el mensaje se agudiza especialmente cuando uno no consigue lo que quiere. Algunas respuestas —como «No sé qué quieres decir» o «Debes estar de coña»— pueden hacer fácilmente que la persona olvide con quién está hablando en realidad. Ponen los ojos en blanco, exasperados no contra su interlocutor, sino contra la persona que ha pronunciado las palabras ofensivas. Tales situaciones me recuerdan al episodio de *La víbora negra* en el que otro matrimonio real también tiene un mal comienzo, cuando la infanta española corteja al príncipe Edmund, interpretado por Rowan Atkinson, con la ayuda de su intérprete Don Speekingleesh. Cuando este traduce: «Soy la infanta», Edmund chilla: «¿Qué? Nadie me había dicho que tenías barba».

Historias como estas, constantemente basadas en identidades equivocadas, se repiten en cada generación de intérpretes, tanto dentro como fuera de los tribunales. Soltar palabrotas —algo que ocurre con bastante frecuencia en el estrado— es un buen ejemplo de ello. Mientras que algunos de mis colegas se preocupan por lo que el tribunal pueda pensar sobre ellos si empiezan a decir groserías, a mí siempre me encanta traducir palabrotas, principalmente por razones lingüísticas, ya que el lenguaje obsceno resalta una serie de diferencias inherentes entre el ruso y el inglés. Una vez, cuando un testigo se negó a repetir lo que se había dicho exactamente en el transcurso de una acalorada discusión, me costó disimular mi decepción. En otra ocasión tuve más suerte con un acusado al que no le importaba su forma de hablar: cuando traduje uno de sus improperios de uso general en ruso como *shit*, me corrigió diciendo que él se refería a una palabra de cuatro letras más fuerte, la cual le proporcioné de buen gusto.

Otra fuente perenne de confusión son los mensajes no verbales procedentes del intérprete, que a veces impiden a los oyentes centrarse en el orador. En octubre de 2019, en una reunión entre Donald Trump y el presidente italiano Sergio Mattarella, una intérprete fue captada por las cámaras en un momento inoportuno. Probablemente solo estaba concentrada en el debate, que versaba sobre la acción militar en Siria, pero algunos tomaron su expresión como una reacción dolorosa sobre lo que estaba escuchando. El vídeo se hizo viral y fue acompañado de especulaciones erróneas sobre si era o no profesional que una intérprete estuviera horrorizada ante las divagaciones de Trump. Al centrarse en este pequeño detalle, los comentaristas pasaron por alto los ejemplos reales de comportamiento poco profesional: la intérprete había sido interrumpida repetidamente por los periodistas y por el propio Mattarella. Incluso aquellos decididos en ser corteses con su interlocutor tienden a preocuparse menos por interrumpir al traductor, esperando al mismo tiempo que este transmita el mensaje y además salga fotogénico.

Las apariencias también desempeñaron un gran papel en la farsa parlamentaria de 1820. Un testigo italiano fue descrito en el acta oficial como «de aspecto muy estúpido y bufonesco»; otro, al ser interrogado sobre un espectáculo exótico al que asistió Carolina, tuvo que hacer una demostración de los movimientos de baile. Mientras que los intérpretes fueron tratados en general con respeto, los que declaraban fueron objeto de burlas durante toda la vista. Esta actitud, atroz en todos los aspectos, tiene sin embargo una implicación alentadora: sugiere que la audiencia fue, después de todo, capaz de separar la identidad del orador de la del traductor.

Mientras tanto, los intérpretes, según consta, mostraban poca emoción, a menos que vieran que a las partes les costaba entenderse, lo que hacía que se preocuparan por ofrecer aclaraciones. En *El juicio de la reina Carolina* pintado en directo por George Hayter, la escena cobra vida: la mayoría de los presentes escucha atentamente, algunos inclinados hacia delante; el líder de los liberales, lord Grey, estira el brazo hacia Spineto, intentando detenerlo en mitad de la frase; el intérprete, sin embargo, permanece tranquilo, contando algo con los dedos mientras traduce las declaraciones de Majocchi. ¿Intentaba Grey rebatir a Spineto por alguna inexactitud percibida, como hicieron varios de sus colegas en el transcurso de la vista? A veces, los que interrumpían tenían razón, pero a menudo se trataba de meras minucias. Mientras sus clientes hacían mucho ruido y pocas nueces (la suerte estaba echada cuando aceptaron tratar un caso de divorcio como un asunto parlamentario), los intérpretes se lo tomaban con calma. Enfrentados a grandes expectativas —como era de esperar, dada la importancia del acontecimiento— hicieron todo lo posible por complacer a todo el mundo.

«El primer gran paso adelante en la historia de la traducción», en palabras de David Bellos, «debió de darse cuando dos comunidades encontraron la forma de acordar que el discurso del traductor debía considerarse con la misma fuerza que el discurso inmediato anterior del orador». A menudo desearía que mis clientes dieran un paso en la dirección contraria, dejaran de tomar mis frases en primera persona como propias y se dirigieran directamente a la otra parte. Tales ocasiones me recuerdan a otra pieza dramática: *Translations,* una obra teatral de 1980 de Brian Friel. Ambientada en la Irlanda rural de la década de 1830, es una reflexión sobre el lenguaje como forma de opresión, resistencia y autodeterminación. En una escena significativa, cuando un capitán del ejército británico se dirige en inglés a un grupo de aldeanos de habla irlandesa, habla «como si se dirigiera a unos niños: un poco demasiado alto y pronunciando excesivamente», a pesar de tener un intérprete a su lado. Los oyentes se ríen disimuladamente y el intérprete se siente avergonzado por todos. Su papel de traductor —de mediador entre dos bandos— le cuesta su identidad; está condenado a permanecer atrapado entre «nosotros» y «ellos», ni el irlandés que una vez fue ni el inglés que aspira a ser. Se llama Owen, pero sus jefes le llaman Roland y él no tiene el valor de corregirlos.

El anonimato en la traducción puede adoptar distintas formas. Aunque el proceso de la reina Carolina estaba bien documentado, los nombres de los intérpretes estaban escritos de distintas maneras, lo que dificulta rastrearlos. La única excepción a esto es Spineto, quien dio clases en Cambridge y publicó *Lectures on the Elements of Hieroglyphics and Egyptian Antiquities*. En cuanto a los demás, es un callejón sin salida. ¿Tenían carreras de humanidades, de derecho o de algún otro campo? Especializarse en un campo determinado puede preparar a un traductor para desempeñar un papel más activo en este, por lo que no es raro ver a ayudantes que se convierten en profesionales, es decir, que lo consiguen después de fingirlo, por así decirlo. En otros casos, los traductores hacen malabarismos con diversos temas y tareas, y sus conocimientos generales se amplían, aunque no necesariamente se profundizan. Tal versatilidad puede favorecer giros profesionales de ciento ochenta grados, cuando tras una etapa en el mundo de la traducción uno se reconvierte en revolucionario o en empresario, en burócrata o en terapeuta. Hasta que esto ocurra, en el desempeño de sus funciones los traductores deben seguir refiriéndose a sí mismos en tercera persona por el bien de quienes confían en su voz.

8

La precisión no era el punto fuerte de Hitler

«Me desperté una mañana», recuerda Eugene Dollmann en sus memorias, «y me encontré en las SS». Recordando los hechos en cuestión tres décadas más tarde, dice que sus «motivos eran variados: una mezcla de inconsciencia, ingenuidad y, sobre todo, el deseo de no ver peligrar mi estancia en Roma y en Italia». Hijo de una baronesa bávara, fruto de los últimos días del Imperio austrohúngaro, Dollmann estudió en Múnich antes de viajar a Italia para acometer su investigación: leer los manuscritos de Miguel Ángel y buscar cualquier rastro del cardenal del siglo XVI Alessandro Farnese. Le pidieron que interpretara en un banquete al que asistieron Heinrich Himmler y Arturo Bocchini, los jefes de la policía alemana e italiana; lo hizo tan bien que su carrera quedó sellada para el resto de la década siguiente. «Si hubieran sido los ministros europeos de educación o agricultura», reflexiona, «probablemente las cosas hubieran sido de otra manera». Así pues, pronto conoció a «los dos cabos» (el rango tanto de Hitler como de Mussolini en la Primera Guerra Mundial) y facilitó la comunicación entre ellos mientras sus servicios fueron necesarios.

«Mis impresiones y experiencias personales son todo lo que puedo añadir a todas las bibliotecas que se han escrito sobre la Conferencia de Múnich». Así comienza el relato de Dollmann sobre la reunión internacional de septiembre de 1938 que desembocó en el acuerdo que permitía que Alemania se anexionara los Sudetes, entonces parte de Checoslovaquia, y dominar así Europa Central. Dollmann estaba allí como intérprete de Mussolini, pero su jefe estaba ansioso por practicar sus habilidades lingüísticas, por imperfectas que fueran. «Gracias a que Benito Mussolini actuaba como intérprete-general», escribe Dollmann «no estuve demasiado saturado de trabajo». Para su homólogo alemán, «el infatigable Dr. Schmidt», la conferencia «duró casi trece horas sin descanso», ya que tuvo que asistir constantemente a Hitler. Durante las conversaciones en las que participaron Neville Chamberlain y Édouard Daladier, Paul Schmidt «tuvo que traducir constantemente todo lo que se decía a tres idiomas […] Y así habló literalmente el doble que los Cuatro Grandes juntos». Por si fuera poco, a menudo era interrumpido por la persona a la que se dirigía. Siempre pedía que le dejaran terminar, sabiendo por experiencia lo confusos que podían resultar tales lapsos. Las personas que observaban la sesión a través de las puertas de cristal le dijeron posteriormente a Schmidt que, cuando pedía la atención de todos, parecía «un maestro de escuela intentando mantener el orden en una clase revoltosa».

Schmidt comenzó a trabajar para el gobierno alemán en 1924, se convirtió en intérprete de Hitler en 1935 y siguió trabajando para el Tercer Reich hasta el final, incorporándose también a las SS. A lo largo de sus memorias, publicadas por primera vez en 1958, menciona su clarividencia respecto al futuro de Alemania bajo el control de los nazis, dando la impresión de que era alguien que sabía cómo acabaría todo, pero que no podía hacer nada al respecto por razones obvias. Desde «el fatídico año 1939», tuvo claro que «el día del juicio final no podía tardar mucho en llegar». Su «conocimiento de las intenciones de Hitler» está presente durante todo el libro, aunque se ha dicho que mucho después de la guerra seguía hablando del *Führer* con admiración. Es imposible saber cuáles eran sus emociones en aquel momento. Sin embargo, cuando se trata de cuestiones lingüísticas, sus comentarios profesionales parecen sinceros. En un incidente previo a la Conferencia de Múnich, Hitler se reúne con Chamberlain para abordar el destino de los Sudetes y, asegurándole al primer ministro británico que nunca recurriría a la fuerza, le dice: «Resolveré esta cuestión de una forma u otra». Schmidt traduce la frase debidamente (la cual más tarde se utilizaría a menudo) sin darse cuenta de que en realidad significa: «O la otra parte cede, o se encontrará una solución mediante el uso de la fuerza, la invasión o la guerra».

Si Schmidt se retrata a sí mismo como un hombre decente al servicio de un régimen malvado, Dollmann se limita a mencionar de pasada su fascinación por «el juego de soldaditos de juguete en el que se enfrascaban los dos dictadores». Tomemos, por ejemplo, su relato de un viaje a la Ucrania ocupada en agosto de 1941, cuando acompañó a Hitler y a Mussolini en un viaje para inspeccionar a sus ejércitos. Mientras atravesaban el país devastado, el *Führer* soltó un «torrente de verborrea» sobre la conquista de Asia. La respuesta de Mussolini tenía todavía menos sentido que la perorata de su interlocutor, y Dollmann dudó un momento antes de traducirla: «¿Entonces qué? ¿Hemos de llorar por la Luna como Alejandro Magno?». Hitler preguntó qué significaba eso y fue obsequiado con un poema. «Esto fue más difícil», recuerda Dollmann, «pero el Duce me ayudó, apenas dándome tiempo a explicar que era el comienzo del famoso poema de Giovanni Pascoli sobre Alejandro». Con esto, el vitoreado Mussolini y el irritado Hitler procedieron a saludar a sus tropas entre las ruinas humeantes, atendidos por su entretenido intérprete.

Dollmann se esfuerza por darle a sus historias un baño de humor y autocrítica, haciendo todo lo posible por restarle importancia a su propia complicidad en los actos de los dictadores. Un ejemplo de su encubrimiento es un «asunto de la talla de Göring que duró casi dos horas, durante las cuales tuve que traducir estadísticas y puntos técnicos de los que no entendía nada en alemán, y mucho menos en italiano». Schmidt, por el contrario, se muestra siempre serio. En julio de 1940, cuando Hitler hizo su «magnánima oferta de paz a Inglaterra», Schmidt estaba decidido a traducir el discurso al inglés de la mejor manera posible: para combatir a los enemigos que «a menudo traducían las declaraciones alemanas de forma inexacta y caprichosa», así como para darle a todos la oportunidad de evitar un derramamiento de sangre. Mientras Hitler se dirigía al Reichstag, Schmidt estaba sentado en un estudio de radiodifusión con el texto en inglés; mientras un compañero le indicaba con un lápiz por dónde iba el orador, él lo leía, encendiendo y apagando el micrófono a intervalos para que los oyentes escucharan la voz de Hitler. «Muchos periódicos se maravillaron por mi logro», escribe (supusieron que lo había traducido en directo). Contento con su propia actuación, se sintió «profundamente decepcionado por el contenido del discurso» y sorprendido de que Hitler «creyera que tal observación sin sentido, puramente retórica, tendría algún efecto en los sobrios británicos». Más adelante, la crítica es todavía más explícita: «A menudo había notado durante las negociaciones que la precisión no era el punto fuerte de Hitler».

Mientras tanto, Dollmann, supuesto amante del arte y todo un hedonista, considera su trabajo una mera molestia, pero que al menos le deja suficiente tiempo como para revolotear despreocupadamente de un compromiso social a otro: «No tenía prácticamente nada que hacer como intérprete [...] así que decidí mejorar mi tristemente descuidada mente pasando más tiempo en la ópera». Un esteta cansado del mundo que, por un golpe del destino, se encuentra en compañía de gente con la que normalmente no se relacionaría, contempla la situación con una sonrisa irónica. «Aproveché el almuerzo en el espeluznante apartamento privado de Hitler», escribe sobre uno de sus encargos, «para saborear el mal gusto de los devotos miembros del Partido, hombres y mujeres que habían rendido homenaje a su ídolo regalándole espantosas muestras de manualidades caseras e innumerables recuerdos y tributos de todo tipo». Mientras que la sensibilidad artística de Dollmann sufría, «Mussolini, que no estaba abrumado de sentido estético, asistió al espectáculo bastante impávido». Nada impresionado con los dos cabos, el intérprete retirado se permite a menudo cotillear sobre sus vidas privadas, incluida la «actitud peculiarmente reservada de Hitler hacia las innumerables mujeres que más tarde compitieron por sus favores». En las raras ocasiones en las habla sobre su trabajo, se posiciona como un «intérprete estrella» capaz de «eludir algunos de los encargos menos agradables», de modo que «salió victorioso del campo de batalla de las cruzadas italo-alemanas».

Ambos memoristas están aparentemente por encima de la contienda, aunque de maneras diferentes. Dollmann le pone mala cara a «este bazar de emociones humanas, la mayoría de ellas bastante primitivas», mientras que Schmidt está más interesado por los juegos políticos de alto nivel del régimen nazi que por las minucias de sus crímenes. «Mi creciente indispensabilidad para el éxito de la aventura amorosa ítalo-alemana sigue desconcertándome hasta el día de hoy», escribe Dollmann, admitiendo que debió de haber muchos intérpretes mejores que él, «quien en general era considerado todo menos un exponente de la traducción literal». Schmidt está más orgulloso de sus habilidades. Después de la guerra, su testimonio y sus notas se utilizaron en los Juicios de Núremberg. Pasó «tres años siendo trasladado de prisiones a campos de concentración e incluso a hoteles, unas veces como prisionero y otras como lingüista contratado, pero siempre como intérprete», antes de convertirse en director del Instituto de Lenguas e Interpretación de Múnich en 1952. Dollmann también fue absuelto, a pesar de que, como oficial nazi en Roma en 1944, fue responsable de la matanza de 335 italianos en represalia por la muerte de 32 soldados alemanes asesinados por partisanos italianos, un episodio omitido en su libro. Se cree que los Aliados lo ayudaron a eludir el juicio por la masacre a cambio de su ayuda en las negociaciones que condujeron a la rendición nazi en Italia.

Mientras Hitler y Mussolini, asistidos por sus intérpretes, tramaban lo que esperaban que fuera «un golpe mortal» para «las democracias en extinción», los líderes aliados discutían posibles formas de detenerlos. Al llegar a Teherán en noviembre de 1943, cada uno de los Tres Grandes llevó a su propio intérprete. Charles Bohlen, un experimentado diplomático, no solo tradujo para Franklin D. Roosevelt, sino que también actuó como asesor, tanto político como de otros asuntos, del presidente —por ejemplo, sugiriéndole que dividiera su discurso en partes de dos o tres minutos para mantener la atención del público—. En palabras de Bohlen, Roosevelt «era un excelente orador para interpretar [...] siempre mostraba consideración por mi esfuerzo». Arthur Birse, que trabajaba para Winston Churchill, también tenía una gran opinión de su jefe, cuyos discursos eran «siempre claros y directos al grano». Sin embargo, había ocasiones en las que el primer ministro no dejaba que Birse terminara de tomar notas y le preguntaba con impaciencia: «¿Qué está diciendo?». Cuando era él quien hablaba, Churchill «prefería no ser interrumpido por la traducción hasta que hubiera terminado». En eso era peor que su aliado soviético, Stalin, quien —según recuerda Bohlen— era «considerado con su intérprete y [...] meticuloso a la hora de controlar cuánto tiempo hablaba». Según Birse, tenía una «manera lenta y sencilla de expresarse». A diferencia de sus dos compañeros,

Vladimir Pavlov —el intérprete de Stalin— no escribió unas memorias, por lo que no sabemos qué se sentía al trabajar para el dictador.

«Nada podía alterar su actitud tranquila y prudente», escribió Birse sobre Pavlov. «Incluso las afiladas reprimendas ocasionales de Stalin, inmerecidas en mi opinión, lo dejaban aparentemente imperturbable». Tras trabajar juntos durante varios años, los intérpretes desarrollaron una buena relación colaborativa: cuando uno tenía problemas con un término, el otro sugería algo, y de vez en cuando planteaban dudas sobre las elecciones del otro. «Su presencia me infundía confianza», recuerda Birse, «y espero haberle inspirado el mismo sentimiento». En una memorable ocasión en Teherán, durante uno de los discursos de Stalin en un banquete, un camarero que servía «farol persa» volcó el postre de helado sobre el uniforme de Pavlov. «Sin vacilar, aparentemente imperturbable, continuó interpretando y finalizó un largo y difícil discurso».

Como es habitual en la práctica diplomática, los intérpretes trabajaban de su primera lengua a su segunda, lo que resultaba más fácil ya que estaban acostumbrados a la voz y al estilo de sus clientes habituales. Aunque tanto Birse como Bohlen apreciaron «la fluidez y falta de vacilación de Stalin a la hora de elegir sus palabras» y su ruso «perfectamente correcto, simple y sin florituras», percibieron su acento georgiano de forma diferente. A Bohlen no le resultaba especialmente llamativo, pero a Birse le molestó al principio: «Era como si un nativo de las remotas Highlands escocesas estuviera hablando inglés». El británico bilingüe (su padre, un escocés establecido en Rusia, nunca perdió su acento de Dundee al hablar inglés) era sensible a las peculiaridades regionales de los oradores. Una vez tuvo que interpretar para Cordell Hull, secretario de Estado de EE. UU., «que hablaba en voz baja y con un acento del sur de Estados Unidos con el que yo no estaba familiarizado». Como le costaba entenderle, Birse tuvo que adivinar lo que decía o que pedirle a Hull que repitiera sus palabras. «Tuve que recurrir a la traducción literal de las frases según las captaba», escribe. Aunque él pensaba que lo estaba haciendo mal, a nadie pareció importarle, «así que me animé y seguí adelante».

Otra reunión histórica descrita tanto por Bohlen como por Birse es la Conferencia de Yalta, organizada por Stalin en febrero de 1945. De nuevo, ambos mencionan la claridad y la lógica como los principales criterios con los que juzgaban los discursos que tenían que interpretar. Churchill, por ejemplo, a veces se dejaba llevar. «Empezaba una frase y luego la repetía, hasta dos o tres veces, antes de que le viniera la idea a la cabeza», escribe Bohlen, «entonces se lanzaba con su gran oratoria». Incluso Birse, acostumbrado a que las palabras de su jefe «salieran de lo más profundo de su ser para cobrar vida», escribió que en la cena de Stalin «tanto él como Churchill alcanzaron tales niveles de oratoria que Pavlov y yo tuvimos enormes dificultades para encontrar expresiones adecuadas en nuestros respectivos idiomas». Partidario de «la rapidez, la fluidez y, sobre todo, la precisión», a Birse le resultaba especialmente difícil lidiar con las preguntas retóricas —«¿Verá el infatigable trabajador su hogar?»— y con frases como «Propongo un brindis por la amplia luz del sol de la paz victoriosa».

Mientras los Tres Grandes seguían deslumbrándose mutuamente con su elocuencia en lujosas comidas, sus ayudantes estaban demasiado ocupados como para tomar un tentempié. Casi todos los intérpretes diplomáticos a los que he entrevistado mencionan el hambre como un gaje del oficio, pero ninguno de ellos lo expresa de forma tan aforística como Dollmann en su libro: «Un intérprete sabio come poco antes o mucho después». Sin embargo, la difícil situación de aquellos que no pueden permitirse tener la boca llena es percibida ocasionalmente por los que sí que pueden. En la misma cena, Stalin levantó su copa: «Esta noche, y en otras ocasiones, los tres líderes nos hemos reunido. Hablamos, comemos y bebemos, y nos divertimos. Pero mientras tanto nuestros intérpretes tienen que trabajar, y su trabajo no es fácil. No tienen tiempo para comer ni para beber. Dependemos de ellos para transmitirnos nuestras ideas. Propongo un brindis por nuestros intérpretes». Después de que Stalin brindara con cada uno de ellos, Churchill también levantó su copa: «¡Interpretes del mundo, uníos! No tenéis nada que perder salvo vuestro público». Al menos esa es la versión de Birse; Bohlen afirma que fue a él a quien se le ocurrió la ingeniosa respuesta, «después de haberme fortalecido con varios vasos de vodka». Independientemente de la autoría, lo mejor de ambos discursos es que eran fáciles de interpretar, incluso después de unas copas. Por lo demás, los traductores debían de haberse basado en el proverbio ruso: «La habilidad es algo que no se puede quitar bebiendo».

Otro gaje del oficio —o una ventaja profesional, dependiendo de las circunstancias— para los asistentes a las cumbres es la presencia de fotógrafos. Mientras que muchos intérpretes posan orgullosos en las fotos junto a los mandatarios, los protagonistas de este capítulo parecían tener actitudes diferentes al respecto. Las memorias de Dollmann contienen bastantes fotos suyas en el trabajo, con el uniforme y todo, mientras que Schmidt apenas aparece en ninguna de las imágenes incluidas en la edición de 2016 de su libro, y cuando lo hace, el pie de foto especifica que está «interpretando como siempre». Ni Birse ni Bohlen tenían motivos para evitar las fotos. En cuanto al discreto Pavlov, su tendencia a hacerse a un lado siempre que había una cámara cerca probablemente no tenía nada que ver con su aversión al totalitarismo. Tras retirarse de la arriesgada política, trabajó en el mundo editorial y, según algunas fuentes, siguió siendo un estalinista leal hasta su muerte. Puede que el hombre cuyo régimen le costó a la URSS más vidas que la guerra fuera un buen orador para interpretar, pero nadie (quizá ni siquiera Pavlov) se dejó engañar por sus modales. «Nunca pude deshacerme de la idea de que estaba en presencia del Dictador Absoluto», concluye Birse en su libro, «y daba gracias de que no fuera mi jefe».

Traducir para un dictador es similar a traducir para cualquier otra persona, en el sentido de que tu opinión personal sobre ellos no debería afectar a tu trabajo. Los desacuerdos políticos pueden ser más fáciles de aceptar que los lingüísticos, y como cualquier interprete confirmará, una personalidad desagradable no implica necesariamente un cliente infernal. Los controladores educados y eruditos, sobre todo los que tienen conocimientos superficiales el idioma para el que contratan a un traductor, pueden ser tan peligrosos como los incultos malhablados. Por poner solo un ejemplo, pueden convertir múltiples significados en un auténtico campo de minas. Una vez tuve que ir a buscar un diccionario para asegurarle a un hombre para el que interpretaba que la palabra inglesa *feckless* existe y es sinónimo de *irresponsible*. Y ya no frunzo el ceño cuando alguien se detiene en mitad de una frase —normalmente cuando está a punto de decir algo como «literalmente me dijo que fuera a tomar por saco»— para advertirme: «No sé cómo vas a traducir esto», como si las palabrotas fueran lo más difícil de tratar.

Cuando se pregunta sobre los peores rasgos que puede tener un orador, muchos mencionan la tendencia a interrumpir. El cliente inquieto oirá una frase conocida y se entrometerá en tu interpretación, para luego pedirte que se la expliques un momento más tarde. Un orador impaciente es el que describe Hannah Arendt en su versión del juicio de 1961 del criminal nazi Adolf Eichmann, el caso que la hizo reflexionar sobre «la banalidad del mal». No fue el acusado quien puso trabas a los intérpretes. «El juez Landau casi nunca se espera a que el traductor haya terminado su trabajo para dar su respuesta», observa Arendt, «y frecuentemente interrumpe la traducción para corregirla y mejorarla, pareciendo agradecido por esta pequeña distracción del sombrío asunto que tienen entre manos».

Trabajar para un dictador, según testimonios de primera mano, es lo mismo, pero peor. Tanto si nuestros protagonistas se distanciaban de sus jefes como si los apoyaban, había ocasiones en las que sus palabras eran simplemente ignoradas, para bien o para mal. Incluso el Dr. Schmidt, a pesar de ser bueno a la hora de tomar y mantener la palabra, a veces no conseguía meter baza. Él recuerda una reunión con Horace Wilson, un alto funcionario británico que le entregó a Hitler una austera carta de Chamberlain sobre la crisis de los Sudetes. Schmidt intentó hacer su trabajo, pero todos se pusieron a hablar a la vez, de modo que cualquier posibilidad de evitar la anexión se perdió, por escasa que fuera. «Fue una de las raras ocasiones», escribe, «en las que no logré imponerme como intérprete frente a Hitler».

Hay ocasiones en las que la mejor manera de mantenerse firme ante un dictador es hacer caso omiso de sus palabras. Ramón Serrano Suñer, el ministro de Asuntos Exteriores español que asistió a la reunión entre Hitler y Franco en Hendaya en 1940, recordó posteriormente que el intérprete alemán, Gross, no había sido capaz de «comprender más de la mitad de lo que queríamos decir». Al final de las negociaciones un tanto tensas —Hitler estaba molesto con España por su reticencia a participar en la guerra—, Franco se excedió con «la costumbre española de repetir frases formuladas o convencionales» al despedirse. «Si llega el día en el que Alemania realmente me necesita», le dijo a Hitler, «me tendrá incondicionalmente a su lado, sin exigencias a cambio». Al ministro le preocupaba que Hitler pudiera tomarse al pie de la letra esta expresión de «cortesía hueca», pero Gross o no captó la declaración de Franco o simplemente la descartó como palabrería. Así que no dijo nada. Años más tarde, cuando Serrano Suñer mencionó el incidente a un diplomático alemán, este dijo: «Deberíamos de haberle erigido un monumento a Gross, el intérprete, para conmemorar lo que hizo». Cuando no hay palabras —ni siquiera en la mejor de las traducciones— que puedan mejorar las cosas, es mejor no decir nada.

9

Poca cosa

En julio de 1945, Richard Sonnenfeldt, un soldado raso estadounidense que se encontraba en Austria cuando terminó la guerra, estaba intentando arreglar un coche cuando fue llamado por el general William «Wild Bill» Donovan, jefe de la Oficina de Servicios Estratégicos. Donovan necesitaba a alguien que hablara alemán para que lo ayudara a interrogar a un prisionero. Sonnenfeldt parecía encajar como anillo al dedo. Era un judío alemán que con quince años huyó de los nazis en 1938, primero al Reino Unido, donde fue internado debido a que en su pasaporte aparecía una esvástica y después fue deportado a Australia, para más tarde conseguir entrar en Estados Unidos, donde se reunió con sus padres. Cuando fue llamado a filas en 1943, no solo había dominado el vocabulario y la gramática inglesa, sino que también se había despojado de su acento alemán, o al menos había conseguido sonar menos extranjero que la mayoría de sus compañeros refugiados.

La reunión con Donovan fue tan bien que los comandantes de Sonnenfeldt lo enviaron a París, donde se estaban llevando a cabo los preparativos para el primer juicio de Núremberg. Pronto fue nombrado, citando sus meticulosamente detalladas memorias, «Jefe de la Sección de Interpretación de la División de Interrogatorios de la Oficina del Fiscal General de Estados

Unidos». «Recibí el título por haber sido el primero en llegar», escribe, «pero lo conservé porque los interrogatorios que yo interpreté nunca se vieron obstaculizados por disputas lingüísticas».

Una vez ya en Núremberg, a Sonnenfeldt se le asignó trabajar con nazis en espera de juicio, entre ellos Hermann Göring. «Sentía al refugiado judío que una vez fui tirándome de la manga», recuerda. Göring se comportó como una celebridad cuando se entregó a los Aliados. Con un nivel de inglés suficiente para entender las preguntas que se le hacían, trató constantemente de utilizarlo en beneficio propio. En su primer encuentro, al oír a Sonnenfeldt traducir el preámbulo del interrogador —«Yo hago las preguntas y usted las responde»—, Göring corrigió al intérprete. Sonnenfeldt no lo toleró. Tras obtener permiso para hablar con el prisionero, se dirigió a él como *Herr Gering* —pronunciando deliberadamente de forma incorrecta para que su nombre sonara como «poca cosa» en alemán— y le dijo que no lo interrumpiera mientras el taquígrafo estaba transcribiendo, que no planteara ninguna cuestión después o que no pidiera ser interrogado sin un intérprete. (Yo misma he hecho esta última sugerencia cuando me he enfrentado a oradores manipuladores y siempre me ha resultado útil). A partir de entonces, Göring siempre preguntaba por Sonnenfeldt, y como resultado, el fugitivo del Holocausto pasó más de cien horas con la mente maestra de la solución final.

«La mediocridad [...] de prácticamente todos los acusados era espantosa», afirma Sonnenfeldt antes de mencionar a dos excepciones: Hjalmar Schacht, «el mago de las finanzas, un arrogante Houdini bigotudo con pantalones a rayas», y Albert Speer, «el arquitecto ambicioso, avispado, y con la mente clara». Al leer sus memorias es interesante ver cómo, trabajando en casos preeminentes, el intérprete también empieza a sentirse importante, y a veces va más allá de lo que debería. «Pese a ser tan escurridizo como era», escribe sobre Göring, «de vez en cuando

conseguía pillarlo». Parece disfrutar de estas desviaciones de
sus responsabilidades. Cuando Rudolf Hess, tratando de fingir
amnesia, fue examinado por especialistas, Sonnenfeldt tuvo sus
dudas, las cuales se hicieron mayores cuando el nazi utilizó la
palabra *Kladde*, la jerga escolar para decir «tapa de cuaderno»,
lo cual sugería que tenía una memoria bastante buena. El intérprete quiso cuestionar a Hess, pero no logró convencer a «a los
eruditos que no hablaban alemán» de que el término adoles-
cente difícilmente sería utilizado por un amnésico. Esto plantea
una cuestión a la que se enfrentan a menudo los traductores:
¿cómo te limitas a traducir lo que se ha dicho o escrito cuando
estás repleto de comentarios que hacer?

Tras semanas de trabajo, Sonnenfeldt leyó sus acusaciones a los
veintiún reclusos de la cárcel de Núremberg: «Se os acusa de
delitos contra la paz, crímenes de guerra, conspiración para cometer agresión, crímenes contra la humanidad, genocidio». El
20 de noviembre de 1945, el primer día del juicio, se le pidió
que interpretara durante la sesión de apertura. Lo que se le exigía en la sala era un arte especial. Durante los interrogatorios
previos al juicio, el intérprete esperaba a que los oradores hicieran una pausa antes de traducir cada pregunta y cada respuesta.
Este método consecutivo se sigue utilizando hoy en día cuando
es posible —por ejemplo, cuando un testigo declara ante un tribunal—. Cuando se interpreta a un acusado, el intérprete suele
sentarse a su lado en el banquillo y emplea una técnica llamada
chuchotage, en la que lo traduce todo en directo, susurrándo-
le al oído mientras presta atención al procedimiento, un método que solo funciona con grupos pequeños de oyentes. Una
vista tan importante como la del juicio de Núremberg requería un método más eficaz que cualquiera de los anteriores, uno
que permitiera verter las palabras simultáneamente a muchos
oyentes.

Una reunión al estilo de la ONU, con intérpretes en cabinas que llevan auriculares y pulsan botones, podría haber sido una imagen un tanto extraña en 1945, pero un equipo que constara de varios canales de transmisión e interruptores selectores ya existía desde hacía tiempo. Patentado casi veinte años antes, el sistema Filene-Finlay, como se llamó inicialmente en honor a sus inventores, se probó por primera vez en 1927 en la Conferencia Internacional del Trabajo de Ginebra. El coronel Léon Dostert, jefe de la división de traducción de Núremberg, quien había sido intérprete del general Dwight D. Eisenhower durante la guerra, pensó que este sistema cumpliría su cometido, aunque muchos se mostraron escépticos al respecto. Dostert sugirió algunas mejoras que permitirían aprovechar todo su potencial (al principio, los intérpretes tomaban notas y se basaban en discursos traducidos con anterioridad). El equipo, suministrado gratuitamente por IBM, llegó solo cinco días antes del juicio.

Por supuesto, los preparativos para la traducción habían comenzado mucho antes. En aquellos meses de posguerra, encontrar y reclutar intérpretes era un asunto serio. Los estadounidenses entrevistaron a más de cuatrocientos candidatos, de los cuales solo seleccionaron al cinco por ciento; Reino Unido, Rusia y Francia aportaron su propio personal. Antes de ser nombrado jefe administrativo de la división de traducción, Alfred Steer, un erudito de la literatura alemana, realizó una prueba en el Pentágono, donde tuvo que traducir al alemán un fragmento de las noticias. A Steer le molestó que su examinador, Dostert, no hablara el idioma, pero esto no le supuso el suspenso.

George Klebnikov, un joven emigrante ruso, hizo una prueba en París tras un encuentro fortuito, y aprobó; al día siguiente, cogió un tren a Núremberg, donde aprobó otro examen, a pesar de no haber oído hablar nunca de la interpretación simultánea.

También se contactó con algunos miembros de la vieja guardia que trabajaban para la Sociedad de las Naciones, pero muchos de ellos, acostumbrados a la modalidad consecutiva, no podían adaptarse a la nueva situación. «La central telefónica internacional de París era un lugar espléndido para captar gente», recuerda Steer. Cuando comenzaron los procesos judiciales, un periodista, al ver la sala llena de gente con auriculares, pensó que de hecho parecía una central telefónica.

Los candidatos seleccionados eran un grupo variopinto: refugiados y supervivientes del gueto, periodistas y académicos en sus anteriores vidas. Algunos de sus testimonios se recogen en el libro *Eyewitnesses at Nuremberg*, editado por Hilary Gaskin. Como todos ellos coinciden, la nueva tecnología era relativamente fácil de manejar en comparación con las demás presiones que conllevaba el trabajo. Una vez seleccionados, se sometían a un programa de formación; este incluía simulacros de juicios en los que algunos de ellos hacían de fiscales y jueces, leyendo ejemplos de discursos para que otros los interpretaran, aumentando gradualmente la velocidad. Sus esfuerzos, combinados con kilómetros de cable, cientos de auriculares y docenas de cajas de interruptores, permitieron que el juicio se desarrollara en cuatro idiomas —alemán, inglés, francés y ruso— con la ayuda de treinta y seis intérpretes.

Sonnenfeldt no fue uno de ellos. Los actos resultaron ser drásticamente diferentes a las sesiones a las que estaba acostumbrado: aquí los intérpretes estaban físicamente separados de los oradores y solo podían pedirles que se detuvieran o ralentizaran pulsando un botón. Tras el primer día —en el que Göring vio a su intérprete en la cabina de cristal y le guiñó el ojo— Sonnenfeldt rechazó la oferta de unirse al equipo; en su lugar, se le encomendó la tarea de sentarse en la sala para verificar que todos aportaban las mismas pruebas que durante los interrogatorios anteriores. Siendo consciente de las dificultades a las que se enfrentaron los intérpretes, los elogió por su «magnífico trabajo».

No todo el mundo estaba igual de impresionado con ellos. Quizá el propio hecho de que la traducción resulte propensa a errores sea lo que hace que la gente quiera controlar al traductor o convertirlo en un chivo expiatorio, o ambas cosas. A veces se hace con buenas intenciones; en otras ocasiones, en beneficio propio. Claramente Göring tenía esto último en mente, ya que siguió intentando engañar al sistema. Sus trucos se describen en el estudio de Francesa Gaiba *The Origins of Simultaneous Interpretation*. Le pedía a los jueces que repitieran o reformularan sus preguntas, alegando que el intérprete se había equivocado o que no había sido claro; decía que, aunque la versión alemana fuera incomprensible, él sería capaz de responder a la pregunta. Una de sus quejas favoritas era que los intérpretes estaban en su contra: por ejemplo, al traducir *erfassen* como «apresar» en lugar de «registrar» en la frase «la población judía fue apresada». Siegfried Ramler, acusado por la defensa de Göring de utilizar un verbo demasiado fuerte, recordó más tarde: «¡Me encontré en la extraña situación de tener que interpretar una objeción hacia la exactitud de mi propia interpretación!».

Göring no era el único que sentía aversión por los intérpretes. Uno de los jueces británicos, Norman Birkett, los definió como «una raza aparte: susceptibles, vanidosos, irresponsables, caprichosos, llenos de la prepotencia más explosiva, indescriptiblemente egoístas y, por regla general, violentos opositores del jabón y de la luz solar».

Como era de esperar, las dobles traducciones le dieron a Göring amplias oportunidades para hacer de las suyas. Cuando tenía ante él el original en alemán, mientras el intérprete volvía a traducir el mismo documento leído por el juez en inglés, de forma inevitable se producían algunas discrepancias. Si se producía un error genuino —por ejemplo, cuando alguien confundía *Endlosung* (solución final) con *Gesamtlosung* (solución total)— Göring no tardaba en señalarlo, desviando la atención del tribunal del hecho de que ambos términos eran eufemismos nazis para «la eliminación de los judíos». Todo esto no lo hizo tanto para intentar salvar el pellejo —tenía claro cuál iba a ser el resultado del juicio—, sino para expresar su desprecio por los Aliados y ese espectáculo de juicio.

Los equipos que utilizan hoy en día los intérpretes simultáneos se basan en el mismo principio que el sistema que se puso en marcha en Núremberg, y su calidad a veces sigue dejando mucho que desear. A los proveedores les gusta economizar en todo, desde las cabinas hasta los auriculares, lo que hace que el intérprete tenga que esforzarse por oír al orador por encima de otros sonidos, incluida su propia voz. Por otra parte, algunas agencias de traducción también tienen una idea muy vaga de lo que implica realmente el proceso. Una de ellas, que buscaba intérpretes de conferencias, me sorprendió pidiéndome un presupuesto para diez delegados extranjeros, como si esperara que les diera de cenar en lugar de traducir. Pero una vez estás en la cabina y con los auriculares en funcionamiento, la tarea de escuchar y hablar simultáneamente no te deja espacio para nada más.

Aun así, los intérpretes de Núremberg no pudieron distanciarse completamente de los horrores relatados en la sala del tribunal. «No tenías tiempo de pararte a pensar en el contenido», recordaba el intérprete jefe Peter Uiberall, otro refugiado judío que había llegado de Estados Unidos, «pero te volvía a la memoria mientras dormías, en pesadillas». Ni que decir tiene que su trabajo era extremadamente exigente en el sentido técnico; lo que es más difícil de comprender es que un tipo de estrés, derivado de tener que concentrarse plenamente en la tarea que se estaba desempeñando, a menudo podía remplazar al otro.

Hablando desde el refugio de su caparazón profesional, quizá sin querer fijarse en el mayor trauma que habían vivido, en sus reminiscencias los intérpretes estaban más dispuestos a hablar de una pesadilla cotidiana: el verbo alemán. Este se coloca al final de la frase, lo que pone a prueba la paciencia de los angloparlantes. Aquí tenemos a Uiberall explicando cómo una respuesta a la simple pregunta «¿Conocía usted al señor Schmidt?» puede convertirse en toda una prueba de resistencia.

> El testigo empieza a decir: «Ja, den Schmidt, den habe ich im Jahre Fünfunddreissig oder nein im Jahre Sechsunddreissig, da habe ich den Schmidt...». Y todavía no sabes la respuesta. ¿Lo ha visto, lo ha conocido, ha hablado con él, ha oído hablar de él? Todas estas opciones pueden seguir al verbo del final. Así que el pobre intérprete no puede comenzar, a menos que haga lo que solían llamar «eine Eselsbrücke bauen», un término alemán, muy difícil de traducir, que significa algo así como «construir un puente para burros». No existe en otros idiomas. Es decir, «Sí, eh, no, eh, Schmidt, bueno, con respecto a Schmidt, fue en el treinta y cinco o treinta y seis, fue en Leipzig o fue en Dresde, no estoy muy seguro, fue entonces que...».

Otra dificultad fue la costumbre alemana de empezar las frases con *ja*, una palabra utilizada a menudo como una muletilla. Los marcadores del discurso —«pues», «bueno», «o sea»— son un tema especial en la interpretación judicial porque su omisión o alteración da un enfoque diferente al discurso, sobre todo a las preguntas, haciéndolas potencialmente más o menos coercitivas. Para evitar confesiones involuntarias de culpabilidad, Uiberall le dijo a sus compañeros que esperaran a estar absolutamente seguros de que la respuesta era afirmativa antes de traducir *ja* por «sí». «No existe», señaló más tarde, «la traducción exacta de ninguna palabra».

Además de estos problemas lingüísticos, hubo episodios en los que los abogados se quedaron en ridículo, a menudo por su ignorancia sobre Alemania. El centro de atención de Göring era Robert H. Jackson, el fiscal jefe estadounidense, a quien corregía en cada oportunidad que encontraba: por ejemplo, cuando el estadounidense pronunciaba mal los nombres propios alemanes, de modo que el intérprete confundía *Reichsbank* con *Reichstag* y *Wörmann* con *Bormann*. Su enfrentamiento alcanzó su apogeo durante el contrainterrogatorio de Jackson a Göring, lo cual resultó un desastre para el fiscal. Jackson pasó por alto una declaración de un interrogatorio anterior, se enzarzó en una discusión por una traducción chapucera y, en general, dejó que el acusado tuviera el control, sin conseguir que admitiera que había ordenado «la solución final a la cuestión judía». Después, Jackson tenía su excusa a mano: «Göring siempre podía tener tiempo para preparar su discurso [...] sabía inglés, podía entender la pregunta, y mientras la interpretaban ya tenía la pregunta hecha por mí».

Aunque muchos de los abogados, acostumbrados a los interrogatorios trepidantes, se quejaron de los inevitables retrasos causados por la interpretación (el término «simultánea» se utiliza en sentido figurado, por supuesto, ya que el intérprete siempre va unos segundos por detrás del orador), los mejores adaptaron su estilo a ella. David Maxwell Fyfe, el fiscal jefe británico, sugirió a Göring en un momento dado: «Bueno, testigo, usted entiende bastante bien el inglés, ¿no? ¿Y si contesta directamente?». En contraste con su homólogo estadounidense, Maxwell Fyfe tuvo éxito en su contrainterrogatorio; a diferencia de la mayoría de sus ilustres amigos, el sistema de interpretación le pareció satisfactorio, y comentó que «no era un precio muy alto a pagar por lo que se llama una justicia a cuatro voces». A pesar de tener que seguir el ritmo de su rápido discurso, los intérpretes le admiraron por su profesionalidad.

Por muy monstruosos que fueran los actos de los acusados, confesados o negados, los intérpretes no podían evitar establecer una relación con ellos. Como dijo Uiberall de este análogo del síndrome de Estocolmo: «De algún modo nos familiarizamos con ellos a través de la observación diaria». Dos de los acusados, Speer y Schacht, hablaban inglés con fluidez y estaban dispuestos a ayudar a los intérpretes; al fin y al cabo, lograr una buena calidad de la traducción era un interés común. Cuando veían que alguien tenía dificultades con alguna palabra, escribían el término en un papel y se lo pasaban a la cabina. «Les estábamos agradecidos», recuerda Uiberall. «En el caso de Schacht fue una amistad muy "inocente", porque fue absuelto; en el caso de Speer no lo fue tanto».

No es raro que los intérpretes desarrollen una relación «inocente» con sus clientes, aunque sea solo a nivel lingüístico. Trabajar hacia el mismo objetivo —transmitir un mensaje en otro idioma— puede favorecer la creación de vínculos, y cuanto más tiempo pasas en la sala de juicios como intérprete, más fácil resulta creer que los crímenes más horribles son, en realidad, los que se cometen contra la lengua. Uno de los acusados en Núremberg, Otto Ohlendorf, condenado a muerte por matar a miles de personas en el Holocausto, obtuvo un breve aplazamiento para poder testificar en otros juicios. Mientras esperaba, escribió una carta dándole las gracias a los intérpretes por haberle dado la oportunidad de tener un juicio justo. Uiberall lo calificó como «una de las experiencias más increíbles, aunque algo horripilante» de su carrera. «Y eso», añadió, «fue sin duda lo mejor que se dijo de los intérpretes».

A pesar de la presión del trabajo, los intérpretes de Núremberg siguieron practicando su estilo preferido: algunos actuaban las intervenciones, otros eran menos enfáticos; algunos lo repetían todo palabra por palabra, otros improvisaron o reformularon. En conjunto, representaban una amplia gama de registros, lo que a veces causaba irritación. Algunos oyentes consideraban que los intérpretes distraían demasiado: por ejemplo, cuando una mujer tenía que comunicar las palabras de un comandante alemán o cuando el discurso de un aristócrata alemán adquiría un marcado acento de Brooklyn. Una joven, que interpretaba un testimonio sobre las condiciones «humanas» de un campo de concentración (al parecer, tenían una biblioteca y una piscina), se negó a pronunciar la siguiente palabra, por lo que un compañero tuvo que terminar la frase por ella: «¡Un burdel, señoría!». Cuando las palabras de un intérprete se percibían como incongruentes, esto derivaba en nuevos intentos de controlar su trabajo, lo que provocaba nuevas exigencias, a las que hacían todo lo posible por adaptarse. Uno de ellos fue regañado por ser, o al menos sonar, demasiado lacónico. El juez le dijo que tradujera todo exactamente como se había dicho, y se volvió hacia el orador: «¿Sí, señor Pine?». El intérprete continuó: «Ja, Herr Tannenbaum».

10

Los dos últimos truchimanes

En el siglo XVII los traductores del Imperio otomano, independientemente de su religión, disfrutaban de una serie de privilegios que normalmente no eran concedidos a aquellos que no eran musulmanes. Por ejemplo, tenían derecho a ser juzgados por el tribunal del gran visir y a viajar acompañados de escolta armada. Si eran extranjeros, también gozaban de ciertos derechos garantizados por los acuerdos bilaterales entre el Imperio y los estados cristianos. Las capitulaciones británicas de 1675 contenían una cláusula para la protección de los intérpretes, que en la versión inglesa estipulaba que «en caso de que algún delito sea cometido, nuestros jueces y gobernadores no reprenderán, golpearán ni encarcelarán a ninguno de dichos intérpretes sin conocimiento del embajador o del cónsul». El derecho a la protección era su principal remuneración: un acuerdo que tuvo sus consecuencias, como señaló —por ejemplo— el cónsul británico de Esmirna, Francis Werry, quien escribió en 1826: «En general los salarios de los truchimanes son demasiado bajos como para mantenerlos honrados».

A medida que se desarrollaban las relaciones entre el Imperio y Europa, el número de truchimanes aumentaba. Siguiendo la práctica veneciana de instruir a los *giovani di lingua*, iniciada en el siglo XVI, los franceses fundaron su propio sistema de formación de los *jeunes de langues* en 1669. En 1821, cuando los griegos de Constantinopla, debido a las sospechas sobre su deslealtad política, perdieron su dominio de la profesión, los turcos crearon su propio *Tercüme Odası* (oficina de traducción) para contrarrestar la influencia cristiana con la ayuda de traductores musulmanes nacidos en el país. Y en 1877 Reino Unido creó el Servicio Consular de Levante para cubrir puestos diplomáticos en Turquía, Persia, Grecia y Marruecos con lingüistas nacidos en el propio Reino Unido.

La decisión de Andrew Ryan de solicitar un puesto de «intérprete en formación» en Levante era una apuesta profesional sin riesgos. «Me habría inclinado por la abogacía», escribe en sus memorias, «pero me parecía una profesión demasiado arriesgada». Nacido en Cork en 1876, Ryan eligió el funcionariado «que entonces atraía a muchos jóvenes en Irlanda», y aunque «tenía poco gusto auténtico por las lenguas de Oriente, excepto quizás por el árabe, cuya precisión matemática me atraía», se graduó en Cambridge con «un buen conocimiento del turco, un poco de árabe, casi nada de persa, unas bases rápidamente olvidadas del ruso y una pizca de derecho». Ese fue el bagaje que se llevó a Constantinopla en 1899.

Como truchimán júnior en la embajada, Ryan asistía a las audiencias de los tribunales que afectaban a los súbditos británicos, actuando esencialmente como intérprete y abogado. Gran parte de ese trabajo era bastante mundano, pero le dio la oportunidad de aprender algo de «diplomacia elemental» y de mejorar su turco. Cuando los jueces interrogaban a los acusados, el intérprete tenía que «reducir sus respuestas a un decoroso lenguaje que fuera adecuado para un informe judicial oficial». A veces, el lenguaje de sus compatriotas británicos resulta irreducible: por ejemplo, cuando «una anciana de muy mala reputación» le gritó «¡Cariño!» al sonrojado joven por encima de las cabezas de los jueces, o cuando él hizo todo lo posible «por mitigar el comportamiento de un embriagado alborotador, que en sus copas de más no solo había agredido a la policía, sino que había denigrado imparcialmente al Profeta, al sultán y a la reina Victoria». Ryan no podía hacer nada con respecto al Profeta, pues semejante abuso era demasiado grave como para ser tratado en el acto. «Sugerí que me dejaran encargarme de lo de la reina Victoria, pero al hombre le cayeron nueve meses».

El estatus de intérprete de la corte era relativamente estable, aunque no estaba grabado en piedra. «Dado que dependía en gran medida de la interpretación de unas palabras de un texto turco del siglo XVII», escribe Ryan refiriéndose a las capitulaciones, «es fácil imaginar lo difícil que resultaba ponerse de acuerdo sobre la cuestión de si él era un juez, de hecho un juez con derecho a veto, como sosteníamos nosotros, o un mero observador oficial, como afirmaban los turcos». Sus responsabilidades también incluían ocuparse de las declaraciones de aduanas (las mercancías importadas abarcaban desde rifles de juguete a cachorros de león, pasando por copias del Nuevo Testamento, lo que llevó a un funcionario a preguntar: «¿Quién le manda esto a la gente de Gálata?»), de asuntos fiscales, detenciones bajo custodia, conversiones al islam, esclavos refugiados en la embajada, etcétera. Cuando se prohibió una representación de *El mercader de Venecia* en Constantinopla, la protesta de Ryan de que «la obra era de un británico llamado Shakespeare, a quien nunca hemos considerado indeseable, sino al contrario, todo un orgullo para el país», no dio ningún resultado: las autoridades replicaron que «esta forma de tratar a Shylock había sido planeada para crear desacuerdos entre los súbditos del sultán».

Y no fue un temor vano. En julio de 1908 los Jóvenes Turcos, un partido nacionalista que pretendía establecer un gobierno constitucional, llegaron al poder tras una revolución incruenta.

El año siguiente, el sultán intentó dar un contragolpe y la agitación que lo siguió condujo a la masacre de los cristianos en Adana, una ciudad al sur de Turquía. En abril de 1909 el vicecónsul británico de la ciudad cercana de Mersín, el comandante Charles Doughty-Wylie, recibió una carta de su truchimán en Adana, informándole de los disturbios. Doughty-Wylie acudió inmediatamente e hizo lo que pudo para restablecer el orden. El truchimán y su familia, que casi fueron asesinados por una multitud enfurecida, huyeron hacia la seguridad de su casa, donde acogieron a otros quinientos refugiados. Cuando lo describe todo en su informe, el vicecónsul omite el nombre completo del truchimán (lo llama Sr. C. Trypani, mientras que otras fuentes mencionan a Athanasios Trypanis) y se refiere a los otros intérpretes que piden ayuda a las autoridades como «truchimanes extranjeros». Se calcula que hasta 30 000 personas fueron asesinadas en Adana en un acto precursor del genocidio armenio de 1915.

A finales de mes, tras reprimir la contrarrevolución, el Parlamento turco estaba listo para destronar al sultán. Sin embargo, una autoridad islámica tenía que emitir antes una petición de fetua, en la que la pregunta sobre si el sultán debía o no ser destituido tenía que formularse de modo que permitiera responder «sí» o «no». Ryan, por entonces el segundo truchimán de la embajada, proporcionó una traducción fiel de la pregunta que ocupaba casi una página, en consonancia con «la antigua costumbre turca de redactar largos documentos oficiales en una sola frase interminable». La respuesta fue afirmativa.

Con la llegada de la Gran Guerra, las relaciones anglo-turcas se deterioraron. Los diplomáticos británicos intentaron asegurar la neutralidad de Turquía, sin saber que esta ya le había garantizado su apoyo a Alemania en caso de una guerra con Rusia. La situación de los residentes extranjeros en el país se volvió más precaria, y su lealtad se inclinaba hacia el bando más proclive a protegerlos. Ryan, que nunca simpatizó demasiado con los turcos, ya no trababa de ocultar sus sentimientos y advertía que, fuera cual fuera el papel de estos en la guerra, «podrían dar muchos problemas en el futuro». Mientras que la situación llegaba a un punto crítico, él y sus compañeros se dedicaron a redactar «cartas recriminatorias sobre todo tipo de temas dirigidas a la Puerta».

La situación estalló en octubre de 1914, cuando Turquía bombardeó varios puertos rusos en el Mar Negro. Los rusos, franceses y británicos allí presentes se marcharon en el mismo barco y el 5 de noviembre, todavía en alta mar, conmemoraron el día de Guy Fawkes quemando una efigie del káiser. En uno de sus últimos encargos, Ryan citó el exabrupto de un ministro turco contra el acuerdo de la Entente Cordiale, suavizando ligeramente su francés en la traducción, omitiendo el epíteto «cerdo», pero manteniendo «demonio». Aunque había sido inicialmente desechado por el embajador, el pasaje fue calificado por el *Times* como «brillantemente escrito», a pesar de que Ryan no se molestó en sustituir la palabra «demonio» por alguna otra alternativa apta para toda la familia. Más allá de estos elogios, la prensa británica reprochó a la embajada su incapacidad para mantener la situación bajo control. El *Daily Mail* describió el estado de los asuntos consulares como «digno de *Alicia en el País de las Maravillas*, sin nadie que supiera turco, nadie que hubiera pasado tiempo en Constantinopla, nadie que entendiera los métodos y las costumbres turcas». Una vez que se lanzan acusaciones, justificadas o no, contra los conocimientos lingüísticos de alguien por parte de una persona cuyos propios conocimientos son nulos, es difícil recuperar el respeto.

Tras la guerra, Ryan regresó a Constantinopla. Como todo un experto en los juegos de palabras, siguió lidiando con las fórmulas verbales, abordando la traducción como un arte exacto. En marzo de 1924, cuando la joven República de Turquía abolió el califato, tradujo al inglés el primer artículo de la nueva constitución con su pedantería habitual:

> Al traducir, de la forma más literal posible, el texto legal, utilizo la palabra «califato» para marcar la distinción entre dos de los usos de la palabra turca *khilafat*. Como no hay artículos definidos en este idioma, la palabra puede significar, y de hecho lo hace, el califato, pero también puede utilizarse en un sentido abstracto para describir las funciones de un califa.

Su traducción dice: «El califa es destituido. Como el califato está fundamentalmente comprendido en el sentido y significado de gobierno y república, el cargo de califa queda abolido». Pensó que esta formulación era «lo suficientemente sutil como para sugerir a los ilusos pensadores que el antiguo califato se conservaba en cierto sentido en la personalidad de la república», aunque el partido gobernante había rechazado tales sugerencias.

Mientras Ryan se ocupaba de sus diversas funciones, otro aspirante al título de último truchimán llegó a Turquía. Johannes Kolmodin, un orientalista sueco, había estudiado idiomas en Upsala y en Berlín antes de llegar a Estambul en 1917 para llevar a cabo unas investigaciones académicas. El dinero de su beca pronto resultó insuficiente y para mantenerse se incorporó al consulado como agregado, convirtiéndose en truchimán a los pocos años. A diferencia de Ryan —quien seguía enemistado con el gobierno nacionalista, sobre todo por su trato a la población no musulmana de Turquía—, Kolmodin era un leal amigo de la nueva república y un ferviente partidario de su fundador, Mustafa Kemal Atatürk. En 1922, cuando los kemalistas masacraron a armenios y griegos en Esmirna, él calificó los relatos sobre estos hechos de «engañosos», «malévolos y sesgados», y cuando ya no se podían negar más las atrocidades cometidas, culpó a cualquiera menos a los propios turcos.

Mientras Ryan intentaba ser neutral, o al menos parecerlo, entre los republicanos y sus oponentes, Kolmodin se posicionó abiertamente, una actitud que se manifestó en su trabajo. Al traducir la constitución turca, no se anduvo con ambigüedades. Su versión en sueco dice: «El califa es destituido. El califato, como parte del propio concepto del Estado de República, ha sido abolido». Dos años antes, había escrito en una carta privada: «Es muy importante llamar al sistema "república" porque el califato, que va a permanecer, no es en ningún caso un papado, sino una representación general secular del islam para la que el Estado del pueblo turco será la base». También señaló que «la relación de Suecia con la nueva institución progresa adecuadamente —dándose palmaditas en la espalda—: yo personalmente impulsé la delegación de paz».

La relación de Kolmodin con Gustaf Wallenberg, el jefe del consulado sueco, era más complicada que la política exterior que implementaban. Mientras que Ryan comentó que un truchimán estaba condenado a ser el *alter ego* del embajador, Kolmodin no tenía ninguna duda sobre su propia importancia. La principal función del consulado era informar, y era él quien lo hacía en gran parte. *The Last Dragoman*, una colección de artículos de investigación editada por Elisabeth Özdalga, comenta el lenguaje académico de Kolmodin: abundantes paréntesis, guiones, dobles negaciones y oraciones subordinadas. En los informes que llevaban su firma, sin embargo, «se expresaba de forma bastante más sencilla y libre [...] sin arriesgarse a las posibles objeciones de Wallenberg». El enviado no le negó el mérito a su truchimán, reconociendo que «el relato de los acontecimientos decisivos [...] se debió completamente al Dr. Kolmodin, cuyos eminentes conocimientos y gran dominio de la lengua turca fueron esenciales para describir estos interesantes movimientos bélicos».

Kolmodin, por su parte, se quejaba de su jefe: «Desgraciadamente es bastante obtuso de mente, pero no quiere admitirlo y dejar que lo ayude en las conversaciones que entabla. Cuando después las cosas se complican, tengo que ser yo quien intente arreglarlas». ¿Estaba siendo susceptible, como suelen serlo algunos traductores cuando se ven atrapados en el círculo vicioso de sentirse insatisfechos e infravalorados? En diciembre de 1919 escribió: «Me atrevo a afirmar que, en este momento, soy el extranjero más respetado de Constantinopla». Ryan, por otro lado, no se hacía muchas ilusiones sobre su propia notoriedad. Cuando dos gendarmes franceses le dieron el alto en la ciudad ocupada en marzo de 1918, no supo explicar quién era, por lo que tuvieron que consultar a un intérprete nativo, «quien cautelosamente respondió que no lo sabía, pero que, a juzgar por el lenguaje del caballero, podría ser británico».

«Hay que tratar de interpretar incluso lo peor como lo mejor, sobre todo cuando pretendes ser un diplomático», escribió Kolmodin. Si él (o su traductor) parece algo vago sobre sus lealtades al servicio del gobierno, sus puntos de vista emergen muy claramente en su correspondencia personal. Tradujo un discurso que Atatürk dio en 1922 —«Tanto entre los musulmanes como entre los cristianos ha habido desgraciadamente algunos traidores, contra los que el Gobierno ha actuado, como era su derecho y su deber, independientemente de la religión de estos»— e intentó publicarlo en la prensa sueca para reprimir los «artículos alarmistas» sobre la persecución de los cristianos por parte de los turcos. «Difícilmente habrá espacio para una comunidad independiente que no hable turco», predijo. «Los cristianos otomanos tendrán que aprender turco». Hoy en día, cuando muchos gobiernos quieren que todos los inmigrantes aprendan la lengua de sus países adoptivos, los traductores profesionales suelen preocuparse por estas políticas. O somos más liberales que nuestros predecesores, o menos entusiastas sobre un futuro en el que todos dominen nuestra lengua de trabajo. Los caminos de los dos truchimanes se volverían a cruzar en la Conferencia de Lausana, convocada en 1922 para resolver la situación entre Turquía y las potencias occidentales. El francés era la lengua principal de la conferencia, y aunque el secretario de Asuntos Exteriores británico, lord Curzon, lo manejaba bastante bien, «todos sus discursos se daban en inglés», en palabras de Ryan, «y tenían que ser interpretados en presencia de su autoría, quien era perfectamente capaz de pillar al intérprete». Cuando por fin le dio el visto bueno a un documento que había mandado redactar de nuevo, Curzon exclamó: «¡Admirable!», «aunque nos dimos cuenta de que lo que realmente admiraba era su propio reflejo en nuestro espejo», recuerda Ryan. Su colaboración capta el equilibrio de poder dentro de la tríada orador-intérprete-público, en la que el traductor actúa como intermediario indispensable, e idealmente imparcial, pero a menudo pasa desapercibido. Kolmodin, que acudió a Lausana como experto asistente del representante de Suecia, señaló que la principal preocupación de Curzon «no eran las minorías […] sino los pozos de petróleo». En sus cartas seguía insistiendo en la inocencia de los turcos, refiriéndose a «las llamadas "atrocidades"» como una historia urdida por Near East Relief, una organización humanitaria fundada en 1915, para recaudar más fondos.

Kolmodin partió de Turquía hacia Etiopía en 1931 y murió dos años más tarde en Adís Abeba, poco después de recibir la visita en el hospital por su último jefe, el emperador Haile Selassie. En Suecia es recordado como «nuestro último y más ilustre truchimán». Ryan desarrolló una larga y exitosa carrera diplomática, ocupando altos cargos en Marruecos, Arabia Saudí y Albania. Entre sus diferencias, quizá la más digna de reflexión sea su estilo de traducción. Lo interesante es que

Kolmodin, a pesar de su amor por Turquía, se muestra más distendido que Ryan, quien se esmeró en una lengua que no le interesaba demasiado. Sin embargo, lo cierto es que la obra de Kolmodin se basaba en su lealtad hacia todo lo turco, mientras que Ryan tendía a ceñirse a sus propias armas culturales y políticas. Aunque a veces se considera que estas dos perspectivas se excluyen mutuamente, los traductores pueden, y deberían, ser capaces de emplear ambas, a veces en un mismo párrafo. Los debates en torno a los dos enfoques, extranjerización y domesticación, tienden a restringirse en la traducción literaria, pero quienes trabajan en otros campos se enfrentan constantemente a decisiones similares.

Un siglo después, los intérpretes siguen debatiéndose entre tomar partido o permanecer al margen de la contienda. Estas posturas se polarizan cuando el futuro empieza a parecer incierto. Una lista de «profesiones moribundas» difundida recientemente por los medios de comunicación incluye a los abogados, pero no a los intérpretes. Esto se debe a que la gente o bien ya nos da por muertos, o bien no está familiarizada con el nombre de la profesión (he oído a compañeros presentarse como «traductores orales», y una vez apenas pude mantener la seriedad cuando me llamaron «interpretadora»). Ya en 1909, cuando ser truchimán parecía más seguro que la «arriesgada» abogacía, Ryan tenía dudas sobre el futuro de su oficio: «Si todo va bien con la Constitución, y Turquía de verdad se regenera en línea con Europa, estamos destinados a desaparecer tarde o temprano, ya que ningún gobierno europeo civilizado toleraría una clase de funcionarios extranjeros cuyo negocio fuera inmiscuirse directamente en todos sus cargos públicos». En efecto, el Tratado de Lausana, firmado el 24 de julio de 1923, puso fin a las capitulaciones y, en consecuencia, al título. Los truchimanes tenían que desaparecer para dejar paso al progreso.

138

11

Lo más oriental posible

«Es para mí un gran entretenimiento el poder tomarme las libertades que quiera con estos persas», le escribió Edward Fitzgerald a su amigo Edward Cowell en 1857. Fue Cowell, un orientalista británico, quien le dio a conocer a Fitzgerald —un pudiente caballero de Suffolk amante de la literatura, la música y las plantas— la poesía persa, al mostrarle un manuscrito del siglo xi conservado en la Biblioteca Bodleiana. Atribuido a Omar Khayyam, este manuscrito contenía un conjunto de *rubaiyat*, o cuartetos, ordenados alfabéticamente por la última letra de la palabra rimada. Los poemas cautivaron la imaginación de Fitzgerald, que se dispuso a traducirlos. En 1859, imprimió su obra de forma privada bajo el título *Rubaiyat of Omar Khayyam, the Astronomer-Poet of Persia*, sin mencionar su propio nombre. El libro no tuvo éxito, pero dos años más tarde Dante Gabriel Rossetti encontró un ejemplar olvidado, le encantó y le habló de él a otros prerrafaelitas. Para principios del siglo xx, se había convertido en uno de los poemas más leídos y citados en inglés.

«No había ningún original al que Fitzgerald [...] le debiera fidelidad», escribe J. M. Cohen en *English Translators and Translations*. «Simplemente era un poema victoriano que seguía las convenciones orientales». Los académicos han comparado su traducción con el manuscrito, verso por verso, y se llegó a la conclusión de que casi la mitad de los cuartetos de Fitzgerald tienen correspondencias directas en el original, el origen de unos pocos no puede rastrearse y el resto son mezclas. Fitzgerald seleccionó su material de esta «extraña sucesión de seriedad y alegría» y lo dispuso de forma que creara una narración: su protagonista, impulsado por el deseo de aprovechar el día, comienza su búsqueda en un jardín y, tras deleitarse ampliamente con el vino, el amor y la naturaleza, regresa al mismo lugar, convencido de que el hedonismo es la única filosofía que merece la pena practicar en un mundo en el que todas las cosas son efímeras. Las estrofas seleccionadas, escribe Fitzgerald en el prólogo de una edición posterior, están «enlazadas formando algo parecido a una égloga, con una proporción tal vez menor de "bebida y festejos", la cual (auténtica o no) se repite con demasiada frecuencia en el original».

El prólogo habla de la genialidad del autor, presentándolo como un «filósofo, de una perspicacia científica y una habilidad muy superiores a las de la época y el país en los que vivió». Al referirse a él como «Omar», Fitzgerald se disculpa, como si estuviera anticipándose a las reprimendas: «No puedo evitar llamarlo por su nombre —no, no cristiano— familiar». De hecho, décadas más tarde sus comentarios alertaron a la policía de la traducción, que, guiada por el lema «todas las culturas son iguales, pero algunas son más iguales que otras», acusó a Fitzgerald de ser condescendiente con «estos persas». ¿Cómo se atreve a llamar a Khayyam «este extraordinario amiguito» y «de mi propiedad»? Esta última frase aparece en otro intercambio que tuvo con Cowell: «Considero al buen Omar más de mi propiedad que de la tuya: ya que él y yo somos más afines, ¿no?». Los críticos de Fitzgerald, que se precipitan a detectar motivos innobles en sus palabras, pasan por alto el hecho de que está hablando de la afinidad que siente con su héroe. Cualquier traductor que se haya enamorado alguna vez de su texto de partida debe de haber sentido un impulso similar de considerarlo suyo. «Debería mantenerse lo más oriental posible» dice Fitzgerald de su versión de Khayyam, «utilizando solo las palabras sajonas más idiomáticas para transmitir la metáfora oriental». Para ello, y siguiendo el principio de que «es mejor ser orientalmente extraño que europeamente claro», adorna su traducción con referencias persas ausentes en el original. Su gravitación hacia oriente, sin embargo, no choca con la deriva sajona que se permite de vez en cuando:

> *Into this Universe, and* Why *not knowing,* / Hacia este universo, sin saber *por qué,*
> *Nor* Whence, *like Water willy-nilly flowing;* / Ni *de dónde,* como el agua que fluye a su antojo;
> *And out of it, as Wind along the Waste,* / Y fuera de él, como el viento a lo largo del desierto,
> *I know not* Whither, *willy-nilly blowing.* / No sé *adónde,* sopla a su antojo.

Willy-nilly —que en aquella época connotaba cierto humor, entre otras cosas— podría haber sido elegido por Fitzgerald con la convicción de que «a toda costa, una cosa debe vivir: con una transfusión de la propia peor vida si uno no puede conservar la mejor del original». La única palabra que el cuarteto anterior tiene en común con el original es «saber». ¿Implica esto una tendencia a tomarse demasiadas libertades o un deseo natural de prestarle tu propia voz a tu alma gemela?

«En Estados Unidos existe el cliché de que el propósito de la traducción de poesía es crear un excelente poema nuevo en inglés», afirma el poeta y traductor Eliot Weinberger en su ponencia «Fuentes anónimas». «Yo siempre he sostenido [...] que el propósito de la traducción de poesía al inglés es crear una excelente traducción en inglés». ¿A cuál de estas escuelas pertenecía Fitzgerald? Muchos analistas, empezando por sus primeros biógrafos Thomas Wright y A. C. Benson, insisten en calificar su obra como una adaptación, aunque Wright admite que «más allá de algunas extravagancias, obtenemos una fiel representación de Omar». Nuevo o no, el *Rubaiyat* fue muy elogiado, y merecidamente. La omisión del nombre del traductor en la primera edición llevó a algunos a confundirlo con una obra original, un misterio que solo contribuyó a su popularidad. Los clubes Khayyam se inauguraron en Reino Unido y el poema viajó a través del Atlántico, donde su fama se extendió por todas partes. En un relato corto del humorista estadounidense O. Henry, el narrador reflexiona:

> Este tal Homer K. M. me parecía una especie de perro que miraba la vida como si fuera una lata atada a su cola. Después de correr hasta agotarse, se sienta, con la lengua fuera, mira la lata y dice: «Bueno, como no podemos librarnos de esta jarra, vamos a llenarla en aquel local, y esta ronda corre de mi cuenta».

«La condena mayor sobre la posibilidad de traducción ha caído sobre la poesía», escribe en un ensayo el poeta mexicano Octavio Paz, «condena singular, si se recuerda que muchos de los mejores poemas de cada lengua en Occidente son traducciones y que muchas de estas traducciones son obra de grandes poetas». Para oponerse al escritor francés Georges Mounin, para quien «la poesía es un tejido de connotaciones y, en consecuencia, intraducible», Paz subraya el carácter universal de la poesía, así como el de la traducción. El poeta sostiene que ningún texto es completamente original, puesto que ya es una traducción (del mentalés, podría decirse) y que todo texto, incluida la más fiel de las traducciones, es único. Weinberger, a su vez, afirma: «No hay texto que no pueda traducirse; solo hay textos que todavía no han encontrado a sus traductores». La relación que este entabló con Paz permitió que muchos textos encontraran al traductor que merecían. Trabajar con Paz, recuerda Weinberger, era un proceso de colaboración en el que el autor hacía sugerencias, pero dejaba siempre la última palabra al traductor. Además, ciertos matices destacados en la traducción impulsaban de vez en cuando a Paz a cambiar algo del original. «Tengo muchas dudas sobre mí mismo en español», dijo Paz una vez, «pero me adoro en inglés».

Tal como insisten los teóricos, existen dos enfoques en la traducción literaria: la domesticación y la extranjerización. Según la definición teórica, cuando Fitzgerald describe un determinado establecimiento del texto de Khayyam como «este maltrecho caravasar», es un ejemplo de extranjerización, mientras que «la puerta de la taberna estaba abierta de par en par», que se utiliza en otra estrofa, es un intento de domesticar el mismo establecimiento. Dejando de lado la teoría, claramente se trata de nociones relativas, cada una de las cuales significa cosas distintas para el autor y el lector, mientras que para el traductor parecen las dos caras de una misma moneda. Siempre me cuesta recordar que domesticar es sinónimo de adaptación cultural, mientras que extranjerizar significa preservar el exotismo. La lógica de esta dicotomía es tan vaga como la razón por la que debería ser una dicotomía en primer lugar. Después de todo, lo que cualquier acto de traducción inevitablemente domestica es la fuente, mientras que lo que a veces se extranjeriza en el proceso es la lengua meta. Dado que estas técnicas se aplican a cosas diferentes, contrastarlas entre sí es como comparar peras con manzanas. ¿No es precisamente el trabajo del traductor crear un híbrido de ambas?

Alegando que la traducción es un requisito previo para alcanzar una cultura verdaderamente internacional, Weinberger tampoco ve estos principios como irreconciliables. Tanto los autores como los traductores, sugiere, deberían intentar combinar lo nacional y lo extranjero en su trabajo, para evitar explicaciones innecesarias y, al mismo tiempo, no alienar al lector. Su razonamiento dialéctico se extiende al multiculturalismo y a sus efectos (no siempre positivos) en la traducción, sacando a la luz «el tópico reinante del orientalismo, es decir, que la erudición sigue al imperialismo». Pone como ejemplo el auge de la traducción, sobre todo del sánscrito y del persa, en la Alemania del siglo XIX, a pesar de no tener ningún interés ni en la India ni en Persia. La opinión de Weinberger sobre las controversias en torno a la propiedad cultural queda plasmada en una máxima que la policía de la traducción haría bien en recordar: «La traducción no es apropiación, como a veces se afirma; es una forma de escuchar que luego cambia la forma en la que hablas». Y si uno piensa en ello como un diálogo, es natural que el acto de conversar también cambie la manera de hablar del interlocutor de más formas que la simple sustitución una por una de sus palabras por las tuyas.

Las nociones de extranjerización y domesticación se formularon mucho antes de que los estudios de traducción se formalizaran. En una conferencia en 1813, el académico Friedrich Schleiermacher dijo: «O bien el traductor deja en paz al autor... y mueve el lector hacia él; o bien deja en paz al lector... y mueve al autor hacia él». Schleiermacher era partidario del primer enfoque, el que había dado lugar al auge de la traducción alemana —cuyos representantes no estaban dispuestos a dejar que el lector y el autor se encontraran a mitad de camino, preocupados de que pudieran no entenderse por completo—. A mediados del siglo XVIII el filósofo Johann Gottfried Herder expresó la misma opinión: «Homero debe entrar en Francia como un prisionero, vestido a la moda francesa, no vaya a ofenderlos [...]. Nosotros, pobres alemanes, en cambio [...] solo queremos verlo tal como es». Uno de los blancos a los que su sarcasmo iba dirigido debió ser el célebre traductor del siglo XVII Nicholas D'Ablancourt, quien prefería que los clásicos tuvieran un aspecto discretamente francés, ya que «los embajadores suelen vestir a la moda del país al que son enviados».

La metáfora sartorial, frecuentemente utilizada, se aplica a cualquier forastero que adopta unos códigos culturales locales para entenderse mejor en una lengua extranjera. Una figura del siglo XIX famosa por integrarse de tal manera fue el explorador, escritor y traductor británico Richard Burton. El episodio más impresionante de sus viajes por Asia y África fue su viaje de 1853 a La Meca, donde los extranjeros tenían prohibido el paso bajo amenaza de muerte. Burton, quien afirmaba hablar treinta y cinco idiomas y soñar en diecisiete, llegó hasta allí vestido con las ropas musulmanas y, por si acaso, circuncidado. Sin embargo, a la hora de traducir las historias de Oriente para sus compatriotas, no las intentó convertir en fantasías victorianas. Su versión de *Las mil y una noches* escandalizó al público familiarizado con traducciones anteriores, en las que los personajes de Sherezade iban completamente vestidos con respetables ropas inglesas.

Burton imprimió *The Book of the Thousand Nights and One Night* y *Supplemental Nights* —dieciséis volúmenes en total— entre 1885 y 1887, en una imprenta que había creado con el propósito de publicar textos orientales eróticos. Como admirador del *Rubaiyat*, también se aventuró con la poesía, mientras plasmaba sus andanzas en una prosa cautivadora. ¿Fue un buen traductor? En una biografía publicada en 1906, tras la muerte de Burton, Thomas Wright lo califica de gran lingüista y antropólogo, antes de comparar su versión de las *Noches* con otra anterior, de John Payne, y de concluir que Burton había tomado prestadas de esta última al menos tres cuartas partes de su traducción. Algunos calificaron de absurda la acusación de Wright, e insistieron en que Burton había recopilado su material mucho antes de que Payne comenzara su trabajo. Payne le proporcionó a Wright todos los documentos, y le dijo: «Donde haya alguna duda, otórgale el beneficio de esta a Burton».

Sin embargo, no fue el supuesto plagio de Burton lo que indignó a los círculos literarios británicos. Su reacción se debió a las escenas sexualmente explícitas —del tipo «ella jugaba con él mientras él jugueteaba un rato con ella»— las cuales habían sido excluidas en las traducciones previas, y sobre todo a las extensas notas a pie de página de Burton (cuya autoría nunca se puso en duda). Estas notas ofrecen una información abundante sobre el islam, las tradiciones locales, la mitología, la arquitectura, la geografía y muchas otras cosas, incluidas observaciones antropológicas sobre las prácticas sexuales árabes. El libro fue en ocasiones censurado, ridiculizado y condenado en Reino Unido durante más de una década; una reseña de 1885 lo reconoció como un «monumento al trabajo, la erudición y la investigación»; más de un siglo después, Robert Irwin, en su obra *The Arabian Nights: A Companion* denunció el racismo de Burton, calificando sus notas como «intrusivas, perversas y muy personales», «extraordinarias muestras de intolerancia» y «un desfile de erudición chiflada».

«La traducción de Burton le resultaba extraña al lector inglés, que está acostumbrado a relatos sometidos al delicado orientalismo inglés», escribe Colette Colligan en un estudio académico sobre el debate público acerca la pornografía en la literatura, suscitado por la publicación de las *Noches*. En su prólogo, Burton habla de la «oportunidad que desde hace tiempo buscaba de poder observar prácticas y costumbres que interesan a toda la humanidad» y le dice a los ingleses que no deben condenarlas en nombre de la «respetabilidad» y el «decoro». Desea instruirlos en estos temas, liberarlos de «esa modestia moderna tan inmodesta que ve insinuaciones encubiertas donde no hay nada implícito y alusiones "impropias" cuando no se ultraja el decoro».

Otro motivo para aprender sobre la vida íntima de los árabes, sugiere Burton, es que hacerlo facilitaría la lucha imperial. Cree que los cercanos fracasos británicos en Afganistán se debieron a su «crasa ignorancia respecto a los pueblos orientales», y que la única manera de evitar «el desprecio de Europa y del mundo oriental» es aprender más sobre una «raza más poderosa que ningunos paganos: los musulmanes». No aclara exactamente en qué medida el conocimiento de sus costumbres sexuales favorecería los intereses imperiales británicos. Sus observaciones son a menudo tan condescendientes con «los pueblos orientales» como cabría de esperar de un partidario incondicional de la dominación colonial y, citando a Irwin, «un hombre con muchos prejuicios».

Los detractores victorianos de Burton tampoco eran grandes cosmopolitas. Uno de ellos, al leer que no solo disfrutaban del sexo convencional, y a menudo extramatrimonial, sino que también practicaban la sodomía, la zoofilia y el mestizaje racial, escribió: «¿Hay alguna razón por la que debamos importar laboriosamente los gigantescos montones de porquería de otras razas [...] y cobrar un alto precio por el privilegio de regodearnos en ellos?». Su precio (una guinea por volumen) causó más indignación que la intolerancia de Burton en aquella época. Con todos los detalles disponibles hoy en día, sigue siendo difícil ver dónde acaba su interés por los países que exploró y dónde empieza el racismo.

Antes de que Burton se embarcara en su traducción (en 1872, mientras prestaba servicios consulares en Trieste), *Las mil y una noches* ya había llamado la atención de los críticos británicos, uno de los cuales ya consideró impropia la primera edición europea —*Les Mille et Une Nuits*, de Antoine Galland, publicada en Francia a principios del siglo XVIII— pues aparecía «un oriental [...] con el sombrero, los guantes y las botas francesas a la moda del siglo anterior». No importaba qué disfraz eligieran los traductores para cubrir la desnudez del exótico original, siempre se corría el riesgo de que el resultado se percibiera como inapropiado. «La versión de Galland es la peor escrita de todas», escribe Jorge Luis Borges en *Los traductores de las 1001 Noches*, «la más embustera y más débil, pero fue la mejor leída». Desde entonces, se han producido numerosas versiones de los cuentos en todo el mundo, y los traductores han optado a menudo por un estilo homogéneamente plano o uno elaboradamente arcaico. Hace poco, Yasmine Seale ha intentado darle la vuelta a la tortilla, intentando «resaltar la modernidad que ya está presente en el texto» en su edición de «Aladino». Su traducción del resto de las *Noches* —una parte del francés de Galland y el resto del árabe— se publicará en los siguientes años. A juzgar por el primer volumen, en el que el ingenio y el encanto de la narradora revelan un humor hasta entonces envuelto en capas de tradición, Seale ha encontrado un nuevo y elegante traje para su Sherezade.

En *Curso de literatura rusa*, Vladimir Nabokov clasifica los errores de traducción como aquellos derivados de la ignorancia genuina, la ofuscación deliberada y —el peor crimen de todos— los intentos de adornar el original. Los errores del primer tipo son meteduras de pata habituales, en su mayoría son falsos amigos y calcos, como por ejemplo los bares británicos *public house*, que traducido literalmente al ruso significa «burdel». Para ilustrar el segundo tipo, Nabokov cita «el ejemplo más encantador de modestia victoriana» que jamás se haya encontrado, de una de las primeras traducciones inglesas de Anna Karenina. A la pregunta de qué le pasa, Anna responde: «Estoy *beremenna*», «haciendo que el lector extranjero se pregunte qué extraña y horrible enfermedad será esa; todo porque el traductor pensó que

"Estoy embarazada" podría escandalizar a algún alma pura». Y luego continúa con la infracción más grave: «El hábil traductor que organiza la alcoba de Sherezade a su gusto y con su elegancia profesional intenta mejorar el aspecto de sus víctimas».

En la Inglaterra victoriana, fueron los modales atrevidos de Burton los que escandalizaron a sus contemporáneos, muchos de los cuales creían que debería haber arreglado todavía más dicha alcoba para que pareciera un salón principal. A Nabokov, cuyos comentarios en su traducción literal de *Eugenio Oneguin* ocupan 1200 páginas (el texto en sí simplemente ocupa unas 220), podría haberle parecido bien la decisión de Burton de proporcionar notas detalladas, pero sin duda lo habría condenado por no ser un traductor lo suficientemente preciso. Como muchos literalistas (así como sus oponentes en el rincón creativo), Nabokov no creía en una solución intermedia. Sin embargo, cuando se trata de llevar el autor al lector o el lector al autor, ambas opciones no tienen por qué descartarse mutuamente. Lo interesante del texto de Burton es su versatilidad: quiere que el lector contemple Oriente en su exótico esplendor, pero también que se entretenga, no que se abrume con demasiada parafernalia desconocida. Así, sus personajes llevan turbantes y pantalones bombachos, pero también mantillas, gabardinas y tocados; beben *sharbat* persa y comen *scones* británicos; tocan el tamboril y disfrutan de las *belles-lettres*; frecuentan bazares y tabernas; se tumban en divanes y se esconden en armarios; se saludan mutuamente y se dan la paz. Entre ellos hay eunucos y *castrati*, *fellahs* y cortesanos, visires y chambelanes. Una vez ha sido ceremoniosamente presentado, en inglés «lord Sulayman, hijo de David (¡que Alá os reciba a los dos!)» se convierte en «Solomon Davidson» en una erudita nota que solo se beneficia de esta jocosa abreviatura.

La versión de Burton de las *Noches* fue la primera que Borges leyó, y todavía estaba cautivado por ella cuando comenzó a escribir su análisis comparativo. Al comentar otra edición, *Le livre des mille nuits en une nuit*, publicada en Francia entre 1926 y 1932, elogia a su traductor, J. C. Mardrus, por su «feliz y creativa infidelidad». Es posible ser ecléctico, insiste Borges, y respetar la primacía del original sin convertirse en su esclavo. La fidelidad en su sentido más dinámico es darle al lector la posibilidad de vivir una obra tal y como su autor la concibió (siempre que su intención sea conocida o pueda adivinarse), no solo en una lengua diferente, sino también en otra época, cultura o clima.

Imagina traducir un texto antiguo para un público liberal del siglo xxi, *Las Bacantes*, por ejemplo, una obra clásica en la que un gobernante quiere que sus mujeres dejen de entregarse a los rituales dionisíacos y vuelvan a sus telares. ¿Qué es más fiel a Eurípides: retratar a su personaje como un tirano intolerante o como un producto de su tiempo, ni más ni menos conservador que cualquier rey griego de la antigüedad? ¿Y dejar a lady Chatterley y a su amante tal y como eran en la época en la que su comportamiento desafiaba la moral convencional, no los haría demasiado mojigatos para los estándares actuales? ¿No tendría un traductor verdaderamente fiel que producir algo digno de ser acusado de obscenidad?

La libertad que posee el traductor para hacer cambios es una herramienta del oficio útil en todos los géneros, pero sobre todo en la poesía. Antes de bailar en la cuerda floja, en el prefacio de las *Heroidas* de Ovidio, John Dryden habla de tres mecanismos principales: la metáfrasis, o traducción palabra por palabra; la paráfrasis, o «traducción libre»; y la imitación. Esta última es «un esfuerzo de un poeta posterior por escribir sobre el mismo tema como alguien que ha escrito antes que él: es decir, no traducir sus palabras ni limitarse a su sentido, sino simplemente tomarlo como modelo y escribir como supone que ese autor lo habría hecho si hubiera vivido en nuestra época y en nuestro país». Poniendo en práctica la misma idea en *Imitations*, Robert

Lowell habla sobre su recopilación del canon europeo: «He sido imprudente con el significado literal, y he trabajado duro para conseguir cierto tono... He intentado escribir en un inglés vivo y hacer lo que mis autores podrían haber hecho si estuvieran escribiendo sus poemas en la actualidad y en Estados Unidos». Como era de esperar, algunos lo acusaron de apropiación; otros señalaron que los poemas sonaban demasiado a él; otros dijeron que ahora podían oír a Homero, Rimbaud, Baudelaire, Rilke, Montale y otros autores hablar con naturalidad el lenguaje americano.

Los poetas que se aventuran a la traducción o los traductores que escriben poesía, son criticados a diestro y siniestro. Según se argumenta, son tan vanidosos que rozan el egocentrismo y allí donde puedan buscan ideas para robarlas, disfrazando sus asaltos como una búsqueda de inspiración; a menudo no se molestan en aprender el idioma de aquellos a los que imitan, trabajando desde una copia; e incluso cuando traducen del original, creen que su estatus —sellado por el tópico de que «la poesía es aquello que se pierde en la traducción»— les da derecho a ser más libres de lo que cualquier traductor diligente puede permitirse ser. Lo que sus denunciantes tienden a ignorar es que las obras de las que supuestamente se apropian no terminan en sus colecciones privadas, sino que se comparten con el mundo. En cuanto a dónde debería estar su lealtad, Emily Wilson, cuya traducción inglesa de la *Odisea* se publicó en 2018, lo expresa muy bien:

> Hay que recordar que las traducciones son siempre parciales, siempre interpretativas, siempre el producto de las múltiples elecciones y del extenso y arduo trabajo de sus creadores, cada uno de los cuales intentamos, a nuestra manera, ser lo más responsable y veraz posible, tanto con respecto al poema original como a los lectores de nuestro propio lugar y época.

¿Por qué convertir la traducción en un camino de sentido único pudiendo movernos en ambas direcciones, buscando un lugar donde el autor y el lector puedan encontrarse felizmente, ambos enriquecidos por sus respectivos viajes? Nuestra búsqueda de un término medio sería más fructífera si, en lugar de discutir quién es el dueño de las palabras que aparecen en la página, las tratáramos como nuestra propiedad colectiva, acordando que la totalidad de la literatura mundial nos pertenece a todos: a los escritores, traductores y lectores por igual. ¿Parece demasiado utópico? ¿Dónde queda entonces la noción de autoría? ¿Pueden autores y traductores colaborar alguna vez al mismo nivel? Lo que se sabe de estas relaciones procede principalmente de las historias contadas únicamente por el traductor (que ya de por sí es algo revelador), y rara vez disponemos de los relatos de ambas partes, por subjetivos que sean, para compararlos. Rara vez, pero no nunca.

12

El cincuenta por ciento de Borges

«Durante casi los últimos tres años, he tenido la suerte de tener a mi traductor a mi lado», escribió Jorge Luis Borges en 1970, «y juntos estamos sacando unos diez o doce volúmenes de mi obra en inglés, un idioma que soy indigno de manejar, un idioma que a menudo deseo hubiera sido mío por derecho de nacimiento». Borges conoció a Norman Thomas di Giovanni, un joven y enérgico estadounidense, durante una visita a Harvard en 1967. En sus memorias, *La lección del maestro*, Di Giovanni recuerda que asistió a una de las conferencias de Borges y se quedó «impresionado por la naturaleza amable y la humanidad» de sus palabras. Le escribió al maestro, mencionando una colección de poesía española que había traducido recientemente y sugiriéndole que colaboraran para elaborar un volumen de los poemas de Borges en inglés. Borges, que llevaba quince años ciego, dictó una respuesta en la que invitaba a Di Giovanni a llamarle. Este fue el comienzo de una relación que daría lugar a acontecimientos inesperados —literarios, financieros y personales— en la vida de ambos hombres.

Su colaboración empezó con buen pie durante la estancia de Borges en Estados Unidos. En su primera tarde juntos, mientras hablaban de uno de los poemas más recientes de Borges, formaron un vínculo de «poesía y música de las palabras». «En menos

de un mes», continúa Di Giovanni, «Borges y yo habíamos planeado todo el libro». Antes de regresar a Argentina en 1968, el
poeta le pidió al traductor que se reuniera con él para seguir
trabajando juntos. Seis meses después, Di Giovanni estaba en
Buenos Aires, listo para retomar el trabajo. No llegó con las
manos vacías, ya que consiguió un lucrativo contrato con derecho de retracto con el *New Yorker,* por el que ambos cobra-
rían lo mismo por las traducciones de la nueva obra de Borges.
Firmarlo fue «como alcanzar el nirvana en este mundo», me
dijo Di Giovanni en 2010, y añadió: «Eso sí, el cincuenta por
ciento de Borges no es precisamente una mina de oro». Aunque
era lo suficientemente famoso como para ser invitado a dar conferencias en el extranjero, Borges no era un hombre conocido
fuera de Argentina, y las traducciones al inglés de sus obras
nunca llegaron a figurar en la lista de los libros más vendidos.
La oportunidad de darlo a conocer a los lectores del *New Yorker*
era única. Sin embargo, al principio este proyecto de ensueño
parecía destinado a fracasar: Borges, que se iba acercando a
los setenta años y que llevaba ocho sin publicar un libro, solo
componía poesía en aquel momento. Se negaba a publicar nada
nuevo por miedo a que se considerara inferior a sus obras anteriores. Como dice Di Giovanni en *La lección*: «Él sentía que
nunca volvería a escribir».

A pesar de la inseguridad creativa de Borges, Di Giovanni
persistió: si no había ninguna obra nueva a la vista, todavía
quedaban obras antiguas por traducir. Todas las tardes a las
cuatro en punto, recogía a Borges en su piso y caminaban hasta la Biblioteca Nacional Argentina, de la que Borges era director. Allí trabajaban juntos. El inglés de Borges era excelente
—él adoraba la literatura inglesa— y el método de trabajo que
idearon resultó ser bastante fructífero. Di Giovanni preparaba
previamente un borrador; una vez se sentaba con Borges en su
despacho, le leía media línea, primero en español y luego en

inglés, y debatían sobre posibles mejoras. Al volver a casa, pasaba a limpio sus notas y preparaba otra tanda para el día siguiente. A medida que avanzaba su trabajo, Borges confiaba cada vez más en su colaborador. A veces, las sugerencias del traductor le persuadían para que volviera al original y lo modificara o, cuando se trataba de nuevos poemas, para que cambiara su querido soneto por otro tipo de composición.

Pronto su amistad se fortaleció: charlaban, iban a celebraciones, paseaban juntos. En una de sus excursiones, Borges le contó por encima el argumento de un cuento que tenía en mente, pero cuando Di Giovanni le propuso escribirlo, el maestro se negó. A medida que pasaba el tiempo, Borges mencionó otras historias que había estado componiendo en su cabeza y el traductor «empezó una sutil estrategia para animarlo, reforzar su confianza y demostrarle que sus días de escritor todavía estaba lejos de acabarse». Para disuadir a Borges de su decisión de no volver a publicar, Di Giovanni alternaba entre elogiarlo y chincharlo: «Boludeces... Ocho páginas. Puedes hacerlo». En un momento dado le mintió diciéndole que necesitaba dinero. Borges sacó inmediatamente la cartera, pero Di Giovanni le dijo que, aunque no podía aceptar un préstamo, si le mandaban algo al *New Yorker* sería suficiente para sacarlo del apuro. Un par de días después, Borges le entregó un manuscrito que había dictado, un borrador de lo que convertiría en *El encuentro*, un relato corto sobre un duelo a cuchillo y la vida secreta de las armas. Durante las dos semanas siguientes, lo tradujeron al inglés, modificando el original en el proceso. El relato apareció en el *New Yorker* y en el diario argentino *La Prensa*. «Después, se convirtió en un tornado. Ya no había quien lo parara».

Mientras tanto, el poemario en el que habían estado trabajando, *Elogio de la sombra*, se publicó en español en 1969, el día del septuagésimo cumpleaños de Borges, quien le regaló a Di Giovanni un ejemplar firmado y dedicado «Al colaborador, al *promesso sposo*» (era la víspera de la boda de Di Giovanni, a la que Borges y su mujer, Elsa, asistieron como testigos). Dos de los poemas del libro fueron traducidos a partir de sus borradores en inglés, y también hubo otros cambios derivados de su colaboración en lo que finalmente se convirtió en *Elogio de las tinieblas*. El plan inicial de Di Giovanni era permanecer en Argentina durante unos meses; terminó pasando allí casi tres años. Entre otros libros en los que él y Borges colaboraron se encuentran *El Aleph y otros relatos* (basado en la primera edición de 1949, incluía una breve autobiografía del autor escrita con la ayuda del traductor); una nueva colección de cuentos, *El informe de Brodie*; y *El libro de los seres imaginarios*, una serie de pequeños pasajes anteriores «revisados, ampliados y traducidos» conjuntamente por ambos. Estas publicaciones, junto a otros nuevos relatos que siguieron apareciendo en el *New Yorker*, contribuyeron a aumentar la popularidad de Borges en el mundo anglófono, lo que pareció haber hecho maravillas para su confianza: publicó seis volúmenes más de poesía y diecisiete relatos más antes de su muerte en 1986.

«Traducir, en mi vida cotidiana, equivale a decir las cosas en inglés», escribe Di Giovanni en *La lección*. «¿Es inglés? Es la pregunta que me hago cien veces por semana». Tanto él como Borges, también traductor, veían la traducción como una práctica creativa que ofrece muchas oportunidades para la expresión personal; también creían que «las palabras inmediatamente sugeridas por el español deberían evitarse en inglés», mostrando una tendencia hacia, según opinan algunos, la sobretraducción. En el poema *Everything and Nothing*, por ejemplo, donde Borges describe las palabras de Shakespeare como «copiosas, fantásticas y agitadas», rechazaron *copious, fantastic and agitated* (una versión que sí aparece en otra traducción; otra versión diferente utiliza *multitudinous, and of a fantastical and agitated turn*), traduciendo en su lugar la frase como *swarming, fanciful and excited*. Al rehuir de la «sumisión palabra por palabra», Di Giovanni expone lo que él entiende por una buena traducción: «Aspirar a la discreción, a la invisibilidad, debería no dejar rastro del original».

Este lema se hace eco de las palabras de otro traductor estadounidense, Norman Shapiro, citadas por Lawrence Venuti en *The Translator's Invisibility*: «Una buena traducción es como un cristal. Solo te das cuenta de que está ahí cuando hay pequeñas imperfecciones: arañazos, gotas. Lo ideal es que no hubiera ninguna. Nunca debería llamar la atención». Este enfoque, tradicionalmente popular entre los traductores al inglés, es el opuesto al defendido por Vladimir Nabokov, quien quería que una traducción sonara como una traducción. Sin embargo, no siempre mantuvo esta opinión: al principio de su carrera literaria, tradujo *Alicia en el país de las maravillas* al ruso, donde rebautizó a la heroína con el nombre de Anya y le añadió mucha herencia cultural propia a sus aventuras. Reelaboró ingeniosamente los juegos de palabras de Carroll (en uno de estos juegos de palabras, que inventó para sustituir «We called him Tortoise because he taught us», aparece un pulpo dando vueltas con una vara, un cambio hecho por pura homofonía) y sustituyó los versos del original por parodias de conocidos poemas rusos; en otras palabras, rusificó completamente el texto. Al leer esta brillante traducción, uno desearía que el autor no se hubiera convertido en un pedante.

También había literalistas entre los académicos latinoamericanos, y su reacción al trabajo en equipo de Di Giovanni y Borges fue obviamente mala. Años después, hablando conmigo, Di Giovanni seguía echando humo al recordar sus riñas con ellos:

Constantemente se metían con una palabra u otra. En una historia aparece «he looked up to the sky». El original dice «cielo», que en español puede hacer referencia a la parte de la atmósfera (*sky*) o al lugar religioso (*heaven*). Cuando estábamos trabajando en ello, Borges me dijo que quería decir *sky*, así que eso es lo que escribí. Y un académico se indignó: ¿por qué *sky*? La traducción está firmada por el autor, pero ¿les importa? No, ellos siempre lo saben todo.

Conocía a otra académica argentina que enseñaba traductología. Si alguna vez alguien quiere hablarte de traductología, sálvese quien pueda. Un día me dijo: «Di Giovanni, tengo una pregunta para ti. El relato de Borges *Pedro Salvadores* tiene 703 palabras, mientras que tu traducción tiene 753». Así es, le digo. Y ella quiere saber por qué. Así que le explico que así es la peculiar naturaleza de la lengua inglesa. Me dice: «Vale, pero me he dado cuenta de otra cosa. El original de Borges está dividido en cuatro párrafos, mientras que el tuyo tiene siete». ¡Se ha cometido un crimen!

Le pregunté a Di Giovanni qué opinaba sobre el famoso relato de Borges *Pierre Menard, autor del Quijote* y de su protagonista, cuya «admirable ambición era producir un puñado de páginas que igualaran palabra por palabra y frase por frase a las de Miguel de Cervantes». No está claro cómo puede llevarse a cabo esta tarea imposible, lo que hace que intentarlo merezca todavía más la pena. Una parábola de la traducción, ¿verdad? «A menudo querían que yo también lo hiciera», respondió Di Giovanni, «que me convirtiera en él y lo tradujera palabra por palabra».

Por otro lado, el maestro era «infaliblemente cooperativo» y trataba a su colaborador con el máximo respeto. Cuando pensaron por primera vez en una obra conjunta, a Borges le preocupaba que añadir su nombre como cotraductor disminuyera el estatus de Di Giovanni. Cuando le dijeron que solo serviría para elevar el prestigio de la obra, afirmó que en su país «un traductor sería demasiado celoso como para compartir el mérito con el autor». Más tarde, al discutir los términos de su contrato con el *New Yorker*, Di Giovanni se sintió conmovido ante la reacción de Borges al acuerdo del cincuenta por ciento: «¿Seguro que es suficiente para ti? Quizás debería tocarte más parte». Cuando hablaba de su trabajo en público, Borges era igual de generoso: «Cuando intentamos una traducción, o una recreación, de mis poemas o mi prosa en inglés, no nos vemos como dos hombres. Pensamos que en realidad somos una sola mente trabajando».

Ese estado de armonía —dos hombres, una mente— se veía a menudo interrumpido por una tercera presencia. Elsa, con la que Borges se había casado poco antes de viajar a Estados Unidos en 1967, no estaba dispuesta a compartir a su marido con nadie. «Conmigo acompañándolo», dice Di Giovanni, «Borges tenía un aliado, y ella no tenía el control absoluto sobre él». En su libro *Georgie and Elsa,* no escatima tinta en contar «la historia jamás contada» del matrimonio que naufragó ante sus ojos, describiendo con tediosos detalle las exigencias irracionales de Elsa, sus crueles insultos, su mandonería, su vanidad, su avaricia y su falta de interés por la vida intelectual de Borges. Según Di Giovanni, Elsa oscilaba entre llorarle en el hombro, diciéndole que «Jorge le había fallado como hombre», y montar campañas de difamación contra él, llegando en una ocasión a acusarlo de robo. Leyendo este relato, lleno de rencor y cotilleos, que a menudo huele a envidia, es difícil saber quién estaba más celoso de quién; la única persona por la que uno siente verdadera lástima es Borges.

Di Giovanni recuerda que Borges le contaba historias de su «tortura conyugal» desde los primeros días de su relación. Finalmente se produjo la confesión definitiva. «He cometido lo

que ahora me parece un error inexplicable», dijo de su matrimonio, «un tremendo error, un error inexplicable y misterioso». Pero si Borges tendía a compartir en exceso las minucias
de su vida privada, Di Giovanni se dedicó a contarlo todo y más
a los cuatro vientos. En 1970, cuando Borges se planteó la idea
del divorcio, Di Giovanni se encargó personalmente de que su
amigo escapara del «dominio» de Elsa. Se ocupó de los abogados y ayudó a Borges a confeccionar una lista de sus quejas,
la cual era necesaria para iniciar el proceso judicial. Plasmada
en *Georgie and Elsa*, la lista consta de veintisiete puntos, entre
ellos: «Quiere que sustituya a mis amigos, que comparten mis
gustos literarios, por otros con unas convicciones más comerciales».

Cuando las cosas llegaron a su punto crítico, los dos cons-
piraron para huir de Buenos Aires hasta que las cosas se cal-
maran. Un día Borges salió del piso que compartía con Elsa,
aparentemente para ir a trabajar como de costumbre. En su
lugar, Di Giovanni le llevó al aeropuerto y se dieron a la fuga;
regresaron unos días más tarde a la casa de la madre de Borges,
donde había vivido antes de casarse. La historia parece una
comedia mala, llena de chistes sin gracia y de una amargura
apenas disimulada por parte del narrador. A pesar de todo, recuerdo a Di Giovanni, quien falleció en 2017, como un prodi-
gioso traductor completamente enamorado de su oficio y como
un hombre con un irónico sentido del humor. Mientras me hablaba de la complicada relación entre ambos, en un momento
dado me dijo: «No voy ahora a mentirte y a decirte que estábamos tan unidos que Borges lloraba cada vez que me veía».

Hay una fotografía de Borges y Di Giovanni caminando por
la calle en Buenos Aires, donde el anciano se apoya en el brazo de su joven compañero. Cuando apareció en un semanario
argentino, Di Giovanni la vio como su momento de gloria. Un
joven estadounidense que fue a Argentina, un país bajo una

dictadura militar, nada popular entre las democracias, para conseguir el reconocimiento internacional de su escritor más famoso..., fue un gesto que la nación apreció. «Por eso la historia era sobre mí», dice Di Giovanni en *La lección,* «por eso las fotos eran mías con el tesoro nacional en mi brazo, y no de Borges conmigo en el suyo». Y ahí queda la invisibilidad del traductor, puede resultar tentador decir: una lástima que el autor no pudiera ver nada de eso. Pero, de nuevo, la visibilidad es una noción relativa, definida por el lugar en el que uno se encuentra. Para hacerse «invisible» en una traducción, hay que hacer un gran esfuerzo que difícilmente puede pasar desapercibido en sí mismo. Si el lector no sabe que el libro que tiene ante sí es una traducción, puede parecerle simplemente un texto escrito en su idioma; de lo contrario, es natural que las huellas del traductor aparezcan en la superficie transparente. Sea cual sea su estrategia, nunca es difícil detectar que las palabras que utiliza son, en última instancia, suyas.

Para Borges, el traductor es ante todo «un lector muy cercano», y creía además que los buenos lectores son «cisnes aún más negros y escasos que los buenos escritores», sus actividades «más modestas, más desapercibidas, más intelectuales». Los epítetos «modestas» y «desapercibidas» no vienen fácilmente a la mente cuando se leen las memorias de Di Giovanni, quizá porque las escribió después de un divorcio que fue incluso más amargo que el que él había ayudado a planear. Tras cinco años juntos, Borges y Di Giovanni se distanciaron. En 1986 Borges, que tenía una enfermedad terminal, se casó con su ayudante María Kodama, quien tras la muerte del autor se deshizo de Di Giovanni junto con el último contrato editorial que Borges y él habían firmado (también basado en un reparto a partes iguales de los derechos de autor), y encargó nuevas traducciones al inglés para sustituir sus obras conjuntas. Cuando nos reunimos, Di Giovanni tenía mucho que decir sobre Kodama y sus otros rivales, que «nunca conocieron al verdadero Borges» y envidiaban su amistad, por no hablar de los términos de su acuerdo. Mientras hablaba de su papel de traductor, mecanógrafo, agente y confidente de Borges, me lo imaginaba cuarenta años más joven, todavía más carismático (seguía teniendo una presencia magnética a sus setenta y tantos), capaz de inspirar a un autor resignado a la oscuridad a escribir de nuevo.

En cuanto a la calidad de sus obras en colaboración, a veces parece que no hubiera ninguna barrera entre los dos hombres. Un relato corto al que llamaron *Borges y yo* o *Borges and Myself* (otros lo tradujeron como *Borges and I*) contiene estas frases, escritas originalmente sobre los yos que coexisten en una sola persona, pero que quedan abiertas a otras interpretaciones más amplias:

> Nada me cuesta confesar que ha logrado ciertas páginas válidas, pero esas páginas no me pueden salvar, quizá porque lo bueno ya no es de nadie, ni siquiera del otro, sino del lenguaje o la tradición. Por lo demás yo estoy destinado a perderme, definitivamente, y solo algún instante de mí podrá sobrevivir en el otro. [...] Así mi vida es una fuga y todo lo pierdo y todo es del olvido, o del otro.
>
> No sé cuál de los dos escribe esta página.

Aunque no soy una experta en Borges, suelo preferir los textos que él y Di Giovanni crearon juntos a otras versiones inglesas, y no soy la única. Al leer una de las nuevas traducciones publicadas por la editorial tras su distanciamiento con Di Giovanni, Paul Theroux le escribió: «Esto no es Borges. Tú eres Borges».

«Si la escritura es un arte, la traducción es un arte», dice Di Giovanni en *La lección*; «Si la escritura es un oficio, la traducción es un oficio». Mientras que muchos compañeros traductores equiparan ambas actividades, Eliot Weinberger expone otra opinión en *Fuentes Anónimas*: «Una traducción es una traducción y no una obra de arte, a menos que, con el paso de los siglos, se convierta en una obra de arte». En lugar de insistir en la igualdad absoluta, elogia la traducción como un «género totalmente único» que no tiene por qué definirse por una analogía; y si los traductores son a menudo percibidos como una «dudosa necesidad», este hecho merece recibir comentarios irónicos, no protestas enfadadas. La sugerencia burlona de Weinberger de «izar la bandera del anonimato esencial y atractivo del traductor» podría causar cierto escepticismo (no a esta traductora), pero su postura sobre el papel de la traducción en la literatura, expresada de una manera discretamente irónica, modesta aunque también digna, probablemente ha hecho más por la profesión que las peticiones de visibilidad más ruidosas de otros.

Aunque los lectores de literatura traducida rara vez juzgan un libro por la relativa prominencia de su traductor, nunca renuncian a su derecho de conocer el nombre del autor. Existen muchas teorías sobre la identidad de Elena Ferrante, una escritora italiana cuyo anonimato se considera una parte esencial de su obra. Según una de estas teorías, «la verdadera Ferrante» es Ann Goldstein, la traductora estadounidense de los libros de Ferrante. Incluso cuando se ha dicho en sentido figurado, Goldstein ha negado rotundamente esta afirmación. Ni se considera el *alter ego* de la autora ni cree que sus traducciones sean reinterpretaciones de los originales; sin embargo, es la única a la que los fans de Ferrante pueden conocer en persona.

Sin querer, los intentos de desentrañar este inusual entramado han revelado la existencia de otra traductora en la trama. En 2016, un periodista examinó los registros de pagos de derechos de autor y llegó a la conclusión de que la persona detrás del seudónimo debía ser Anita Raja, una traductora italiana que trabajaba desde el alemán. Un año después, tras analizar varios textos, los expertos identificaron al marido de Raja, el escritor Domenico Starnone, como el autor más probable de las novelas de Ferrante. Para que la historia se volviera todavía más intrigante, el siguiente descubrimiento tendría que ser que los libros se escribieron originalmente en un idioma distinto al italiano.

La (in)visibilidad del traductor está quizás más profundamente ligada no a su estilo, que puede cambiar de una obra a otra, sino a la dualidad inherente a cualquier acto de traducción, o de escritura. Un vivo ejemplo es *Borges y yo*, cuyo narrador se compara con su doble. He aquí una yuxtaposición típica: «Me gustan los relojes de arena, los mapas, la tipografía del siglo xvi-ii, las etimologías, el sabor del café y la prosa de Stevenson; el otro comparte esas preferencias, pero de un modo vanidoso que las convierte en atributos de un actor». Después de perder la vista, Borges pedía a menudo que le leyeran algo de Stevenson, cuyas *Fábulas* él mismo había traducido al español. ¿Acaso esperaba algún tipo de efecto Jekyll y Hyde cuando les decía a sus traductores «Simplifíquenme, háganme descarnado... Háganme macho y gaucho y flaco»? Qué placer imaginarlo paseando por Buenos Aires con Di Giovanni a su lado, componiendo una historia narrada por su propio traductor, que desaparece, investiga su propia desaparición y finalmente confiesa que él y el autor son esencialmente una misma persona.

13

Culto a la palabra

En julio de 2018, alguien con mucho tiempo libre, o con una columna informática que redactar, escribió «ag» en el Traductor de Google. Esta palabra fue identificada como irlandesa (en el momento en el que escribo esto, todavía lo es; su significado principal es «en»); después de ponerla veinticinco veces, la traducción que se obtuvo fue «Como el nombre del Señor fue escrito en hebreo, fue escrito en el idioma de la nación hebrea». Este y otros inquietantes resultados similares llevaron a suponer que Google había estado utilizando la Biblia para programar sus algoritmos. Google se abstuvo de hacer comentarios, pero eliminó estas frases crípticas, en su mayoría relacionadas con lenguas poco comunes. Este hecho no hizo sino reforzar las sospechas sobre el papel de la Biblia en la traducción automática, ya que, cuando se dispone de pocas fuentes, el código recurre a una de ellas e intenta «alucinar» algo a partir de los disparates que se le han suministrado.

En 2015, los investigadores de la Universidad de Copenhague tenían en mente este tipo de lenguas cuando empezaron a entrenar su *software* con un corpus bíblico para cartografiar una lengua muy estudiada en una de «bajos recursos», de la que hay menos material disponible. Otro grupo de investigación, cuya sede radica en el Darmouth College de Estados Unidos, tampoco oculta su uso de la Biblia, analizando treinta y cuatro versiones diferentes en inglés, en su caso para mejorar el estilo de la traducción automática. El hecho de que se trate de un amplio conjunto de datos, con cientos de textos paralelos disponibles, todos ellos con una estructura uniforme y a los que se suele llegar mediante una traducción más conservadora (o eso dicen los científicos), significa que los desarrolladores de *software* lingüístico deberían beneficiarse de su uso.

En cualquier caso, los traductores humanos siempre hemos sabido esto. No hay nada más satisfactorio que toparse con una cita bíblica en un texto en el que estás trabajando: a diferencia de la mayoría de las citas, estas son fáciles de localizar, lo que ahorra el trabajo de traducirla uno mismo. Esta ventaja está a nuestra disposición gracias a los esfuerzos de todo un ejército de traductores que lucharon a lo largo de las épocas; la primera campaña de la que se tiene constancia tuvo lugar unos doscientos años antes de Cristo. Según cuenta la leyenda, setenta y dos traductores, cada uno en su celda, tradujeron el Antiguo Testamento del hebreo al griego y al cabo de setenta y dos días produjeron unas cuantas copias idénticas. Como dijo Filón de Alejandría: «Ellos, como hombres inspirados, profetizaron, no uno diciendo una cosa y otro otra, sino que cada uno de ellos empleó los mismos sustantivos y verbos, como si un apuntador invisible les hubiera sugerido todo su discurso». Este milagro confirmó la naturaleza divina del original, y la traducción, llamada la *Septuaginta* por la palabra latina para setenta (pero una en una larga lista de aproximaciones apócrifas), se consideró el texto canónico durante varios siglos, hasta que llegó el momento de contar con una versión latina autorizada.

Esta tarea recayó en Eusebio Hierónimo, quien pasó a la historia como san Jerónimo, una figura conocida gracias a las múltiples imágenes que lo representan en su estudio, a veces con una anacrónica túnica roja de cardenal y gafas todavía más inverosímiles, siempre rodeado de libros. Entre ellos seguramente

figuran la *Septuaginta*, las versiones originales en hebreo y ara-
meo, a las que recurrió después, y otras traducciones latinas
anteriores. Su Biblia *Vulgata*, traducida entre 391 y 415 d. C.,
incluía revisiones del Nuevo Testamento y una nueva traducción del Antiguo Testamento; todavía sigue siendo el texto bíblico autorizado de la Iglesia romana católica.

Aunque el latín de Jerónimo ha sido elogiado como el más
cercano a las normas de la Roma clásica, su traductología está
envuelta en contradicciones. En sus escritos, a menudo irasci-
bles y no siempre lógicamente herméticos, denuncia el literalis-
mo, aunque hace una excepción con las fuentes que considera
sagradas. En su *Epístola a Pamaquio*, el manifiesto de traducción más antiguo que se conserva, fechado en 395 d. C., dice:
«No solo admito, sino que proclamo a viva voz que, al traducir
del griego, salvo de la Sagrada Escritura, donde incluso el orden
de las palabras es obra de Dios, no he traducido palabra por
palabra, sino sentido por sentido». La palabra que L. G. Kelly
traduce al inglés como «obra de Dios», *mysterium*, traducida
en otras versiones como «santo sacramento» o «misterio», es
misteriosa en sí misma: solo podemos adivinar qué quería decir exactamente Jerónimo y dónde ponía el límite a la hora de
tomarse libertades con sus fuentes, incluida la Biblia. Sea como
fuera, el dilema planteado por el santo patrón de los traductores —fidelidad frente a libertad— ha seguido desconcertando a
sus sucesores desde entonces.

La traducción no es una ciencia exacta, y Jerónimo oscila
constantemente entre el sentido y la palabra, volviendo al problema en otra ocasión: «Si traduzco palabra por palabra, suena
absurdo; si por necesidad, cambio algo en el orden de las palabras o en el lenguaje, parece que abdico de mi responsabilidad
como traductor». Sea cual sea la estrategia que elija, le llueven
las críticas. «Mis enemigos le cuentan a la inculta multitud
cristiana que Jerónimo falsificó la carta original, que Jerónimo

no ha traducido palabra por palabra, que Jerónimo ha escrito "amado amigo" en lugar de "honorable señor", y que —todavía más vergonzoso— Jerónimo ha condensado maliciosamente omitiendo el epíteto "reverendísimo"» se enfurece en la *Epístola a Pamaquio*. A veces pasa de las objeciones lingüísticas a las éticas: «Quiero interrogar a esos hombres que llaman prudencia a la astucia y a la malicia ¿de dónde han sacado sus copias de mi traducción? [...] ¿Qué lugar es seguro cuando un hombre no puede guardar sus secretos ni siquiera detrás de sus propias paredes y en su escritorio privado?». Aun así, siguió traduciendo y dudando entre la fidelidad y la libertad, los principios profesionales y las intenciones religiosas.

En este último ámbito, Jerónimo no era muy distinto de sus detractores del siglo xxi, quienes parten de su personalidad para sugerir que sus opiniones afectaron a su obra. La novelista Anne Enright, en su ensayo *The Genesis of Blame*, critica al «anticuado y falso san Jerónimo» por su misoginia. Una de las acusaciones que se hace contra él es que su punto de vista sobre la escena de la caída —en la que, al nombrar el fruto prohibido, juega hábilmente con el latín *malum*, que significa «mal» y «manzana»— está sesgado: por ejemplo, utiliza «sedujo» en lugar de «engañó» y describe a Adán y a Eva como «desnudos» en lugar de «vulnerables». Como han señalado varios especialistas, Enright se equivoca: la palabra del primer ejemplo, *seductus*, en el latín del siglo IV no tenía las connotaciones sexuales de su equivalente moderno; en cuanto a «desnudos», es la traducción estándar del hebrero *erom*, utilizado en referencia al adulterio en otras partes de la Biblia. «Jerónimo era un desagradable», concluye uno de los comentaristas, «pero era demasiado buen traductor como para permitir que sus opiniones personales distorsionaran tanto un texto que él consideraba sagrado».

Algunas de las objeciones de Enright están justificadas: donde el Génesis hebreo dice «tu deseo será para tu marido», la *Vulgata* dice «estarás bajo el poder de tu marido» (en otras partes Jerónimo traduce correctamente la palabra hebrea para «deseo»). Jane Barr también cita esta desviación del original en su artículo *The Vulgate Genesis and St. Jerome's Attitudes to Women*. En primer lugar, reconoce el talento estilístico de Jerónimo y su buen dominio del hebreo, citando sus mejoras respecto a otras versiones anteriores. Le siguen varios ejemplos, y no todos ellos muestran al traductor como un intolerante. En un versículo, Jerónimo traduce «le habló al corazón de la muchacha» por «calmó su tristeza con suaves palabras», expresando simpatía; en otro, «está encinta» se cambia por un «tiene el vientre hinchado» más ordinario; en otro, en el que José rechaza a una mujer que le pide yacer con ella, se añaden dos palabras: *molesta* (molesta) y *stuprum* (relaciones ilícitas o impureza). Barr resume las intervenciones de Jerónimo de la siguiente manera: «Algunas delatan la antipatía de Jerónimo hacia las mujeres, otras muestran una profunda sensibilidad y conciencia... Por norma general Jerónimo es un traductor fiel del hebreo, y por lo tanto cualquier divergencia de este es inusual y adquiere importancia».

Al parecer, Jerónimo era un misógino; también tenía la tendencia de echarle la culpa a otros. Menciona las inexactitudes introducidas en la Biblia por anteriores traductores y, de paso, por los evangelistas, simplemente para justificar su propio estilo —una sabia medida preventiva, ya que criticar la *Septuaginta*, ese milagro de texto, o los Evangelios habría sido considerado herejía. Pero a pesar de todos sus defectos humanos, era un gran profesional. Su actitud puede compararse a la de otro tipo de traductor: el misionero cuya vocación lo lleva a traducir textos religiosos a otras lenguas.

Eugene A. Nida, un biblista de renombre, pasó la mayor parte de su vida intentando llevar la palabra de Dios a lo largo y ancho del mundo. Poco después de la Segunda Guerra

Mundial, tras ser contratado como lingüista por la Sociedad Bíblica Americana para supervisar las traducciones de la Biblia, empezó a viajar por todo el mundo para asesorar a las personas que traducían a las lenguas locales, a menudo a partir de una de las versiones inglesas disponibles. Trabajó en este proyecto durante varias décadas, reuniendo a hablantes nativos y no nativos para hablar de cualquier posible dificultad, desde conceptos cristianos básicos hasta sutilezas religiosas, y desde peculiaridades lingüísticas hasta rasgos culturales de los pueblos a los que pretendían iluminar.

Nida y sus compañeros se ocuparon especialmente del problema «palabra o sentido» porque su máxima preocupación era conseguir la máxima accesibilidad del texto posible. Convencidos de que todo lo que aparece en la Biblia puede comprenderse plenamente en cualquier otra lengua, elaboraron de forma conjunta un comentario para traductores en el que se explicaba cómo expresar mejor los posibles significados, así como un diccionario del griego del Nuevo Testamento, en el que se enumeraban las definiciones de cada palabra según su frecuencia de aparición en el corpus (la misma idea se utiliza en los algoritmos de traducción automática). Las reflexiones de Nida sobre los textos religiosos son aplicables a la mayoría de los géneros de traducción: «El mayor obstáculo [...] es la prevalencia del "culto a la palabra", esa sensación de que las palabras aparentemente importantes deben traducirse siempre de la misma manera». Al promover la idea de la equivalencia dinámica, instó a los traductores a ser culturalmente sensibles a la hora de introducir nuevos términos y nociones. Se entusiasmó cuando un misionero en Panamá, a quien le costaba entender la «santificación», un concepto desconocido para los indios valiente, vio a unas lavanderas junto a un arroyo y en un momento de inspiración se le ocurrió «lavados por el espíritu de Dios y conservados puros». Entre las sugerencias de Nida figuraba la de sustituir «blanco como la nieve» en los países donde nunca nieva por «blanco como las plumas de una garceta» o «blanco como un hongo». Sin embargo, no le impresionó que algunos traductores de América Latina descartaran el uso de «burro» (ya que puede hacer referencia al animal o al trasero, según el sentido no zoológico) en la descripción de la llegada de Jesús a Jerusalén y se refirieran en su lugar a un «animal de largas orejas», lo que hizo que algunos lectores pensaran que se trataba de un «conejo muy grande».

Cuando hay que trasplantar las creencias religiosas a un nuevo idioma, las glosas son la clave. El jesuita Mateo Ricci, tras establecer una misión católica en China en 1583, se vistió de confuciano para ser tomado en serio. Permitió que sus conversos siguieran honrando a sus antepasados según la costumbre tradicional e introdujo en su vocabulario la palabra *Tiānzhǔ*, o «Señor de los Cielos», un neologismo que, compuesto por dos términos del canon confuciano, era más aceptable para los chinos que el *Deus* del latín. Los dominicos, sin embargo, no estaban de acuerdo con el enfoque culturalmente sensible de sus rivales jesuitas, a los que acusaron de mezclar la idolatría con la verdadera religión. La controversia sobre los ritos chinos perduró hasta 1939, cuando los chinos católicos consiguieron finalmente la aprobación oficial de sus tradiciones.

Ya en el siglo XVI, los jesuitas consideraron la introducción del cristianismo en China como un proyecto multidisciplinar, que requería por igual las ciencias y las artes. Desarrollaron su propio sistema educativo, que partía del latín y el griego, continuaba con la filosofía natural, matemáticas y astronomía, y dejaba la teología para el final. En su opinión, existía una profunda conexión entre las ideas científicas occidentales y la verdadera fe, que debería resultar útil en China, donde la erudición y el intelecto eran sumamente respetados. Entre 1583 y

1700, los misioneros publicaron unas cuatrocientas cincuenta obras en chino, al menos cincuenta de ellas traducciones, normalmente realizadas en colaboración con hablantes nativos, cuya ayuda era crucial. A veces un jesuita recitaba un texto a sus cotraductores chinos, que lo ponían por escrito; otras veces les daba un borrador para que lo revisaran.

«No tengo mucho talento», escribió Ricci sobre sus ejercicios de traducción. «Además, la lógica de Oriente es sumamente diferente a la de Occidente. Al buscar sinónimos, me siguen faltando muchas palabras. Incluso si puedo explicar las cosas oralmente [...] ponerlo por escrito es extremadamente difícil». Sin embargo, el historiador R. Po-chia Hsia lo califica como un «grácil estilista» que «adoptó la sintaxis y el lenguaje chinos, tratando de persuadir utilizando un discurso cristiano adornado con florituras retóricas chinas». Al relacionarse con los literatos chinos, Ricci los trataba como colegas intelectuales, «compañeros que me ayudaron a progresar a diestro y siniestro». Sus principales logros, aparte de convertir al cristianismo a varias figuras importantes, fueron el primer mapamundi de estilo europeo impreso en China y un diccionario portugués-chino, el primero de cualquier lengua europea, que él y un compañero misionero compilaron y para el que utilizaron su propio sistema de transliteración.

La Biblia no llegó a China hasta finales del siglo XVIII, cuando el exjesuita Louis de Poirot elaboró una versión basada en la *Vulgata*, pero gracias a Ricci los chinos conocieron los primeros relatos evangélicos, algunos de los cuales tradujo de memoria. Siendo fiel al principio de adaptación cultural, trató de hacerlos más atractivos para las nociones chinas de moralidad y destino. También les enseñó imágenes traídas de Roma, modificando a menudo el contenido de los relatos en función de las imágenes que tenía a mano. Sus habilidades editoriales eran impresionantes. En una historia, hizo que Cristo estuviera de pie en la orilla del mar en lugar de caminar sobre él para que coincidiera con una imagen de otro episodio diferente. Otra, con el pegadizo título «Dos discípulos, tras oír la verdad, rechazan toda vanidad», se publicó con la ilustración adecuada, aunque Ricci tuvo que recortar un episodio para garantizar que las palabras y la imagen funcionaran juntas. La historia, tomada de los evangelios de Lucas y llena de significados ocultos que pueden dar lugar a varias interpretaciones teológicas, muestra a Jesús encontrándose con dos hombres en el camino de Emaús, con los que comparte el pan y por ello lo reconocen. La versión de Ricci omite esta escena clave, no porque el pan no fuera suficientemente chino, sino porque el artista que esculpió la viñeta en un bloque de imprenta no pudo reproducir este detalle. La mayoría de los traductores han hecho concesiones similares, una intrincada figura retórica que los obliga a rechazar toda vanidad y hacer un recorte.

Con tantos factores —ideológicos, prácticos y fortuitos— que afectan a las traducciones de la Biblia, y con tantos traductores implicados, no es de extrañar que la mayoría de las versiones contengan errores. Además de la manzana inventada por Jerónimo, existen muchos otros, algunos de los cuales ya forman parte de la tradición cristiana. Un ejemplo muy repetido es el de Isaías 7:14, donde se predice que una *almah* (mujer joven) dará luz a un niño que llevará un nombre simbólico. Cuando *almah* se convirtió en *parthenos* (virgen) en la *Septuaginta*, probablemente se eligió como análogo de «sin hijos» y no para presagiar el nacimiento virginal de Cristo, como creen algunos comentaristas. Al señalar los errores de traducción, los críticos suelen expresar sus propios gustos religiosos y filosóficos. Así, los protestantes radicales de principios de la era moderna criticaron las traducciones del Nuevo Testamento por no ser lo bastante literales, insistiendo en que *episkopos* debería ser «supervisor» en lugar de «obispo», y *ekklesia*, «congregación» en lugar de «iglesia». El erudito librepensador holandés Adriaan Koerbagh afirmó en el siglo XVII que el significado correcto de la palabra hebrea traducida habitualmente como «demonio» en el Antiguo testamento era «acusador» o «difamador».

Los ejemplos más esclarecedores de traducción, los que son capaces de mostrar el espectro de sus posibilidades, surgen de los múltiples significados, y son una maldición, a la vez que una bendición. La Biblia del rey Jacobo —producida en colaboración por cincuenta y cuatro traductores, que entre 1604 y 1609 trabajaron a partir de los textos hebreos, latinos, griegos, españoles, franceses, italianos, alemanes e ingleses— está repleta de ellos. Es cierto que *gave up the ghost* (pasó a mejor vida) debería ser *breathed his last* (dio su último aliento), pero quien eligió la primera opción acuñó un original modismo inglés. Del mismo modo, «y en la tierra paz a aquellos sobre quienes recae su favor», como dice la *Nueva Versión Internacional* no suena igual que «y en la tierra paz, buena voluntad para con los hombres».

Nida y sus colaboradores también tuvieron que lidiar con traducciones erróneas, explicando, por ejemplo, que cuando la gente pide que «se les perdonen sus deudas» se refieren a los pecados (la palabra sugerida por el texto griego, a veces traducida como «ofensas») y no a obligaciones financieras; y que un grupo de discípulos «sirviendo mesas» sí que está de hecho a cargo de las finanzas (algunas de las traducciones al inglés de los Hechos 6:2 se refieren, de forma un tanto confusa, a «la distribución de alimentos»). Destacaron una serie de giros del lenguaje potencialmente confusos, como «no nos dejes caer en la tentación» con sus posibles implicaciones de que sea Dios quien tienta a la gente a pecar (más tarde, en 2018, el papa Francisco sugirió que la frase debería cambiarse a «no nos abandones en la tentación»). Para Nida, a algunas «torpes interpretaciones literales», como «nuestro pan de cada día» y «conocer a Dios», no les vendría mal una revisión también.

Un obstáculo mayor para obtener la máxima divulgación es una característica que hace que la Biblia del rey Jacobo sea preciosa e incomprensible a la vez: su lenguaje anticuado. Una versión arcaica suele valorarse más, escribió Nida, ya que «cuanto más anticuado parece un texto, más parece acercarse a los hechos originales [...] Además, muchas personas creen que su capacidad para entender una forma extraña de su propio idioma es prueba de que Dios les ha otorgado un don especial para interpretar el misterioso uso que Dios hace de las palabras». Pero Nida se dio cuenta de que muchos de sus alumnos, todos licenciados universitarios y seminaristas, no entendían anacronismos como «santificado sea» y «venga a nosotros tu reino». Dispuesto a sacrificar parte del ambiente en aras de la claridad, la Sociedad Bíblica lanzó un programa de revisión a gran escala. En América Latina comenzó con un *vox populi* que generó 1700 páginas de propuestas. Los misioneros se pusieron manos a la obra, sin desalentarse ante la pregunta de algunos traductores japoneses: «Si la Biblia se vuelve tan clara, ¿sobre qué tendrán que predicar los predicadores?».

El lenguaje de época es uno de los temas más fascinantes que plantea la Biblia. Cuando el rey Jacobo encargó su nueva versión, que se convertiría en el único texto autorizado, el encargo consistía en elaborar una traducción conservadora, por lo que se mantuvieron expresiones inglesas como *verily* e *it came to pass*, ya arcaicas en 1604. Esta idea era tal vez similar a la expresada por Nida: un texto anticuado, validado por su propio encanto, da un aire de historia. «Esperábamos estar en el buen camino», dicen los traductores del rey Jacobo en el prefacio, «que se nos hubieran otorgado los Oráculos de Dios». El gran número de expresiones idiomáticas que acuñaron justifica con creces su enfoque, aunque su logro no excluye los de otras versiones. Cuando Atar Hadari, traductor de hebreo, me habló por primera vez de

175

su proyecto de retraducir la Biblia, le miré con incredulidad, pero entonces leyó algunos de sus versículos y se hizo la luz.

> *If he'd only give me one kiss from his mouth* / Si tan solo un beso de su boca me diera
>> *for a touch from you is sweeter than Champagne* / Porque una caricia tuya es más dulce que el champán

Así es como interpreta dos versos de El Cantar de los Cantares, intentando introducir en él un leve toque de música de baile de los años veinte, «porque las canciones populares de entonces siguen teniendo un tintineo antiguo para mí sin dejar de ser canciones vivas».

La traducción al estilo del *jazz* de Hadari me gustó más de lo que esperaba, aunque mis propias preferencias se inclinan hacia el otro lado de la balanza. Por un lado, en cuanto se empieza a modernizar un texto, es fácil dejarse llevar por la palabrería. Cada vez que surge la oportunidad de actualizar algo, no puedo evitar acordarme de una propuesta en broma (espero que solo fuera eso) de reeditar en inglés la obra de Dostoyevski *The Adolescent* como *The Teenager*. Por supuesto, también existe el riesgo de pasarse si te propones estilizar en la otra dirección, pero he tenido más suerte en este sentido. Uno de los libros más entretenidos que he traducido al ruso es *La sombra de Hawksmoor* de Peter Ackroyd, una novela de 1985 escrita en dos registros, algunos capítulos narrados por el protagonista del siglo XVIII en lenguaje de época y el resto escrito en inglés moderno. Utilicé un pastiche del ruso de finales del siglo XVIII como análogo más cercano al estilizado lenguaje de Ackroyd, recopilando un diccionario basado en fuentes de la época para mí y un manual de gramática para el editor, para que no se tomaran mis toques históricos como errores. Al contrario de lo habitual, quedé contenta con el resultado. Algunos años después, para un artículo sobre *La sombra de Hawksmoor*, investigué las reacciones a la obra en Internet. Uno de los comentarios me llamó la atención: «Me alegro mucho de haber escogido una versión traducida. ¿Inglés del siglo XVIII? Ja, ja, no, gracias». Le pregunté en qué idioma estaba su copia. La respuesta me dejó anonadada: «Ruso :)».

Cuando Jerónimo interpretó ciertos pasajes de acuerdo a sus creencias, su principio fundamental era que «ocultar o ignorar un misterio de Dios es sacrilegio». Cuando declaró que «al tratar la Biblia hay que considerar el contenido y no las palabras literales», no lo decía solo para evitar las críticas, sino también para afirmar que en este caso el fin justifica los medios. Sus traducciones, insistía, se hacían en nombre de una causa sagrada, por lo que, a pesar de estar orgulloso de su trabajo y de ser consciente de su mérito, estaba dispuesto a hacer sacrificios cuando se enfrentaba a ese *mysterium* tan importante.

¿Qué es mejor? ¿Extranjerizar o domesticar? Muchos de los traductores de la Biblia comprendieron la importancia de las glosas culturales e hicieron lo que pudieron. Su respeto por las lenguas a las que traducían es encomiable, pero la cuestión sigue siendo: ¿dónde paramos? Imagina pasarte horas dándole vueltas a un término que no tiene un equivalente directo en la lengua meta cuando el problema puede resolverse introduciendo una palabra nueva. Un clásico ejemplo de un traductor que se queda atrás en la evolución lingüística es Vladimir Nabokov con sus «pantalones azules de vaquero», una frase que utilizó en su traducción rusa de *Lolita*, sin saber que *dzhinsy* ya se utilizaba (la palabra, claro; la prenda en sí seguía siendo toda una rareza en la URSS de los años sesenta). Una de las razones por las que he dejado de traducir al ruso es mi incapacidad para seguirle el ritmo a un idioma en el que *fastfud, skvot, feǐk* y muchos otros préstamos no paran de salir de debajo de las piedras, reconocibles, pero imposibles de incorporar a mi léxico activo.

Si los nuevos trucos ya son difíciles de aprender, las cosas se ponen más fáciles cuando uno se encuentra con una frase familiar en un libro y echa mano de una traducción ya hecha, producto de todas esas viejas controversias. La Biblia sigue siendo uno de los diccionarios más útiles, siempre que se sepa identificar una cita como suya; de lo contrario, corres el riesgo de convertirte en el protagonista de *Translator*, un relato satírico de Teffi. En la versión de este supuesto escritor, un pasaje de un tratado teológico anuncia los buenos presagios que aguardan a una persona «capaz de conseguir un carnero». La narradora tiene que utilizar toda su imaginación para descubrir que el original se refiere en realidad a la parábola de la oveja perdida. Pero supongamos que reconoces una cita bíblica en tu texto origen: suponiendo que se trabaja en una lengua repleta de alusiones bíblicas, se necesitaría una buena razón para traducirla de cero. De hecho, la casi omnipresencia de la Biblia la convierte en el epítome de la traducción como un proyecto común, un proceso que abarca épocas, lenguas, gustos y principios. Alexander Pushkin escribió una vez junto a uno de sus poemas: «Los traductores son los jinetes de la ilustración». Con la Biblia, tenemos la rara oportunidad de mirar atrás y ver cuánto terreno se nos ha cubierto desde la creación de la palabra.

14

Journalation

Desde principios del siglo XVIII, una oleada de nuevas publicaciones periódicas se propagó por Europa y otros lugares. *Zuschauer, Le spectateur ou le Socrate moderne, Der Patriot, La spectatrice, El Pensador, Patriotiske Tillskuer, Zritel', O Carapuceiro* y muchas otras se inspiraron en el *Spectator*, un periódico editado por Joseph Addison y Richard Steele en Londres. Esta tendencia comenzó en 1714, cuando los editores europeos tradujeron para su público una serie de artículos del periódico inglés. En el prefacio de *Le spectateur*, una iniciativa francesa creada con «la esperanza de rescatar a los hombres de su desviación e infundirles los principios del honor y la virtud», el traductor anónimo se posiciona como un mediador entre Reino Unido y los «países extranjeros», cuyos lectores se beneficiarían del modelo británico. El proyecto no tardó en ganar popularidad: solo en Francia ya habían aparecido al menos cien imitaciones del *Spectator* cuando estalló la Revolución francesa en 1789; en los Países Bajos había unas setenta publicadas en neerlandés o francés; en los países de habla alemana, según una de las traductoras, Louise Gottsched, había demasiadas como para enumerarlas.

La mayoría de estos periódicos alternaban entre la traducción libre y la imitación. Así, en un ensayo que reflexionaba sobre la inmortalidad del alma, la catedral de San Pablo de Londres se convertía en el Kremlin en ruso, mientras que en otro en portugués brasileño se adquirían esclavos y zumos de frutas tropicales. Las imitaciones del *Spectator* pronto se convirtieron en un género propio, llegando a ser incluso más populares que las traducciones directas. El más prolífico de los imitadores fue Jacques-Vincent Delacroix, quien realizó al menos quince publicaciones con *spectateur* en el título. En referencia a *Le spectateur anglois* en un número de su *Le spectateur français* de 1791, dijo que «hay libros originales que son inimitables» y que «iría en contra de las reglas artísticas emplear el mismo color para pintar dos naciones diferentes». Delacroix fue alabado por Voltaire, quien lo ensalzó a la posición de verdadero heredero de Addison y Steele; sus detractores, a su vez, denunciaron su pretenciosidad y falta de modestia. A diferencia de sus colegas ingleses, Delacroix tenía que complacer no solo al público, sino también a los censores. Tenía grandes esperanzas puestas en la revolución, pero tras algunos cautelosos intentos de criticar al nuevo régimen, fue detenido y calificado como enemigo público.

Las noticias habían comenzado a tratarse como una mercancía internacional incluso antes. Los primeros periódicos ingleses, o *corantos*, eran principalmente traducciones del latín, el alemán y el francés. Alrededor de 1618, la fiebre de noticias provocada por la guerra de los Treinta Años se extendió por Europa y dio lugar a la aparición del semanario *Corante, or News from Italy, Germany, Hungary, Spain and France*. Más tarde, en el siglo xvii, la *London Gazette* siguió su ejemplo, basándose sobre todo en fuentes francesas para informar sobre las guerras continentales, y el *Daily Courant*, publicado por primera vez en 1702, consistía en traducciones muy interpretativas de periódicos franceses y holandeses. Hoy en día, los principales medios de comunicación cubren noticias de todo el mundo a través de corresponsales extranjeros (si pueden permitírselo) y de agencias de noticias: Reuters, Associated Press y otras. Sea cual sea el modelo que utilicen, los periodistas que traducen las noticias no son traductores en el sentido habitual de la palabra. Hay quien sostiene que su labor se acerca más a la interpretación, ya que constantemente tienen que reformular, resumir, adaptar, glosar y contextualizar las fuentes extranjeras, enmarcando las historias para su público. A veces se les llama *journalators* o periodistas-traductores y su trabajo se conoce como transedición. Estos neologismos compuestos pueden sonar raros, pero sirven como una nomenclatura bastante precisa para un proceso que exige a los traductores localizar, simplificar y estereotipar: poner las cosas en contexto.

Por supuesto, la localización no es exclusiva del periodismo. Para que cualquier bien de consumo —un anuncio, un juego de ordenador, una página web, una película o un artículo de un periódico— pueda trasplantarse sin problemas de un país a otro, no basta con traducir en el sentido convencional. Todos estos productos tienen que presentarse de forma diferente si se quiere conquistar corazones y carteras. El reencuadre cultural, un antiguo recurso de traducción, es indispensable en la era de la globalización, cuando el éxito de cualquier empresa se define por la facilidad con la que puede atravesar fronteras. La adaptación de contenidos globales a públicos concretos, teniendo en cuenta sus características lingüísticas, culturales y políticas, adopta formas especialmente interesantes en los medios informativos.

Por un lado, los acontecimientos que se desarrollan en algún rincón lejano del mundo se perciben inevitablemente como ajenos; por otro, el mero hecho de que merezca la pena informar sobre ellos tan lejos de donde están ocurriendo implica que el público al que van dirigidos debería ser capaz de identificarse con ellos. Al leer una novela, nos puede importar o no que sea una traducción, pero solemos darnos cuenta de que se trata de una obra de ficción, mientras que a una noticia acudimos en busca de datos, más que para disfrutar el estilo del original. Además, a menudo pensamos que es el original y solo nos acordamos de que es una traducción cuando parece que hay algo que no encaja.

Cualquier texto que haya que traducir puede contener tanto distorsiones deliberadas, a menudo hechas en nombre de la ideología, como errores auténticos. El periodismo siempre se hace con prisas, lo que conlleva un alto riesgo de caer en ciertos errores de traducción comunes, como los falsos amigos. Estas palabras, que se escriben o pronuncian de forma similar en dos idiomas, se cuelan a menudo en las noticias. Eso es lo que ocurrió en 1966, cuando Francia anunció su retirada de la Estructura de Mando Militar de la OTAN y pidió a todas las tropas extranjeras que abandonaran el país, pillando por sorpresa a Estados Unidos y a sus aliados. Al preguntársele si la decisión era irreversible, el presidente De Gaulle hizo una declaración que se interpretó como una promesa de que Francia «se reincorporaría eventualmente» a la estructura de la OTAN, cuando lo único que dijo fue que podría ocurrir éventuellement, es decir, «potencialmente». Y así fue, eventualmente, en 2009.

Aparte de los errores y malentendidos habituales, los errores de la traducción periodística pueden deberse a un tratamiento demasiado libre o demasiado literal del original; en otras palabras, localizar demasiado una noticia puede ser tan poco útil como conservar demasiado su naturaleza extranjera. Por poner solo un ejemplo: en 2006, Ayman al-Zawahiri, segundo al mando de Al Qaeda, afirmó que el grupo militante egipcio Al-Gama'a al-Islamiyya se había unido a su organización. Sin embargo, el grupo «negó categóricamente» la afirmación en un comunicado publicado en su página web, que a su vez fue traducido por varios medios de comunicación internacionales.

Uno de ellos, el periódico ruso *Izvestiya*, utilizó el verbo *otkrestit'sya* en su titular; una palabra perfectamente ordinaria y algo coloquial que significa «negar vehementemente» y que se traduce en inglés literalmente como *to cross one's heart* (jurar con la señal de la cruz que no se está implicado). Esto provocó una lluvia de bromas sobre la aparente conversión religiosa de los islamistas. Es una suerte que el ruso no tenga un análogo directo de la expresión inglesa *to cross one's heart and hope to die*.

Fue otra metedura de pata de un periodista la que dio lugar a la palabra húngara para «traducción errónea», *leiterjakab*. En 1863, cuando el fotógrafo francés Nadar voló por primera vez en su globo, un reportero húngaro utilizó un artículo de un periódico vienés como base para su artículo. El original alemán decía: «Empor, empor, wir wollen so hoch hinauffliegen wie Jakobs Leiter», o «Arriba, arriba, queremos volar tan alto como la escalera de Jacob», pero al periodista se le escapó la referencia bíblica y escribió «tan alto como Jakob Leiter». (Al leerlo por primera vez, yo también estaba algo desconcertada, al confundir el globo, llamado Le Geant, con el acompañante de Nadar).

Todo periodista tiene alguna historia parecida que contar. Las meteduras de pata pueden ser resultado de la prisa por utilizar la definición más frecuente de una palabra polisémica, de modo que «EE. UU. levantó las sanciones» se convierte en «EE. UU. aumentó las sanciones»; o de una tendencia a simplificar y generalizar, de modo que *eradicateurs*, una facción gubernamental de Argelia, se sustituye por «políticos de línea dura». El Servicio Mundial de la BBC, descrito a veces como «la fábrica de traducciones» para disgusto de sus empleados, es una fuente especialmente abundante de anécdotas de este tipo. El escritor Hamid Ismailov recuerda una ocasión a principios de los años noventa, en la que el personal del Servicio de Asia

Central tuvo que traducir las noticias del inglés para sus oyentes. Recibieron un guion de la redacción que anunciaba en su primera línea: «Un miembro del parlamento kirguís, *Jokorgu Kenesh*, ha muerto hoy». Uno de los compañeros de Ismaliov procedió a traducirlo como «Un miembro del parlamento kirguís, el Sr. Jokorgu Kenesh, ha muerto hoy». No se dieron cuenta hasta después de la emisión de que *Jokorgu Kenesh* significaba «Consejo Supremo». «Así que ese día», dice Ismailov, «enterramos a todo el parlamento kirguís».

Los retos lingüísticos surgen a diario en las redacciones de todo el mundo. Una mañana de 2010, el programa *Today* de la BBC Radio 4 emitió una noticia que empezaba así: «Algunas traducciones sugieren que el presidente iraní, Mahmud Ahmadineyad, desestimó el último paquete de sanciones de la ONU como un "trapo usado", otras como un "pañuelo usado". En cualquier caso, aptos para el cubo de basura, dijo el presidente Ahmadineyad». Unos minutos más tarde, seguramente por motivos editoriales, el presentador se quedó con la versión de «trapo usado», y el corresponsal de la BBC en Teherán comentó: «Era una respuesta predecible por parte de Irán, con una metáfora tan original». La emisión, analizada por Robert Holland en un artículo de investigación, proporciona cierta información sobre los medios de comunicación mundiales actuales. La inusual referencia a dos traducciones suscitó una serie de preguntas: ¿cuál era la más exacta? ¿Por qué era importante la diferencia entre ambas? ¿Por qué los redactores derivan la atención del público sobre ellas antes de elegir una en lugar de la otra? Holland sugiere varias posibilidades: los productores podrían haber querido evitar un escándalo internacional, presumir de su «conciencia interlingüística» o simplemente hacer una broma, evocando problemas pasados causados por traducciones inexactas del farsi. Entre estos, el escándalo que tuvo lugar en 2006, cuando se prohibió temporalmente a la CNN trabajar en Irán tras modificar la declaración de Ahmadineyad de que el país tenía «derecho a utilizar tecnología nuclear», sustituyendo la penúltima palabra por «armas».

Una causa de tales ambigüedades es la creciente tendencia de los países no anglófonos a utilizar sus propias traducciones al inglés, por ejemplo, cuando cubren los discursos de sus líderes. En 2009, una frase del controvertido discurso de Ahmadineyad en la ONU, en la que cuestionaba el poder de veto del Consejo de Seguridad, fue traducida por Irán de la siguiente manera: «¿Con qué valores humanos y divinos es compatible esta lógica?». Que las palabras de Ahmadineyad requerían un cuidado especial estaba claro desde 2005, cuando el desacuerdo lingüístico alcanzó su punto álgido. En una conferencia titulada «Un mundo sin sionismo», citó al ayatolá Jomeiní. Los medios de comunicación occidentales tradujeron primero la frase farsi en cuestión como: «Israel debe ser borrado del mapa»; sin embargo, tras mucha indignación se corrigió por «este régimen que ocupa Jerusalén debe desaparecer de la página del tiempo».

Otro aspecto discutible es, como siempre, la imparcialidad. Los periodistas pueden aspirar a ella, pero la traducción, con sus necesarias compensaciones, no es particularmente propicia a esta. Es especialmente difícil mantenerse imparcial cuando se selecciona un extracto de un texto original, algo que debe hacerse constantemente y que implica una serie de criterios que no pueden compensarse totalmente poniendo las cosas en contexto. En el mismo documento, Holland propone introducir advertencias en antena, similares a las relativas al «lenguaje violento» o a las «escenas de naturaleza sexual», para informar a la audiencia de que una de las próximas noticias ha sido traducida y «tiene un significado bastante diferente para los oyentes del que habría tenido en el discurso original», «con la intención de promover la elección democrática con conocimiento de causa». La localización, por mucho que se haya hecho de manera ingeniosa, no puede cambiar eso, pero sin ella las noticias no llegarían muy lejos.

El invierno de 2011-12 fue testigo de una oleada de protestas antigubernamentales en Rusia, convocadas en respuesta a las elecciones parlamentarias ganadas por el partido gobernante del país. Los manifestantes acusaron al Kremlin de manipular las urnas y exigieron la repetición de las elecciones. A las concentraciones acudieron personas de diferentes tendencias políticas y edades, que se sentían privadas de sus derechos en un país que intenta mostrarse como democrático. Uno de sus lemas era: «Vy nas dazhe ne predstavlyaete». Un juego de palabras con el verbo ruso *predstavlyat'*, que significa «imaginar» y «representar», puede traducirse como «No nos podéis ni imaginar» o «Ni siquiera nos representáis». Entendiéndolo en el primer sentido, el comentario «No os lo podéis ni imaginar» aparece a menudo en el habla cotidiana; la otra interpretación es menos probable, ya que el choque del «representar» formal y el «ni siquiera» emotivo suenan algo forzado. Cuando se trataba de activismo, era una forma ingeniosa de subrayar el abismo entre el pueblo y sus supuestos representantes, desesperados por mantenerse en el poder a toda costa.

El lema se hizo viral y se convirtió en el principal meme de las protestas (que se apagaron al cabo de unos meses, sin haber obtenido resultados tangibles). Como cualquier juego de palabras, era inevitable que se perdiera en la traducción, pero he intentado compensarlo en mi traducción al inglés ampliando el contexto en dos sentidos. En los años anteriores a las protestas, el Kremlin se enorgullecía de su programa de modernización, prometiendo transformar el país y alcanzar a Occidente tanto económica como políticamente. Sin embargo, la corrupción generalizada y la falta de democracia hicieron que, fueran cuales fueran los cambios que intentaran introducir, la mayoría de la población no salió mejor parada. Contemplando el lema, me acordé de otro, «No hay tributación sin representación», precursor de la Revolución Estadounidense. Utilizado por primera vez por los colonos del siglo xviii para protestar contra la imposición de impuestos por parte de Reino Unido, sin tener siquiera representación en el Parlamento, ha sido empleado desde entonces por otros muchos activistas. Con esto en mente, opté por «No hay modernización sin representación». El juego de palabras original desaparece inevitablemente, pero la exigencia de una democracia representativa, en un contexto relevante, se reformula mediante un eslogan de origen anglófono, que además rima.

En el mundo de las noticias rápidas, incluso un transeditor brillante suele tener que sacrificar las mejores joyas —«Foot Heads Arms Body» (el titular del *Times* de 1986 que hacía referencia a que Michael Foot había sido puesto al frente de un comité de desarme nuclear); «Trump Slips on Ban Appeal» (ideado por el *Huffington Post* para un artículo de 2017 sobre el rechazo de los tribunales estadounidenses a las propuestas del presidente de prohibir la entrada a los visitantes de ciertos países); «May Ends in June» (el anuncio del *Daily Mirror* de la dimisión de Theresa May en 2019)— por algo menos pegadizo. La mayoría de los titulares, y no solo los basados en juegos de palabras, se reescriben; una estrategia similar es la que se aplica a los títulos de los libros. Aunque se supone que no hay que juzgar un libro por su cubierta, la importancia del título —destinado a captar la atención, a resumir la trama, a intrigar— no puede sobreestimarse. Ante un doble sentido, una referencia autóctona, una cita o un neologismo en la cubierta de un libro, lo ideal es que el traductor intente igualar la creatividad del autor, y si no encuentra un equivalente, siempre puede exagerar o, para ir sobre seguro, suavizar el original.

Un ejemplo en el que la creación de títulos se eleva a la categoría de obra arte es la novela de Peter Handke *Wunschloses*

Ungluck. Handke le dio la vuelta a un modismo alemán que significa «más feliz de lo que uno podría soñar», para convertirlo en «infelicidad extrema», y Ralph Manheim tradujo el resultado al inglés como *A Sorrow Beyond Dreams.* Otro ejemplo es el título de la novela de Tom McCarthy *Remainder,* al cual el traductor francés Thierry Decottignies le dio un toque de vida para que sonara como un verso: *Et ce sont les chats qui tomberent.* Traducido, significa «Fueron los gatos los que cayeron», una referencia a un incidente recurrente en el libro. Y Paul Hammond, al traducir al inglés la primera novela de Michel r, *Extension du domaine de la lutte,* optó por el magistralmente conciso *Whatever.*

A la novela de culto *Generación Π* de Victor Pelevin le sigue un largo rastro de títulos. Publicada originalmente en ruso en 1999 bajo este título interlingüístico, que utiliza Π en lugar de P, que a su vez hace referencia a Pepsi, narra la historia del camino a la grandeza de un hombre de negocios en los embriagadores días del capitalismo postsoviético. La traducción inglesa de Andrew Bromfield se publicó en Reino Unido bajo el título de *Babylon,* haciendo un guiño al protagonista, Vavilen, a quien se le llama Babe de forma cariñosa en esta versión. El título estadounidense del libro, *Homo Zapiens,* es una invención propia de Pelevin: un término para designar al consumidor modelo, que aparece en el texto en su forma cirílica abreviada, *Х3,* un popular acrónimo eufemístico que significa el equivalente ruso de «Qué coño sé». Sin embargo, los títulos de Pelevin no fueron ni de lejos lo único que Bromfield tuvo que localizar.

El original ruso está repleto de juegos de palabras publicitarios, algunos de los cuales han sido prudentemente eliminados en la traducción. Cuando «media hora del más intenso esfuerzo intelectual» genera otro estúpido eslogan, recortarlo da lugar a un bienvenido respiro de la sobrecarga de juegos de palabras. En otros fragmentos, Bromfield compensa con creces los juegos de palabras omitidos, acuñando otros nuevos: «Ariel. Tentadoramente tempestuoso» (detergente en polvo); «Tres rayas blancas más» (deportivas Adidas); «¡Un señor de primera clase para vosotros, dichosos!» (el Todopoderoso). El concepto del anuncio de Dios se reescribe en la versión inglesa para que coincida con el eslogan, pero el final se traduce textualmente: una vez terminado el trabajo, el redactor mira el resultado y pregunta, al borde del llanto: «¿Le gusta, Altísimo?».

Algunos de los eslóganes ideados por Pelevin y Bromfield son bastante buenos, mientras que otros se merecen —como pretendía el autor— figurar entre los peores desastres de la historia de la redacción publicitaria. He aquí algunos clásicos de esta colección en constante expansión. Cuando el eslogan «¡Vive! Estás en la generación Pepsi» se tradujo al chino como «Pepsi resucita a tus antepasados», o algo del estilo (al igual que las traducciones, las anécdotas publicitarias suelen tener un matiz apócrifo, con varias versiones posibles entre las que elegir).

Tampoco tuvo éxito la campaña que el operador francés de telefonía móvil Orange, conocido por su característico color naranja, lanzó en Irlanda del Norte a finales de los años noventa. Para la población católica local, «The future's bright, the future's Orange» connotaba lealtad protestante. En medio de titulares como «Orange obtiene tarjeta roja», la campaña generó pocos ingresos y, aunque puede que no fuera únicamente la asociación con la protestante Orden de Orange la que puso en apuros a la empresa, es difícil no llegar a la conclusión de que sus diseñadores creativos podrían haber escogido un color un poco más local, por así decirlo.

Por otra parte, incluso cuando un mensaje es adecuado para su público, puede no sonar del todo bien. Otra famosa anécdota es la del eslogan «Nada succiona como un Electrolux», inventado por una agencia británica en los años setenta para anunciar una aspiradora sueca. A pesar de que muchos estadounidenses se burlaron de lo que consideraron una metedura de pata de la marca, los consumidores británicos se alegraron de que el uso de «succionar» como jerga no hubiera llegado todavía a esas costas. Al parecer, las palabras viajan más rápido que sus contextos, un fenómeno que se remonta al menos a hace tres siglos, cuando produjo todo un cúmulo de *spectateurs*.

15

Lidiar con los nativos

El 11 de abril de 1870, un grupo de siete británicos y dos italianos partió de Atenas para visitar el histórico campo de batalla de Maratón. Los acompañaba un guía griego llamado Alexander Anemoyannis, quien, según el historiador Romilly Jenkins, tenía una «gran, aunque algo dudosa, reputación entre los viajeros extranjeros». En aquella época, el reino griego estaba invadido por bandidos y sus zonas más rurales eran notoriamente peligrosas. Durante el camino de vuelta, los turistas se toparon con un destacamento que había sido enviado para escoltarlos, pero siguieron adelante sin los guardias. Una banda de bandidos los capturó: las mujeres fueron liberadas, los hombres retenidos. Anemoyannis intentó huir, pero los secuestradores lo atraparon mientras gritaban: «¡El truchimán también!».

Se entablaron unas negociaciones, llevadas a cabo en parte a través de Anemoyannis. Los ladrones exigían un rescate —de la exorbitante cifra de 32 000 libras, que más tarde se elevó a 50 000— además de la amnistía para ellos y sus socios encarcelados. Uno de los cautivos, lord Muncaster (por alguna razón, su nombre hizo creer a los bandidos que era primo de la reina Victoria), fue liberado para organizar el pago del rescate. Los británicos, que sospechaban que el gobierno griego estaba compinchado con los kleftes, estaban dispuestos a pagar la suma solicitada, pero en su lugar se organizó una expedición de rescate.

Esta no salió según lo previsto. El jefe de la banda les dijo varias veces a los prisioneros que, si no cumplían sus condiciones de inmediato, los degollaría. Anemoyannis les interpretó las exigencias, pero omitió la amenaza. Al ser perseguidos por los soldados, los bandidos enviaron al guía para que entregara otro mensaje al comandante. Según relata Ioannes Gennadius en *Notes on the Recent Murders by Brigands in Greece*, el coronel le dijo al mensajero «que se apresurara en volver e informar a los bandidos de que permanecieran tranquilos y sin miedo en Sykamenos, ya que los soldados tenían órdenes de no disparar contra ellos; y que allí podrían recibir el dinero y salir del estado en las condiciones de seguridad que el Gobierno les había prometido». Anemoyannis no pudo transmitirles esta respuesta a los bandidos, tal vez porque no pudo alcanzarlos en su huida hacia la aldea de Dilesi. Los cuatro prisioneros restantes —secretarios de las legaciones italiana y británica, un abogado y un joven aristócrata— no pudieron aguantar el ritmo de la banda y fueron asesinados.

«El papel desempeñado en el secuestro por el truchimán Alexander es uno de los elementos más desconcertantes de todo el asunto», escribe Jenkins en *The Dilessi Murders*, al cual califica de «un agente y testigo bastante poco fiable». Se le acusó de complicidad general con la banda y de negligencia intencionada durante las negociaciones. Durante la investigación, uno de los guardias declaró que había advertido a los turistas en varias ocasiones, instándoles a que no procedieran por su cuenta, pero que no le hicieron caso. Se impugnó la declaración de Anemoyannis de que había traducido la advertencia. También se le acusó de haber revelado a los bandidos los detalles de una conversación mantenida en italiano entre los cautivos y un emisario del grupo de rescate.

En defensa de la nación griega, Gennadius insiste en que aunque «la traición de Cicerón» contribuyera a la tragedia, esto no significa que el gobierno deba considerarse responsable de la conducta de un guía contratado de forma privada. También cuestiona algunas de las acusaciones contra Anemoyannis: «Es mucho más probable que lord Muncaster se equivocara a que lo hicieran dos hombres [...] que entendían el idioma mejor que su señoría». Pero independientemente de los conocimientos de griego de Muncaster, el intérprete no debía, evidentemente, omitir nada en su versión inglesa. Es frecuente que la gente haga suposiciones erróneas sobre el discurso mediado: por ejemplo, que el intermediario solo debería traducir lo que cree que los oyentes no entienden y callarse el resto, para minimizar sus interferencias o simplemente ahorrar tiempo. Tal planteamiento puede convertir cualquier sesión de interpretación en un campo de minas metalingüístico.

A pesar de las pruebas en su contra, Anemoyannis fue absuelto de toda culpa y, según Jenkins, consiguió retomar su oficio, acompañando a turistas extranjeros en viajes rurales durante muchos años después. Debió de correrse la voz de su dudoso historial, pero en aquella época, y también mucho después, muchos viajeros esperaban que sus guías fueran unos estafadores, profesión en la que proyectaban sus prejuicios sobre la población local. Los libros de *Baedeker* contenían algunos consejos condescendientes sobre cómo «lidiar con los nativos», incluyendo a los guías, así como sobre los mejores lugares para contratarlos y los costes que ello conllevaba. «Hay unos noventa truchimanes en El Cairo, todos más o menos inteligentes y capaces», se afirma en una guía *baedeker* de 1892, «pero apenas la mitad de ellos son dignos de confianza».

Los diarios de viajes de finales del siglo xix suelen presentar al guía como parte integral de la escena oriental; cuanto más exótica y pintoresca, mejor. Sin embargo, es difícil complacer a los turistas: quieren que sean tanto vívidamente extravagantes como serios profesionalmente, aunque —siendo este el más básico de los predicamentos— no tengan forma de evaluar la exactitud de las palabras para ellos alienígenas pronunciadas por sus intérpretes. «El truchimán oriental no es reacio a hablar», recuerda Charles Dudley Warner en *My Winter on the Nile*, «pero siempre interpreta con una especie de lenguaje abreviado que es letal para la conversación. Creo que en tales encuentros los truchimanes suelen traducir lo que ellos creen que debes decir, y te dan la respuesta que creen que te conviene».

Se esperaba que los lingüistas independientes de la época —como siempre en la historia del oficio— hicieran mucho más que traducir: tenían que negociar y espiar, atender y proteger a sus clientes, hacer recados, mediar, procurar bienes y servicios, etcétera. Si algo no era del agrado de los clientes, culpaban al guía, al mismo tiempo que casi no reconocían su trabajo, por diligente que fuera, y a menudo abusaban de él. Una historia más feliz es la que se cuenta en el libro de Rachel Mairs y Maya Muratov *Archaeologists, Tourists, Interpreters*. Solomon Negima habría caído en el olvido junto a la mayoría de sus compañeros traductores de no ser por su libro de testimonios, el cual contenía cartas de sus clientes, fotografías y otras pruebas de su historial laboral. Por ejemplo, esta, del 18 de abril de 1891: «Lord Dalrymple se complace en declarar que viajó en la primavera de 1891 por Palestina y Siria con Suleiman Negima como truchimán, y tiene el placer de afirmar que lo encontró muy inteligente, servicial y útil en todos los sentidos, y que lo recomienda encarecidamente a todas las personas que deseen viajar por los distritos anteriormente mencionados».

De origen sirio católico romano, Negima estudió en una escuela misionera alemana y hablaba inglés y alemán excelentemente. Empezó como intérprete del ejército británico en 1885, sirviendo en Egipto y en Sudán, y después de la campaña comenzó a trabajar con turistas. Elogiado tanto por su temperamento tranquilo como por sus habilidades lingüísticas, Negima —como muchos intérpretes de entonces y de ahora—tuvo que lidiar con algunos clientes difíciles. Una inglesa llamada Ellen E. Miller (el título de su diario de viaje *Alone Through Syria* hace referencia al hecho de que no tenía acompañantes europeos) lo encontraba demasiado tímido. Se enfadaba cuando él no la animaba en sus atrevidos intentos de asomarse a las tiendas de los lugareños; al caer enferma, esperaba que él la atendiera. Negima tuvo más suerte con el reverendo Joseph Llewellyn Thomas, un ministro anglicano de Oxford, quien también lo trataba como a un sirviente, por supuesto, pero estaba menos sediento de aventuras exóticas. Él también dejó una gran reseña en el equivalente de Negima de un perfil de LinkedIn.

No se sabe si Alexander Anemoyannis tenía un libro similar, ni cómo convenció a los turistas para que lo contrataran tras su absolución. El hecho de que siguiera habiendo turistas en aquellos parajes se debió, en cierto modo, puramente a la suerte. Los asesinatos de Dilesi —un caso célebre en Europa— pusieron en peligro las relaciones de Grecia con Reino Unido, que la había apoyado en su lucha contra el dominio otomano durante la guerra de Independencia de 1821-28 y había sido uno de sus protectores desde la década de 1830. Al mismo tiempo, en Reino Unido muchos creían que Grecia merecía ser tratada como una colonia, percibiendo a toda la nación griega como una raza de ladrones kleftes indigna de su gran pasado helénico.

Charles Tuckerman, ministro estadounidense en Atenas, cuyo panfleto de 1871, *Brigandage in Greece*, fue ampliamente comentado, consideraba que la existencia de los kleftes era la base de un sistema político plagado de corrupción, crimen y extorsión. Años más tarde, su traductor griego, un burócrata del Ministerio de Asuntos Exteriores, utilizó un sutil argumento lingüístico para exculpar a su país. Como relata Rodanthi Tzanelli en su artículo «Unclaimed Colones», este omitió la palabra «extorsión» en su traducción del artículo de Tuckerman, explicando en una nota a pie de página: «Esto forma parte de la tradición inglesa y escocesa porque [...] la palabra adecuada para la descripción del proceso puede encontrarse en el vocabulario de estas lenguas; en cambio, en nuestro idioma el término no no existe, y no hay temor ni razón para que se invente». El argumento del traductor era inteligente, pero no irrefutable. En griego sí existe una palabra para extorsión: *ekviasmos*. Aunque no es un equivalente exacto de su homólogo original inglés —un cognado de *via*, «violencia», que, como tienden a pensar los hablantes nativos contemporáneos, evoca menos beneficios tangibles— habría servido de todos modos.

Vistas a través del prisma del lenguaje, las relaciones anglo-griegas de aquella época parecen especialmente complejas y reflejan políticas más generales. Algunas fuentes británicas de principios del siglo xix, según la edición de 1933 del *Oxford English Dictionary*, relacionaban Irlanda y Grecia. Los «distritos rebeldes» de Irlanda se denominaban a menudo «griegos»; el *Telegraph* llamaba a los bandoleros «fenianos a la manera continental»; el *Standard* sugería que «griego» era la forma del argot colonial de «irlandés». Tras los asesinatos de Dilesi, los políticos se referían a menudo a los bandidos como *banditti*, una palabra que también se aplicaba a los *Ribbonmen*, los miembros de una sociedad secreta que operaba en la Irlanda rural. Las actitudes imperiales británicas cruzaban fronteras con facilidad, aunque eso supusiera viajar en compañía de guías no muy fiables.

Existen varias maneras con las que cualquier traductor puede desacreditarse: el silencio y la palabrería, la iniciativa y la pasividad, a veces una sola palabra, omitida o utilizada; todas están plagadas de peligros. La fidelidad del traductor a su fuente, a veces ignorada por completo, también puede cuestionarse constantemente. Y así debería ser. Lo digo como alguien que, en su calidad de intérprete, ha traicionado. Que haya actuado de buena fe y que, en la mayoría de los casos, me haya corregido rápidamente pueden ser factores atenuantes, pero no me absuelven por completo. Incluso si fuera completamente inocente de cualquier error (aunque sea difícil de imaginar, dada la naturaleza del trabajo y sus limitaciones), me seguiría sorprendiendo la confianza que muchos de mis clientes tienen en mí. Al reunirnos por primera vez —en una celda de custodia policial, por ejemplo, o en la sala de testigos de un tribunal— dan por sentado que, como alguien que habla su idioma y está ahí para ayudarlos, estoy de su lado, así que pueden compartir cualquier cosa conmigo. Les digo que no me confundan con su abogada, que piensen que soy una máquina, que digan solo lo que quieren que oigan los angloparlantes. Les recuerdo que una vez la cinta esté grabando, tendré que interpretar todo lo que digan, incluido «¿Crees que sería mejor no mencionar que fui yo quien dio el primer puñetazo?». Explicar todo esto es a veces lo más difícil.

Y entonces empieza el trabajo de verdad, con muchas oportunidades de cometer errores y poco tiempo para corregirlos. Cuando los recuerdo después, a veces me hacen desconfiar de mí misma. Una vez, durante un juicio por violencia doméstica, interpreté las palabras de la víctima como «estaba borracho» (utilizó una palabra rusa muy popular y versátil, *vypivshi*, que no suele equivaler a «completamente borracho»), habiendo considerado y rechazado momentáneamente «estaba achispado» por ser demasiado pintoresco, «se encontraba en un estado de embriaguez que puede describirse como de bajo a medio, posiblemente ligeramente superior, pero definitivamente no alto» por ser demasiado formal y extenso, y sin haber caído por algún motivo en el perfectamente adecuado «había estado bebiendo».

A veces, mi mente detecta un error en mitad de una frase y me paro a tiempo para decir: «La intérprete desearía hacer una aclaración». Un análisis posterior suele mandarme de vuelta a mis glosarios, notas y materiales de referencia. A veces, sin embargo, consigo que tanto el contenido como la forma sean correctos. Por ejemplo, en un interrogatorio a un presunto violador. Él hablando en ruso, y yo interpretándolo, le dijo a la policía que la relación había sido consentida y, claramente desesperado por causar una buena impresión, describió su encuentro con la víctima (que tuvo lugar en un parque local, bajo unos arbustos, en medio de un escandaloso botellón) utilizando un lenguaje propio de una novela romántica del siglo xix. Mi interpretación de su relato fue algo así:

> Mientras miraba a lo lejos, mi mirada se posó en una atractiva joven apoyada en un árbol en una posición de lo más seductora. Con el ánimo súbitamente avivado, me levanté del banco, dejando a mis buenos compañeros continuar con sus chanzas, y, acercándome a la dama en su ensueño solitario, la encontré bien dispuesta a mis atenciones. Habiéndonos acomodado bajo dicho árbol, pronto nos vimos envueltos en un abrazo carnal…

Improvisé, tratando de reproducir lo más fielmente posible tanto el vocabulario como el estilo, aunque todos entendimos que probablemente el monólogo no era toda la verdad.

La traducción no es como un partido de críquet. En ella intervienen tres jugadores principales —la fuente, la meta y el intermediario— y al menos uno de ellos es incapaz de entender lo que está pasando, por lo que asume, no sin razón, que el juego está sesgado en su contra. Cuando empieza a perder, o eso cree, su instinto lo lleva a culpar al que lo entiende todo: el intermediario. Si un texto escrito parece poco convincente o una expresión suena artificial, la comunicación se rompe. A la inversa, cuanto menos sólida es la fuente, más difícil resulta traducir. Este círculo de desconfianza mutua es difícil de romper. Muchos traductores y clientes de sus servicios encontrarán opiniones similares en una postal de Egipto fechada alrededor de 1917. En ella aparece la imagen de un hombre de piel morena —vestido a la usanza nativa, con un fez en la cabeza y la mirada abierta, simbolizando la honestidad— con el pie de foto «Un truchimán de confianza». El mensaje de la postal dice: «Este es un guía e intérprete, dice un truchimán de confianza, no te lo creas».

16

Rectificar los nombres

«No sé», escribe A. Henry Savage Landor en *China and the Allies*, «quién inventó el nombre de "bóxers" como traducción de las palabras *I-Ho Ch'üan*, con las que se autodenominan las sociedades antiextranjeras de China, pero quien lo hizo se equivocó». El autor, antropólogo y aventurero inglés, se encontraba en China en 1900 cuando la rebelión de los bóxers, un levantamiento contra todo lo relacionado con los extranjeros, arrasó el país. Al ser un explorador experto que viajó por el Tíbet en la década de 1890 y que conocía varios dialectos locales, Savage Landor examina los distintos nombres que se daban a estas sociedades secretas (y a menudo apoyadas en secreto por el gobierno Qing). Su traducción de uno de ellos, *Yìhéquán*, es «Puños Voluntarios Unidos»; de otro, *Yìhétuán*, «Bandas Entrenadas Voluntarias Unidas».

El periodista Dmitry Yanchevetsky, un compañero ruso de Savage Landor, también informó desde China durante el levantamiento. Su relato, *By Never-Changing Cathay's Walls*, cubre los mismos acontecimientos que *China and the Allies*, pero ambos libros son bastante diferentes en cuanto al estilo. El título de Yanchevetsky, extraído de un patriótico poema de Pushkin, marca el tono de sus relatos, que en ocasiones rozan el patrioterismo y están llenos de florituras. Savage Landor, más reservado, suele ser cuidadoso con los hechos, mientras que Yanchevetsky, más poético, a veces se deja llevar por la imaginación. Si hay algo sobre lo que el licenciado de la Facultad Oriental de la Universidad de San Petersburgo es pedante, es en la lengua china, tanto en sus numerosas variedades regionales, como en la versión escrita oficial utilizada a lo largo de todo el Imperio. Esta última ya presentaba suficientes retos por sí sola para los estudiantes. Mientras que Savage Landor elude dos caracteres chinos en el nombre de la sociedad —uno significa «armonía», el otro suele traducirse como «justicia»— y finalmente se queda con «unidos», Yanchevetsky combina ambos con cierta improvisación, traduciendo Yìhéquán y *Yìhétuán* al ruso como, literalmente, «Puños Honrados en Armonía» y «Milicia Honrada en Armonía».

Al traducir el libro de Yanchevetsky al inglés opté por *Righteous and Harmonious Fists* y *Righteous and Harmonious Militia*, nombres muy utilizados en la literatura anglosajona sobre el tema, junto con *Boxers United in Righteousness* o simplemente *Boxers*. También tuve que compilar una hoja de cálculo con nombres propios para que el corrector pudiera elegir entre varias versiones, históricas y contemporáneas, escritas según distintos sistemas de transliteración. No sirvió de nada consultar como referencia a Savage Landor, quien solo en las primeras páginas escribe una palabra china de varias formas diferentes; por suerte, Yanchevetsky resultó ser más coherente. En lo que ambos coinciden es en que «bóxers» es un término erróneo: los rebeldes no luchaban con sus propias manos. Aunque las artes marciales eran una parte importante de sus prácticas, las cuales incluían ejercicios físicos y rituales mágicos diseñados para hacerlos invencibles, su principal objetivo era crear un frente común contra los extranjeros tecnológicamente avanzados que habían llegado a su tierra sin ser invitados y que amenazaban con destruir su estilo de vida tradicional.

Las acciones de los insurgentes fueron de todo menos armo-
niosas, y la corte imperial fue igualmente impredecible en su
actitud hacia ellos, emitiendo un día la orden de «aniquilarlos»
y al día siguiente volviendo a su política de animarlos. Según
Savage Landor, la emperatriz viuda Cixi «en uno de sus mensajes de aprobación de los llamados bóxers, dio instrucciones
severas de no mencionar nunca la palabra [...] armonía, en
presencia de forasteros», por lo que el carácter correspondien-
te se cambió por otro aprobado por el estado, que significaba «unidos». La palabra se incorporó a algunas traducciones,
mientras que otras se quedaron con «armoniosa». Sin embargo,
ninguna de las dos versiones refleja la brutalidad que los rebeldes mostraron tanto ante los extranjeros como hacia sus compatriotas chinos.

Nuestros corresponsales informaban desde la ciudad de
Tientsin (hoy en día conocida como Tianjin) antes de marchar
a Pekín (hoy Beijing). En junio de 1900, cuando la tormenta se
cernía sobre ambas ciudades, la situación se volvió especialmente grave en la capital: los rebeldes prendían fuegos y los
residentes extranjeros no se atrevían a aventurarse fuera del ba-
rrio de las legaciones. Una fuerza internacional de rescate se dirigía lentamente de Tientsin a Pekín. El avance de las tropas se
vio obstaculizado por los bóxers, para quienes el telégrafo era
tan maligno como el ferrocarril, por lo que les cruzaban o cor-
taban el cableado a los europeos con frecuencia. Quizás fue la
escasez de noticias reales lo que impulsó a Yanchevetsky, vara-
do en Tienstin, a añadir una noticia especialmente escabrosa a
sus relatos.

Su descripción de una reunión de bóxers en el Templo del
Espíritu del Fuego, hecha desde la imaginación, es un estudio
en rojo. Oculto en las profundidades de la ciudad originaria,
el templo está iluminado por farolillos rojos, llenos de hombres semidesnudos que llevan cintas en la cabeza, cinturones

y pañuelos de color rojo bordados con misteriosos jeroglíficos. Su líder, vestido de rojo, hace una entrada dramática y se dirige a la multitud con un discurso incendiario, incitándolos a matar a todos los extranjeros. «Ejecutamos a un intérprete japonés de la legación japonesa en Pekín», dice. «Cuando intentó atravesar las puertas de la ciudad, a pesar de la prohibición, los soldados leopardo de Dong Fuxiang lo atraparon, le cortaron la nariz, las orejas, los labios y los dedos, apuñalaron su cuerpo, cortaron su espalda para hacerse cinturones y le arrancaron el corazón del pecho». Le siguen más detalles sangrientos, que culminan con el mensaje propagandístico definitivo: «Diseccionamos el corazón del enemigo y nos lo comimos. Ahora, con un trozo de corazón enemigo en mi pecho, no le temo a ningún enemigo».

Savage Landor proporciona un relato más breve del incidente: «El Sr. Sogiyama, canciller de la legación japonesa, había sido bárbaramente asesinado por los soldados de la caballería del general Dong cuando se dirigía a la estación». Akira Sugiyama (como escriben su nombre la mayoría de las fuentes) era efectivamente el canciller de la legación. Cuando se dirigía a la estación de tren para reunirse con algunas tropas japonesas, los soldados lo apresaron en la puerta de la ciudad y lo asesinaron ante la mirada de una multitud de chinos. Esta fue la primera pérdida que sufrió la comunidad internacional de Pekín en el conflicto, y cuando al día siguiente se encontró el cuerpo mutilado, se dijo que le habían arrancado el corazón a la víctima y se lo habían enviado al general Dong como trofeo. Savage Landor no menciona estos rumores, mientras que Yanchevetsky no escatima pintura roja en su estampa. ¿Incluyó la parte del intérprete para embellecer el informe de otra persona, o simplemente lo malinterpretó? Un traductor mal traducido llega al mundo solo para ser brutalmente asesinado: qué metáfora de una guerra librada en muchos idiomas.

En cuanto a los intérpretes reales atrapados en el conflicto, los reclutados de entre los lugareños pagaron a menudo un alto precio por su implicación con los «demonios extranjeros» (como las fuentes de principios del siglo xx solían traducir la expresión china). Después de que un grupo de ingenieros ferroviarios europeos que trabajaban a unos miles de kilómetros de Pekín tuvieran que huir de una multitud amenazante, Savage Landor relata que «tres chinos, intérpretes de los ingenieros, entraron llorando al consulado belga, diciendo que los bóxers habían atacado a sus jefes y que si no se enviaba socorro inmediato temían que todos fueran masacrados». Rápidamente se envió a un grupo de voluntarios a rescatarlos, junto con uno de los intérpretes que se unió a ellos. Más tarde, los supervivientes contaron que otro de los intérpretes chinos intentó proteger a los europeos del fuego enemigo acogiéndolos en el camarote de su junco. La mayoría de los refugiados lograron llegar a Pekín; el ingeniero jefe, su hermana y dos socios perecieron; se desconoce la suerte del leal intérprete.

A pesar del riesgo de sufrir las represalias, algunos lugareños siguieron relacionándose con extranjeros. Yanchevetsky habla con cariño de «un caballero chino llamado Liu, pero más conocido como Leonid Ivanovich», profesor en una escuela de Tientsin e intérprete del gobernante de la provincia. Un hombre inteligente, que dominaba muy bien el ruso y buscaba la compañía de los rusos. En una de sus salidas, entre «dulces chinos, una comida europea y un champán francés de la variedad de Shanghái», puso a sus compañeros al corriente de la historia del movimiento bóxer, burlándose de este por sus ideas retrógradas y comparándolo con otros movimientos rebeldes que habían existido en China desde finales del siglo xviii. Boxers United in Righteousness o la Sociedad de la justicia y la concordia, había evolucionado de la sociedad Gran Puño, entre cuyos predecesores estaban las sociedades Gran Cuchillo, Grandes

Espadas, Cuenco de Arcilla, Protección del Estado, Destrucción de los Demonios, Linternas Rojas y Armadura de la Campana Dorada. En cuanto al nombre completo del propio Liu, se ha perdido en el olvido, al igual que los de la mayoría de sus compañeros. En otra parte, Yanchevetsky menciona a un ingeniero que viajó por todo el país acompañado de su servicial intérprete, «un chino llamado Petr Ivanovich». Independientemente de lo que opinaran los caballeros chinos al ser bautizados de esa manera, probablemente pensaron que lo mejor era llevarse bien con su gran vecino.

Mientras me abría camino entre los nombres chinos del libro de Yanchevetsky, tropezando con títulos, lugares e instituciones oscuros, pensé en las *Analectas* de Confucio, en las que el antiguo erudito, al preguntarle qué haría si lo pusieran al frente de un país, dice (en la traducción de Simon Leys) que lo primero que haría sería «rectificar los nombres»: «Si los nombres no son correctos, el lenguaje carece de objeto. Cuando la lengua carece de objeto, ningún asunto puede llevarse a cabo […] los ritos y la música se marchitan, los castigos y las sanciones no dan en el blanco [de modo que] la gente no sabe a qué atenerse». La importancia de los nombres es algo sobre lo que los traductores tienen firmes opiniones, al igual que los autores, sobre todo cuando esperan que sus obras sean traducidas. Tal vez los bóxers deberían haberle dado alguna vuelta más al nombre de su sociedad, aunque solo fuera para asegurarse de que nadie la confundiera con un club deportivo.

Durante la rebelión, Yanchevetsky también ejerció a veces como intérprete, interrogando a prisioneros. En una de esas ocasiones, tras conseguir que un hombre herido, y apenas consciente, pronunciara unas pocas palaras evasivas, comenta compasivamente: «No sé qué le hicieron finalmente al prisionero. Dudo que los soldados aliados le perdonaran la vida. No les servía para nada». El nacionalista que había en él retrocedía cuando los valores humanos básicos estaban en juego. En cuanto a sus obligaciones lingüísticas, a pesar de su preocupación por no dominar suficientemente los dialectos locales, el sinólogo se las arreglaba bastante bien. Sin embargo, se sentía lleno de humildad en presencia de expertos como el erudito Liu, y más todavía en su visita a Li Hongzhang, el canciller del Imperio chino, para quien Liu trabajaba en ese momento como intérprete a tiempo completo, tras haber huido de Tientsin después de que los bóxers quemaran la escuela en la que trabajaba. «¿Qué podría decirle a este gran hombre?» se pregunta Yanchevetsky. Afortunadamente, Liu acudió a su rescate y le dijo al canciller que «el periodista ruso se sentiría muy halagado y agradecido si pudiera transmitirle su valiosa opinión sobre los acontecimientos de este año en China».

Al visitar el consulado ruso en Tientsin, Yanchevetsky escucha asombrado cómo las señoras charlan con un criado chino: «¡Cuán maravillosamente hablaban la lengua de Confucio!». Su fluidez, en su opinión, se debe a que, en comparación con el chino escrito, con sus miles de caracteres que representan morfemas en lugar de fonemas, la lengua hablada no tiene demasiada complejidad gramatical y, por lo tanto, es relativamente fácil de aprender (sin duda, poniendo el énfasis en «relativamente»). Su ejemplos incluyen desde cosacos capaces de hacerse entender tras un breve periodo en el Extremo Oriente hasta un oficial que, tras estudiar chino durante solo dos años, logra tener una impresionante carrera diplomática.

La diplomacia y la traducción estaban, como de costumbre, inextricablemente unidas. La rebelión de los bóxers se produjo cuarenta años después del final de la segunda guerra del Opio, cuando se obligó a China a permitir la entrada de legaciones extranjeras en Pekín y a abrir varios puertos al comercio internacional. En *Changing China*, William Gascoyne-Cecil relata lo ocurrido en 1860, cuando los británicos y los franceses firmaron tratados con el Imperio, que por entonces era demasiado débil como para oponerse a sus exigencias. Uno de estos documentos contenía varias cláusulas imprevistas. Según Gascoyne-Cecil, el ministro francés, al ser incapaz de leer chino, confió en su intérprete, «un jesuita muy hábil», para repasar la versión en chino. Mientras lo hacía, el padre Delamarre añadió dos estipulaciones al texto: una permitía a los cristianos practicar su religión en China; la otra otorgaba a los misioneros franceses importantes derechos de propiedad. «Cuando se descubrió este piadoso fraude», escribe Gascoyne-Cecil, «el ministro francés pensó que no serviría de nada denunciar a su intérprete, por lo que los franceses consideraron que el tratado era vinculante y los chinos nunca lo cuestionaron».

Paul A. Cohen da más detalles en *China and Christianity*, donde escribe que «los ejércitos aliados forzaron a las autoridades chinas a consentir acuerdos adicionales que reforzaban aún más los privilegios del misionero cristiano y del converso». Mientras que la versión francesa del tratado se limitaba a ratificar un edicto imperial anterior, prometiendo compensar a los católicos por sus pérdidas durante la guerra, la versión china tenía un alcance más trascendental. Según sus términos, los misioneros franceses podían alquilar y comprar tierras en todo el país y construir en ellas, el catolicismo estaba permitido en toda China y se castigaba la detención de los cristianos sin ninguna justificación legal. «Los chinos [...] aceptaron la versión china como válida», escribe Cohen, señalando que aunque las diferencias se debieron «aparentemente a la duplicidad de uno de los intérpretes del bando francés [...] quién fue el responsable de esta interpolación sigue siendo objeto de especulación». Algunos historiadores atribuyen la responsabilidad a Delamarre, mientras que otros culpan a otro intérprete francés, el barón de Mèritens, «según su propia confesión». Un estudio involucra al barón Gros, comandante francés durante la guerra,

208

sugiriendo que conspiró en la manipulación del texto para garantizarles derechos especiales a sus compatriotas. Tal vez el timo se consiguiera mediante un esfuerzo colectivo y no, como podría pensarse, por un solo trazo de la pluma de un traductor.

Al traducir a Yanchevetsky, tuve la tentación de cambiar no solo los nombres más inescrutables, sino también sus arrebatos patrioteros. Al final no lo hice, simplemente porque gasté la mayor parte de mi energía en buscar nombres propios. Tanto la romanización como la rusificación del chino han sido sometidas a varias revisiones en el último siglo, y los documentos históricos, incluidos los informes de Savage Landor y Yanchevetsky, pueden diferir enormemente en la escritura de ciertos nombres. A veces, la forma más fácil de identificar a una persona o lugar en concreto en ambos libros era fijarse en las ilustraciones: con solo un puñado de cámaras alrededor, los corresponsales en la escena compartían todos las mismas fotos. Además, las traducciones al ruso y al inglés de los documentos oficiales chinos eran a menudo lo bastante parecidas como para que, rebuscando entre ellas, consiguiera encontrar algunos extractos relevantes para añadirlos a mi texto. Traducirlos desde cero habría sido más rápido, pero me tomé la molestia en nombre de la autenticidad.

Cuando los aliados entraron en Pekín para liberar a las legaciones tras ocho semanas de asedio, los documentos eran la menor de sus preocupaciones. Savage Landor recuerda haber entrado en el *yámen* (la «Oficina de Guerra», por utilizar sus propias palabras) poco después de su toma. Se encontró el lugar hecho un completo desastre: por todas partes había manuales de entrenamiento utilizados por el ejército chino, libros científicos sobre explosivos, navegación y química, fotografías, mapas y cartas, así como manuscritos originales de los tratados entre China y otros países (posiblemente incluido el falsificado por los franceses cuatro décadas antes). Mientras deambulada por el lugar, «varios culis entraron y empezaron a barrer todos estos valiosos papeles hacia el canal». También menciona a un misionero que, al descubrir algunos documentos importantes en uno de los edificios del gobernador, se los ofreció a las autoridades británicas, junto con sus traducciones. «A cambio, recibió un trato para nada civilizado».

Por lo general, los misioneros eran entusiastas de la palabra escrita, un instrumento tanto de esclarecimiento como de poder blando. Savage Landor elogia a Timothy Richard, un misionero baptista galés «querido y venerado en toda China», quien tradujo al chino numerosas obras literarias, científicas y religiosas. Estos libros se hicieron populares, especialmente entre las generaciones más jóvenes, ansiosas por «conocer todo lo que saben los "demonios extranjeros"». Richard, una figura pública destacada y portavoz de la modernización en China, intentó proteger a sus compañeros misioneros mientras la rebelión se apoderaba del país. Ese verano, 239 de ellos fueron asesinados, junto con más de 32 000 conversos chinos. Como dice Joseph Estherick en *The Origins of the Boxer Uprising*, «para el aldeano ordinario del norte de China, los tratados desiguales, la diplomacia de las cañoneras y las concesiones a lo largo de la costa tenían poca importancia. Si esas gentes veían alguna vez a un extranjero, se trataba sin duda de un misionero, y la presencia extranjera equivalía a la "religión extranjera"». En otras palabras, aunque los bóxers no vieran el cristianismo como una manifestación más del imperialismo occidental en China, odiaban su intromisión en su vida tradicional tanto como la tecnología extranjera. Quienquiera que manipulara el tratado sino-francés en 1860 también tuvo algo que ver en la adopción de esa actitud.

A medida que el levantamiento hacía estragos en China, tanto a los misioneros como los traductores les salió el tiro por la culata, y a menudo no tenían otra alternativa que participar activamente en los acontecimientos. Uno de los intérpretes más conocidos, el Sr. Munthe, a quien Savage Landor y Yanchevetsky admiraban, era un militar noruego retirado y políglota que había sido contratado como instructor del ejército chino. Cuando estallaron las hostilidades, Munthe dimitió y, como describe Savage Landor «ofreció sus servicios a los aliados, rechazando toda remuneración y poniendo como única condición que debía estar en todo momento en el frente». Trabajó bajo las órdenes de los británicos antes de incorporarse al ejército ruso, «mientras que otros generales prefirieron en muchos casos emplear a hombres que, aunque eran muy nobles por sí mismos, no podían ser de gran ayuda a las tropas». En el asalto a Pekín, no solo demostró ser un intérprete hábil, sino también un valiente soldado. Cuando un general fue herido de muerte, Munthe y Yanchevetsky se lo llevaron bajo el fuego enemigo. Ambos intérpretes fueron merecidamente elogiados, a diferencia de muchos de sus compañeros chinos, para quienes los riesgos eran aún mayores.

Los conocimientos lingüísticos también resultaron útiles para algunos tras la rebelión. Al tomar Tientsin, las autoridades aliadas permitieron inicialmente el libre saqueo de la ciudad. Sin embargo, al día siguiente, cuando muchos extranjeros llevaban el botín a las puertas de las legaciones, se topaban con funcionarios que tenían órdenes de confiscar cualquier objeto de valor. Para evitar este «saqueo de los saqueadores», como dice Savage Landor, algunos utilizaron una simple treta. Cuando los palanquines que transportaban mercancías expoliadas eran detenidos, por ejemplo, por un oficial británico, este «era recibido con un chapurreo en francés» por parte del expoliador. Como se había acordado que cada representante confiscara únicamente lo robado por sus compatriotas, el oficial «se inclinaba cortésmente y reconocía que los súbditos de la muy respetada República Francesa no estaban bajo su jurisdicción», dejándoles pasar. «Así que la gente, no los militares, que tenían la suerte de hablar varias lenguas extranjeras», concluye así su relato Savage Landor «se llevaban a casa una buena colección de cosas».

Yanchevetsky también menciona los saqueos, insistiendo siempre en que los rusos nunca participaron en ellos (tuve que traducir estos pasajes a regañadientes). Estherick describe el expolio como un acto perpetrado por «tropas de todas las nacionalidades (aunque los europeos eran los peores, y los japoneses los que mejor se comportaban), y por misioneros, quienes más tarde justificarían sus actividades en artículos con títulos tan encantadores como "La ética del saqueo"». Sin embargo, no está claro qué nivel de dominio de una lengua extranjera se requería para que uno se saliera con la suya al usar el truco de hablar en otra lengua. Probablemente cualquier murmullo extraño habría bastado para engañar a un oficial monolingüe, ya que el éxito de la treta no dependía tanto de las habilidades lingüísticas de los embaucadores, sino de la falta de habilidades de los demás.

Durante la rebelión de los bóxers, como en la mayoría de situaciones conflictivas, los colaboracionistas se encontraron entre la espada y la pared. Los intérpretes nativos siempre tienen que convivir con la amenaza de venganza de su propio pueblo y, una vez terminadas las hostilidades oficiales, a menudo se dejan atrás. Un ejemplo más reciente de la misma dinámica es el de los intérpretes militares empleados por el ejército británico en Afganistán en las dos últimas décadas.

En un principio les dijeron que se les permitiría trasladarse a Reino Unido, pero luego las cosas no salieron como se había acordado. En primer lugar, se introdujo el llamado *Intimidation Scheme* (esperemos que nadie tenga que traducirlo nunca) para proteger a aquellos cuya seguridad se viera comprometida por su colaboración con el enemigo de los talibanes. Cuatrocientos intérpretes o *terps* lo solicitaron y finalmente fueron trasladados a Reino Unido. En 2018, cuando sus visados temporales estaban a punto de caducar, 150 ex-*terps*, algunos de los cuales habían servido en primera línea en Helmand, se dieron cuenta de que tendrían que volver a solicitar la permanencia en el país, pagar 2400 libras por nuevos documentos y, en algunos casos, no se les permitiría traer a sus familias. La alternativa era la deportación a Afganistán, donde el riesgo de morir a manos de los talibanes era considerable. Los intérpretes pidieron que el Ministerio del Interior reconsiderara esta política y recibieron el apoyo del Secretario de Defensa así como el de sus antiguos compañeros. Uno de ellos, el capitán Ed Aitken, declaró: «Es difícil sobreestimar la importancia que nos dieron nuestros intérpretes en un entorno tan desconocido, y la confianza que depositamos en ellos para que trabajaran con nosotros en condiciones a menudo horribles fue extraordinaria».

En mayo de 2018, finalmente se eximió del pago de las tasas y se concedieron visados a cincuenta antiguos miembros del personal. Al mismo tiempo, a otros intérpretes afganos se les denegó la entrada a Reino Unido a pesar de estar perseguidos por los talibanes. En abril de 2019, se permitió a las familias de los residentes en Reino Unido reunirse con ellos, pero un año después algunos todavía seguían esperando sus visados. Tras ser considerados traidores en su propio país, estos «héroes olvidados de la campaña militar en Afganistán» (como fueron llamados por los medios de comunicación en las pocas ocasiones en las que salieron en las noticias) fueron al principio abandonados por el país al que habían servido, y cuando finalmente los aceptó no fue precisamente con los brazos abiertos. Sus historias no fueron casi difundidas; los únicos que los recuerdan ahora, o eso parece, son sus camaradas. Mientras que los lugares donde se libró la guerra —Helmand, Laškar Gāh, Marjah— nos siguen sonando un poco, los nombres de quienes no pueden regresar allí están enterrados bajo el peso muerto de sus documentos de asilo.

Los intérpretes que trabajaron para el ejército estadounidense han recibido un trato similar, o incluso peor. «Cualquier veterano de guerra de Irak y Afganistán te dirá que su mejor baza es un buen *terp*», informaba el *Armed Forces Journal* en 2011. Los mejores de ellos no solo traducían, sino que también estaban «culturalmente en sintonía y eran expertos en reconocer señales o cambios no verbales». Se alistaron con la condición de que se les permitiría reubicarse, pero solo una décima parte de ellos ha conseguido trasladarse a Estados Unidos; el resto no cumple los requisitos, por muy peligrosa que sea la situación en su país de origen. Uno de los intérpretes con los que hablé, Raz Mohammad Popal, pasó más de tres años junto a las fuerzas estadounidenses y canadienses en Kandahar. Su padre le pidió que no regresara a su pueblo por miedo a las represalias. Popal solicitó un visado estadounidense bajo el programa especial de inmigrantes en 2015, pero tras cuatro años de angustiosa espera, fue rechazado. Ahora vive en Kabul, donde califica el proceso como una «lotería» y hace todo lo posible por cuidar de su familia.

El caso de un intérprete iraquí, Imad Abbas Jasim, es igual de desalentador. Consiguió el trabajo en 2003 tras un encuentro fortuito en la entrada de una base militar estadounidense en Bagdad (vendía latas de Pepsi en esa calle) y trabajó con las fuerzas estadounidenses durante tres años. En 2006, resultó herido en una explosión; su hermano, quien también trabajaba para los estadounidenses, fue secuestrado y nunca lo encontraron. Al temer por su vida y la de su familia, Jasim solicitó el traslado a Estados Unidos. Más de diez años y varias nuevas solicitudes después, todavía en Irak, recibió un rechazo definitivo por motivos de seguridad. En su opinión, el lema del ejército estadounidense «ningún hombre se queda atrás» es «la mayor mentira de la historia».

En los conflictos armados, los traductores suelen salir peor parados. Nunca pueden confiar plenamente en los bandos enfrentados, ni esperar una gran ayuda por parte de las tropas encargadas de mantener la paz. La amenaza de las represalias siempre está presente. Se está intentando cambiar esta situación. Red T, una organización sin ánimo de lucro que apoya a traductores e intérpretes de todo el mundo, está solicitando una resolución de la ONU para proteger a los lingüistas en entornos de alto riesgo. Si las historias que aquí se relatan hacen que el lector reflexione sobre la difícil situación del traductor en el frente, puede que estemos un paso más cerca del día en el que las únicas batallas que tengan que librarse sean por la elección de las palabras, como el tira y afloja entre «unidos» y «armoniosos».

17

La obligación de las autoridades competentes

«No hablo nada de inglés», dijo recientemente en una entrevista el escritor chino Yan Lianke, «así que me da igual si mi obra se traduce bien o no». Está muy bien que un hombre de letras diga eso, pero si la literatura, como todo arte, es inútil, entonces no tiene sentido imponer ningún criterio a una traducción literaria, más allá de los puramente artísticos. La cosa cambia en el mundo pragmático de los negocios y los asuntos públicos. Cuando se trata de traducir documentos comerciales o jurídicos, de interpretar en una reunión de negocios o en una audiencia judicial, los clientes de estos servicios tienen derecho a esperar ciertos estándares por parte de los proveedores. Sin embargo, incluso en estos casos, el hecho de que la traducción sea poco comprensible para quienes la reciben —y no solo porque no estén familiarizados con las lenguas en sí— hace que resulte difícil evaluarla. «Un trabajo está bien hecho», me dijo una vez un experto intérprete de la ONU, «cuando nadie se queja». Más allá de lo que signifique la calidad en el mundo de la traducción, es más fácil definirla en términos negativos. Los estándares pueden ser difíciles de definir, pero suelen ser evidentes cuando empiezan a fallar.

Iqbal Begum fue juzgada en los tribunales ingleses en 1981 por matar a su marido, el cual la maltrataba. Se declaró culpable de asesinato y fue condenada automáticamente a cadena perpetua. No se supo hasta más tarde que su intérprete, un abogado que hablaba punyabí, no supo explicarle la diferencia entre asesinato y homicidio involuntario, posiblemente porque hablaban distintos dialectos del mismo idioma. «Es incomprensible para este tribunal», se lee en el acta de la vista del recurso de apelación, «que a nadie se le ocurriera, desde el momento en que fue detenida hasta que fue procesada, que la razón de su silencio [...] era simplemente que no se le estaba hablando en un idioma que ella entendiera». Se concluyó que «la razón de su aparente falta de comunicación residía en la inadecuación de la interpretación». Begum fue puesta en libertad en 1985 y, al ser repudiada por su familia, se suicidó unos años después. Su caso, así como múltiples otros errores judiciales, dio lugar a la demanda de creación de un organismo independiente que regulara la profesión de intérprete en Reino Unido.

Cuando se hizo patente la necesidad de pasar de una interpretación comunitaria a un sistema regulado, en 1994 se fundó el Registro Nacional Británico de Intérpretes de Servicios Públicos. Para incorporarse a él había que aprobar un examen que constaba de varios módulos, orales y escritos, y que abarcaba terminología especializada médica, jurídica o administrativa, según el itinerario elegido. Desde entonces, los criterios de admisión se han reducido para garantizar la incorporación de los candidatos graduados en un curso a distancia sin examen. El registro sigue siendo de libre acceso para quien busque un intérprete cualificado para asistir a una vista judicial, una cita médica, una reunión con un asistente social o una entrevista en una oficina de empleo, pero cada vez son menos los servicios públicos que recurren a esta vía.

El cambio al sector privado comenzó en los juzgados y tribunales penales, donde el derecho a contar con la asistencia gratuita de un intérprete está garantizado por el artículo 6 del

Convenio Europeo de Derechos Humanos. En 2011, cuando empecé a trabajar como intérprete judicial, los tribunales nos contrataban directamente y nos pagaban ochenta y cinco libras por las tres primeras horas, con una tarifa inferior a partir de estas, más los gastos de desplazamiento. En el ambiente de austeridad posterior a 2008, se consideró que este sistema era demasiado caro y en 2012 el Ministerio de Justicia externalizó sus servicios de interpretación judicial. Se adjudicó un contrato de noventa millones de libras a una pequeña agencia, que rápidamente fue comprada por Capita, el gigante de la subcontratación.

El caos se desató cuando Capita empezó a hacer uso de intérpretes no cualificados, pagándoles dieciséis libras por hora, sin tiempo mínimo y con una remuneración por desplazamiento inferior. Muchos profesionales boicotearon el acuerdo por motivos económicos o éticos; hubo protestas ante el Parlamento, cartas a los diputados y «expedientes de la vergüenza» en los que se detallaban casos de falta de profesionalidad. Aparte de las numerosas faltas de asistencia, retrasos y reservas dobles, se mencionaban meteduras de pata tan garrafales como llamar pervertido a un hombre acusado de pervertir el curso de la justicia. Sin embargo, el nuevo sistema, a pesar de haber sido calificado de «nada menos que caótico» en un informe de 2013, siguió en vigor. Cuando el contrato de Capita expiró en 2016, otra agencia, thebigword, tomó el relevo como proveedor de servicios del Ministerio de Justicia, pagando una miseria a sus subcontratistas y sin preocuparse tampoco por la calidad. El primer día del nuevo acuerdo, se aplazó el juicio de una red de esclavitud porque el intérprete que había trabajado en el caso ya no podía permitirse asistir; ocho semanas más tarde, un hombre que intentó robar seiscientas libras en comida permaneció detenido durante cuarenta y ocho horas hasta que se pudo encontrar un intérprete.

El Ministerio de Justicia afirma haberse ahorrado varios millones de libras en interpretación judicial desde que comenzó la externalización, pero las cifras no incluyen el coste de los numerosos retrasos. Varios casos han sido aplazados porque no había ningún intérprete disponible. Por ejemplo, el caso contra el coronel Kumar Lama, un oficial del ejército nepalí acusado de tortura, fue abandonado temporalmente en 2015 porque no se pudo encontrar un intérprete y finalmente se archivó un año después, tras costarle al contribuyente un millón de libras. Otras consecuencias perjudiciales, morales y físicas son más difíciles de cuantificar, si es que se puede hablar de ellas en términos cuantitativos. Las tragedias causadas por una traducción inadecuada no solo ocurren en el sistema judicial, sino en todos los ámbitos. En 2015, un obrero rumano perdió la movilidad de las piernas tras un accidente en una obra. La investigación reveló que había tenido que recurrir a intérpretes no oficiales para recibir instrucciones sobre salud y seguridad en el trabajo.

A medida que aumenta el número de intérpretes profesionales que dejan de trabajar para el sector público, los niveles de calidad siguen bajando: una prueba más, por si hiciera falta, de que la externalización no mejora los servicios. Los errores de traducción, desde las imprecisiones lingüísticas hasta las sutilezas culturales, nunca pueden evitarse del todo, pero algunos de los errores que nos llegan desde los tribunales son atroces: *bitten* confundido con *beaten*, «cargo» traducido como «multa» en lugar de «acusación», *Home Office* confundido con un estudio, etc. Dada la facilidad con la que la traducción se presta a la improvisación, estaba dispuesta a tomarme algunas de estas historias con pinzas hasta que fui testigo de varios incidentes de este tipo. El Ministerio de Justicia, claramente también consciente de todo esto, eligió a otro contratista para que proporcionara «una garantía de calidad independiente», utilizando asesores para llevar a cabo controles aleatorios («compras misteriosas» en la jerga de la agencia) en las salas de los tribunales, con unos honorarios apenas ligeramente superiores a la miseria que se le ofrecía a los intérpretes.

En cuanto a los clientes, cuando se les proporciona un intérprete, algunos agradecen cualquier ayuda que se les preste, otros pasan de ellos y otros no confían en nadie más que en sí mismos. Una vez un acusado me pidió que me sentara allí en silencio, ya que todas sus experiencias previas con la interpretación habían sido negativas. Los intérpretes, por su parte, se esfuerzan en defender su causa: algunos piden que se eliminen los acuerdos de externalización; otros exhiben sus diplomas y culpan a los novatos de rebajar sus tarifas. Hay un debate en curso sobre la sindicalización y la creación de colectivos profesionales. El escaso reconocimiento y los bajos salarios hacen que incluso quienes se dedican a la interpretación pública con la mejor de las intenciones no puedan permitirse invertir en formación o dedicar las horas necesarias para preparar un encargo. Lo que el libre mercado ha creado no es una competencia sana, sino un círculo vicioso de salarios y mano de obra deficientes.

Estas tendencias preocupantes en la traducción son un fenómeno mundial en la era del capitalismo tardío. El mercado mundial de servicios lingüísticos está dominado por grandes empresas —LanguageLine Solutions, con sede en EE. UU., está a la cabeza con unos ingresos de más de 450 millones de dólares; thebigword ocupa la cuarta posición—, la mayoría de las cuales dependen de contratos en el sector público, sobre todo en EE. UU., Escandinavia, Reino Unido y Países Bajos. Muchos de estos contratos, valorados entre 10 y 80 millones de dólares, se dan en el mercado sanitario, el cual se estima en crecimiento, especialmente en Estados Unidos. ¿Hace esto que los proveedores sean más conscientes del nivel que deben establecer?

En 2014, una joven de Oregón falleció debido al error de un intérprete del centro de llamadas, que envió la ambulancia a una dirección equivocada, provocando así un retraso fatídico. ¿Pueden tragedias como esta pasarse por alto en beneficio de las métricas de rendimiento?

En la lucha entre calidad y costes —o entre el sentido común y el sinsentido— a algunos países les va mejor que a otros. Alemania, por ejemplo, se toma en serio el servicio público de traducción, mientras que España se enfrenta a los mismos problemas que Reino Unido. Los intérpretes judiciales italianos denuncian que sufren amenazas de la mafia, mientras que en Dinamarca amagaron con convocar una huelga cuando en 2018 se adjudicó a una sola agencia un contrato a escala nacional para prestar servicios de traducción en el sistema judicial y a los cuerpos y fuerzas de seguridad. Las huelgas de traductores no son insólitas, y a veces consiguen resultados. En 2016, el Ministerio del Interior británico revocó su decisión de reducirle el sueldo a su equipo de intérpretes después de que estos anunciaran que planeaban ir a la huelga por los recortes propuestos; en 2018, los intérpretes simultáneos interrumpieron los procedimientos del Parlamento Europeo debido a sus condiciones laborales.

A ambos lados del Atlántico se pueden encontrar noticias alarmantes sobre la falta de profesionalidad institucionalizada. Un caso reciente en Canadá hizo que se rechazara la solicitud de asilo de una mujer iraní debido a una traducción controvertida. Matrona de formación, declaró en la audiencia de inmigración que había efectuado «operaciones de restauración de la virginidad» en su país de origen. Cuando la familia de una de sus pacientes descubrió lo que había hecho, amenazaron con matarla y la denunciaron a las autoridades, por lo que no tuvo más remedio que abandonar Irán. Cuando el juez de inmigración le pidió a la demandante que describiera el procedimiento, lo hizo en farsi, y el intérprete utilizó los términos «cortina de la virginidad» y «tejido de la virginidad» en lugar de «himen». Esto se tomó como prueba de que la historia de la solicitante era falsa, y se le denegó el asilo a ella y a su hija. Afortunadamente, la decisión fue revocada en apelación tras señalarse que «traducir términos médicos del farsi al inglés era un ejercicio impreciso».

Estados Unidos cuenta con una estricta normativa de acceso lingüístico —las personas con un dominio limitado del inglés deben disponer de un intérprete en entornos médicos y de servicios públicos—, pero la legislación está cambiando. En 2019, el gobierno de Trump anunció su decisión de deshacerse de los intérpretes en las audiencias iniciales de inmigración. Para conocer sus derechos, los inmigrantes ahora tendrán un «vídeo orientativo» con subtítulos en su idioma (disponible solo en español en el momento en que escribo, aunque se planea añadir veinte más). Los abogados han advertido que esto puede generar problemas, ya que, en su opinión, el vídeo es confuso y los migrantes ya no podrán pedirle aclaraciones al juez a menos que dé la casualidad de que su abogado hable su idioma. Los jueces tienen la opción de buscar un intérprete dentro del propio juzgado o de solicitar un servicio de interpretación telefónico, pero, como declaró uno de ellos al *San Francisco Chronicle*, estos suelen ser «imprecisos y sufren retrasos considerables, desgraciadamente».

La reducción de los costes afectará inevitablemente a la capacidad de los migrantes para presentar su caso ante los tribunales o incluso para comprender su sentencia, si es que llegan a esta fase en primer lugar. Por poner un ejemplo, de los 250 000 refugiados guatemaltecos detenidos en la frontera estadounidense en 2019, al menos la mitad eran mayas y muchos hablaban poco o nada de español, pero ese era el único idioma que se les ofrecía, lo que derivó en sus deportaciones. Mientras tanto, las autoridades de inmigración estadounidenses han utilizado herramientas de traducción en línea para estudiar los perfiles de los refugiados en redes sociales antes de decidir sobre su futuro. Cuando se remarcó en 2019 que dichos servicios van acompañados de ciertos avisos legales, el gobierno respondió que «entienden las limitaciones de las herramientas de traducción en línea».

«La obligación de las autoridades competentes no se limita a la designación de un intérprete», dice una guía del Convenio Europeo de Derechos Humanos, «sino que también puede extenderse a un grado de control subsecuente sobre la adecuación de la interpretación proporcionada». Los peores postores contratados por «las autoridades competentes» no tienen esta obligación, ya que su principal criterio son los costes (de lo contrario, no habrían ganado la adjudicación). Cuando se les pregunta por sus principios de selección, las agencias se esfuerzan por insistir en que sus contratistas son «fiables y responsables», quedando a veces la competencia lingüística en segundo lugar. Por supuesto, es más fácil comprobar la asistencia que la competencia.

¿Qué opinan los profesionales sobre todo esto? Jonathan Downie, intérprete de conferencias y autor de un libro sobre el tema, me habló de la noción de valor en el sector, subrayando la diferencia entre el valor absoluto, o los costes reales para el consumidor, y el valor percibido, o la impresión que se llevan. «Si solo somos números en una hoja de cálculo», dijo, «intentarán conseguirlo más barato; si saben que no pueden prescindir de ti, el precio se convierte en un factor mucho menos importante». Aunque la calidad es un concepto más elusivo que la cantidad, una forma de evaluarla es preguntarse si la labor del intérprete ha cumplido con las expectativas del cliente. En uno de sus artículos, Downie afirma que la gente tiende a «encargar traducciones para cumplir un propósito determinado», lo que «podría prevalecer sobre la estricta precisión lingüística en algunos casos». ¿La gente sigue necesitando calidad?, le pregunté, pensando en el declive de los servicios públicos. «El argumento utilizado para defender el gasto en interpretación en el sector público», dijo Downie, «es prácticamente un argumento sobre derechos humanos». Si la traducción es necesaria solo porque lo dice la ley, la gente intentará conseguirla de la forma más barata posible. La alternativa es demostrar que, si esta se hace bien, se conseguirán los objetivos propuestos y se ahorrará al mismo tiempo: que los pacientes pasen menos tiempo en el hospital, por ejemplo, o los presos bajo custodia.

Otra intérprete, Hiromi Sakai, también tiene una actitud bastante optimista con respecto a su trabajo, a pesar de saber lo mal que van algunas cosas en ciertas áreas. Me habló de una ocasión en la que, tras haber sido doblemente reservada para una conferencia, se quedó a escuchar. Lo que escuchó fue tan horrible que le escribió a la agencia que había contratado a los intérpretes. «Me hicieron el vacío», recuerda. «Nunca me volvieron a ofertar otro encargo». Tras darse cuenta de que denunciar no funciona, Sakai se centró en lo que está en su mano: ser lo más precisa posible, pero también crear una atmósfera de entendimiento mutuo y, en última instancia, contentar a los clientes. Concienciar al consumidor sobre lo que a menudo se consideran detalles irrelevantes —desde la calidad del equipo hasta el ritmo de los discursos— es otra de las cosas que los profesionales pueden hacer. Por último, pero no menos importante, si quieres ser valorado, no debes ofrecerte a bajo precio. «Subí mis tarifas, aunque eso supusiera perder algunos de mis clientes», afirma Sakai, «y no voy a ceder».

La cuestión de la comunicación multilingüe cobró especial relevancia cuando Reino Unido votó a favor de abandonar Europa. El documento oficial del Brexit de 2018, publicado en veintidós lenguas de la UE, se tradujo espectacularmente mal en algunas partes —o parecía «muy ficticio», como dijo educadamente un germanohablante—. Otro preguntó: «¿Qué significa *Fischergemeinden*? ¿Que la gente le reza por los peces?». (Este compuesto inventado es una mezcla de «pescador» y una palabra entre cuyos significados están «comunidad» y «parroquia»). En el documento se escribió mal «Estonia» en estonio, «Finlandia» en finés, «alemán» en alemán y «Reino Unido» en croata. En francés, *principled Brexit* adquirió matices morales: un Brexit *con*, más que *basado en*, ciertos principios. En galés, la palabra *cenhadaeth* se utilizó con el significado de «objetivo» en un sentido corporativo, a pesar de su acepción de «misión» y sus connotaciones religiosas. En el texto alemán, aparentemente el peor a juzgar por las reacciones de los hablantes nativos, también aparecía *letter* (en el sentido de legislación jurídica) traducido como *letter* (con el significado de letra del alfabeto). Un usuario de Twitter neerlandófono escribió: «Querido gobierno de Reino Unido. Apreciamos el esfuerzo y probablemente no tengáis ni idea, pero, por favor, ceñíos al inglés si queréis que os entendamos. Esto es horrible. Saludos, Países Bajos».

Muchos europeos creían que este fiasco ilustraba lo mal preparado que estaba el gobierno británico para el Brexit y lo poco que le importaba Europa. Sin embargo, la explicación podría ser más prosaica: las habilidades lingüísticas en Reino Unido llevan mucho tiempo en declive. En 2018, Reino Unido pagó 1,5 millones de libras a la Comisión Europea por servicios de traducción, un gasto condenado por algunos políticos como «una vergonzosa pérdida tanto de tiempo como de dinero de los contribuyentes».

La factura incluía los honorarios pagados a los intérpretes de la UE que participaron en las negociaciones del Brexit, uno de los cuales tradujo un discurso que Jean-Claude Juncker dio en diciembre de ese año. Al hablar de la postura de Reino Unido sobre su salida de Europa, el presidente de la CE utilizó la palabra francesa *nébuleux*, traducida como *nebulous*, que provocó la furiosa reacción de Theresa May, quien se lo tomó como algo personal. En una aclaración posterior, Juncker dijo (en inglés): «No sabía, por cierto, que esta palabra existía en inglés». Lo que quería decir era que no veía hacia dónde se dirigía el Parlamento británico y, en cualquier caso, no se refería a May, sino al «estado general del debate en Reino Unido».

Con numerosos ejemplos que demuestran que merece la pena contar con una traducción de calidad, algunas señales positivas están apareciendo en Reino Unido: por ejemplo, la palabra «internalización». Los analistas británicos informaron en 2019 que «el 78 % de las autoridades locales creen que les otorga más flexibilidad, dos tercios dicen que también les permite ahorrar dinero y más de la mitad dicen que ha mejorado la calidad del servicio a la vez que se simplifica la forma en que se gestiona». «Los días de la externalización a gran escala», citando de nuevo a Downie, «están llegando a su fin». Hay indicios de que las cosas están cambiando y, en función de lo que ocurra con la economía, la situación podría mejorar. «Dentro de unos cinco o diez años», dice Downie, «creo que no recordaremos el pesimismo sobre la interpretación en el sector público».

«Las tendencias actuales en varios países avanzan hacia la desprofesionalización debido a la escasez de medios económicos, la ausencia de formación especializada y la falta de concienciación sobre los riesgos de recurrir a intérpretes jurídicos no profesionales», señala una norma sobre interpretación jurídica publicada por la Organización Internacional de Normalización en abril de 2019. Esta contiene una serie de requisitos, desde generales hasta técnicos, pero, como era de esperar, ninguna regla estricta. La traducción es tan imposible de evaluar como de realizar absolutamente bien. Eso no significa que debamos dejar de intentarlo. Tanto si la calidad es necesaria como si no, los traductores siguen adelante, a veces haciéndolo mejor y a veces peor.

«Tiendo a equiparar lo que hago con el trabajo de un instalador de gas: proporciono un servicio básico tras haber estudiado para dominarlo», escribió Robert Walkden en una carta al *London Review of Books* en 2018, en respuesta a la afirmación de otro corresponsal de que cualquier tipo de traducción puede llegar a considerarse arte. «La traducción no literaria es algo más que una simple actividad mecánica, pero eso no convierte a las personas que lo hacen en artistas». Para demostrarlo, menciona la popularidad de las herramientas de traducción asistida por ordenador: son esencialmente bancos de datos que permiten buscar fragmentos enteros utilizados anteriormente por otros traductores en contextos relevantes. Algunos profesionales, que llevan décadas empleando este tipo de herramientas, avanzan hacia la traducción totalmente automatizada, aunque con resultados desiguales.

Las herramientas de traducción asistida se inventaron para mejorar los resultados de los traductores, pero ¿funcionan siempre como se espera? Una anécdota típica, relatada por un colega, tiene que ver con una sentencia judicial que tradujo utilizando una herramienta informática creada a partir de una base de datos de sus propias traducciones. Su cliente ejecutó un programa de comprobación del texto y se detectaron cuatro pasajes en los que «la traducción entregada era cien por cien una traducción automática (palabra por palabra) sin ningún esfuerzo por transformarla en una traducción jurídica humana». Sin embargo, todos los segmentos marcados eran artículos de la ley citados siempre en sentencias de ese tipo en su forma estándar. Según el traductor, la versión propuesta por la máquina era «perfecta, exacta, y cualquier modificación que yo le hubiera hecho habría disminuido la calidad de la traducción». A pesar de esto, el cliente se negó a pagar. Independientemente de que las herramientas de traducción estén diseñadas para mejorar las cosas en general o solo para acelerarlas y reducir costes, la cuestión de cómo definir la calidad sigue en pie.

18

Elementos alógicos

A lo que me refiero es a lo siguiente: él dice que mi rana saltarina es una historia divertida, pero que aun así no puede entender por qué debería hacer que alguien se parta de la risa, e
inmediatamente después procede a traducirla al francés para
demostrarle a su nación que no he creado nada extravagante-
mente divertido. Exactamente ahí es donde se origina mi queja. No la ha traducido en absoluto.

Este es un extracto de la introducción de Mark Twain a
un libro que publicó en 1903 bajo el título *The Jumping Frog:
In English, Then in French, Then Clawed Back into a Civilized
Language Once More by Patient, Unremunerated Toil*. Contiene
tres relatos cortos: *La célebre rana saltarina del distrito de
Calaveras*, *La grenouille sauteuse du comte de Calaveras* (sic) y
The Frog Jumping of the County of Calaveras. El primero fue una
de las primeras obras de Mark Twain, publicado originalmente en 1865, es una pieza humorística ambientada en California
durante la época de la fiebre del oro; el segundo apareció en
1872 en la *Revue des deux monde*; el último fue la venganza del
autor contra el traductor francés (muy criticado, pero nunca
nombrado): es su propia traducción, deliberadamente literal, de
la versión francesa sin gracia de vuelta al inglés original.

Tanto si los lectores franceses de Twain encontraron divertida la historia como si no, el original lo es, aunque no tanto como la doble traducción. «Había una vez aquí un tipo llamado Jim Smiley», comienza la primera; la segunda dice: «Había una vez aquí un individuo conocido con el nombre de Jim Smiley». El personaje es descrito como un ludópata —«Cualquier cosa que al otro hombre le conviniera, le convenía – con cualquier cosa que le consiguiera una puesta, estaba satisfecho»— y lo mismo puede concluirse del otro texto: «Todo lo que le convenía al otro, a él le convenía también; viendo que había una apuesta, Smiley estaba satisfecho». La frase siguiente se transforma más sustancialmente: «Pero aun así tuvo suerte, una suerte poco común; casi siempre salía ganando» se convierte en «¡Y si tenía una oportunidad! Una oportunidad incluso sin valor, casi siempre ganaba». Continúa así durante veinte páginas, «se parece tanto a la rana saltarina», por citar de nuevo la introducción de Twain, «como yo a un meridiano de longitud».

La traducción inversa, el truco que le permitió a Twain defender su reputación de humorista por partida doble, es un análogo multilingüe, a menudo divertido, del juego del teléfono roto. A principios de los años 90 se utilizó con un fin práctico: evaluar la calidad de la traducción automática. El proceso funcionaba de la siguiente manera: primero varias personas traducían artículos periodísticos del inglés a diferentes idiomas, luego las máquinas los volvían a traducir y después otras personas respondían una serie de preguntas sobre su contenido. Conocido como evaluación de la comprensión, el método se abandonó enseguida por no ser lo suficientemente concluyente, ya que los textos proporcionados por los traductores humanos, aunque procedían de la misma fuente, eran tan diferentes que resultaba difícil saber si las lagunas de comprensión se debían a discrepancias o a errores cometidos durante el procesamiento de la máquina. Este y otros métodos de evaluación tienen dos cosas en común: implican cierta intervención humana (al menos en el momento en el que escribo estas frases) y siguen siendo, en mayor o menor medida, subjetivos.

En 2018, cuando se les pidió a 352 expertos que estimaran la probabilidad de que la IA superara a los seres humanos en diversas tareas en un futuro próximo, sus predicciones sugirieron que esto le ocurriría a la traducción alrededor del 2024. El informe, publicado por investigadores de Oxford y Yale, define la igualdad de rendimiento en este ámbito como que las máquinas son «más o menos igual de buenas que una persona que domina los dos idiomas, pero no es un experto en traducción». Entre «las capacidades específicas de la IA» se menciona «la traducción de idiomas» junto a «doblar la ropa».

La práctica de la traducción es propensa a los malentendidos. Tal vez era de esperar que el desarrollo de algoritmos de traducción, los cuales a muchos les parecen tan impenetrables como el propio proceso, fuera de la mano de una falta de comprensión. Y, sin embargo, los principios básicos en los que se basan pueden explicarse en términos sencillos, ya que no son tan distintos de los que subyacen a cualquier acto humano de traducción. El ámbito del procesamiento del lenguaje natural surgió en los años de la posguerra, cuando la Guerra Fría generó la necesidad de traducir más textos. Los estadounidenses fueron pioneros; en 1949, Warren Weaver presentó un nuevo enfoque de traducción que resultó muy influyente. Detrás de este había un modelo matemático de comunicación desarrollado por otro científico estadounidense, Claude Shannon. Weaver contribuyó a la popularización de las ideas de Shannon y las aplicó a la traducción, argumentando que —aparte de los «elementos alógicos del lenguaje», como el «sentido intuitivo del estilo, el contenido emocional, etc.»— esta podía reducirse a un problema lógico.

Los primeros en abordar este problema fueron los algoritmos basados en reglas. Fueron desarrollados en los años 50 y 60 y utilizaban diccionarios bilingües, así como complejos sistemas de reglas que le permitían al ordenador determinar el orden de las palabras en la lengua meta. Con sus miles de reglas sofisticadas y específicas de cada lengua, los sistemas eran difíciles de mantener, pero sus prometedores resultados iniciales fueron lo suficientemente alentadores como para que los organismos de financiación, sobre todo en EE. UU., invirtieran en más investigación. Posteriormente, tras el entusiasmo inicial, las cosas cambiaron. En 1959, Yehoshua Bar-Hillel, quien había dirigido la investigación a principios de los años 50, publicó un informe muy negativo sobre la traducción automática en el que señalaba algunas de las limitaciones de los sistemas existentes. Afirmaba que no eran lo bastante sofisticados como para analizar la estructura de las frases de manera satisfactoria, sobre todo al traducir entre lenguas gramaticalmente distantes. Para que los ordenadores generaran algo mejor que *The Frog Jumping*, se necesitaban reglas más complejas.

Las críticas de Bar-Hillel contribuyeron a la ralentización del trabajo en este campo, aunque su influencia por sí sola no fue suficiente para paralizarlo por completo. En 1964, las organizaciones que financiaban la investigación de la traducción automática en Estados Unidos encargaron un informe sobre este campo. El informe, elaborado en 1966 por el Automatic Language Processing Advisory Committee, analizaba las necesidades de traducción automática y sus costes asociados. Una de las conclusiones a las que se llegó fue que «la mayoría de las traducciones solicitadas son de un interés insignificante y, en última instancia, se leen parcialmente o no se leen en absoluto» (de hecho, esto debe ser cierto para la mayoría de los textos alguna vez producidos). «No hay ninguna urgencia en el campo de la traducción», fue su veredicto. «El problema es no satisfacer una necesidad inexistente mediante una traducción automática inexistente».

Tras haber convencido a los principales inversores de que sus esfuerzos e inversiones habían sido injustificados, la primera ola del procesamiento del lenguaje natural se calmó. Otro apogeo sobrevino a esta depresión durante los años 80, en los comienzos de la era del internet. Fue la disponibilidad de textos electrónicos lo que permitió a los investigadores concebir la idea de la traducción automática estadística. El elemento clave de cualquier modelo estadístico es un corpus paralelo: un conjunto de pares de textos que son traducciones entre sí, preferiblemente de buena calidad, como quiera que eso se juzgue. Estos textos deben alinearse, o emparejarse, unidad por unidad: a nivel de palabra, frase, oración o párrafo. La alineación a nivel de frase, por ejemplo, puede hacerse por longitud, un método relativamente sencillo y robusto que tiene en cuenta el hecho de que el número de palabras de una frase suele cambiar en la traducción. Otra manera de hacerlo es léxicamente, en la que cadenas de caracteres —acrónimos, nombres propios o números— actúan como puntos de correspondencia cuya presencia permite al programa mapear los textos entre sí, frase a frase.

A partir de un gran corpus de textos alineados a nivel de frase, se aplica un modelo estadístico de la siguiente manera: en primer lugar, se utiliza un algoritmo de alineación de palabras, el cual construye una especie de diccionario en el que cada traducción de una palabra dada se asocia con la probabilidad de este significado concreto. Las probabilidades se determinan con base en la frecuencia relativa de aparición de cada par en el corpus. Después, el modelo utiliza el diccionario que ha compilado para traducir cada frase, eligiendo las traducciones más probables —no solo de palabras sueltas, sino también de expresiones y oraciones— sugeridas por el corpus. También compara el borrador obtenido con un corpus monolingüe para asegurarse de que el resultado tiene sentido y se lee sin dificultad en la lengua de destino.

Como muestra este resumen (de forma muy general), la máquina imita a sus homólogos humanos en las principales etapas de la traducción: ambos buscan las cosas en un diccionario; ambos evitan el infame y poco fiable enfoque de palabra por palabra; ambos intentan utilizar el sentido común, aunque de forma diferente. Frente a una serie de contextos entre los que elegir, los humanos actúan de manera intuitiva, mientras que los algoritmos no tienen más remedio que elegir el significado más probable de una palabra o frase determinada. La posibilidad de la traducción se basa en el hecho de que la mayoría de las cosas que dice la gente ya se ha dicho antes y pueden encontrarse en un vasto conjunto de datos almacenados en un servidor informático, en un cerebro humano o en cualquier otro lugar de las arcas de la civilización.

A medida que los modelos estadísticos mejoraban, se concibió otro enfoque basado conceptualmente en la misma idea —que no hay ninguna necesidad de reinventar la rueda, tratando de expresar un pensamiento o concepto de nuevo cuando ya está disponible en multitud de idiomas— pero con una aplicación radicalmente diferente. Las redes neuronales se han abierto camino en la traducción en la última década, sustituyendo gradualmente a los métodos anteriores. Un algoritmo neuronal también analiza un gran conjunto de datos, pero el resultado de esta fase es el denominado encaje léxico. El código considera una palabra dada junto con algunas de las que la rodean, tratando este grupo como un contexto en el que la palabra puede usarse, de acuerdo con el lingüista John Rupert Firth: «Conocerás una palabra por la compañía que tiene». En una exhibición sobre IA en 2019, intenté experimentar con un generador de encajes léxicos desarrollado por Google. Cuando escribí «traducción», me respondió «colonización», «malinterpretado» y «literaria», demostrando una vez más que las máquinas solo reproducen lo que han aprendido de sus creadores.

Cada palabra suele pertenecer a muchos contextos diferentes, así que el algoritmo los limita a un número manejable al descartar los menos comunes. A continuación, la palabra se representa como un conjunto de elementos, o características determinadas expresadas en números, cada uno de los cuales mide la probabilidad de que pertenezca a uno de los contextos identificados. Esta estructura de encaje léxico se construye tanto para la lengua de partida como para la de llegada, ya sea por separado, cuando el algoritmo se entrena en cada corpus monolingüe de forma independiente, o conjuntamente, con el uso de corpus bilingües de textos equivalentes. Si se elige el primer método, las dos estructuras se mapean posteriormente una sobre la otra, lo que da lugar de nuevo a una alineación entre ellas. Este proceso, conocido como aprendizaje profundo, genera una especie de superdiccionario que almacena una cantidad colosal de información sobre el uso de las palabras y otras unidades.

Puede que los modelos aquí descritos sigan pareciendo cajas negras (para entenderlos a fondo haría falta una licenciatura en lingüística computacional, y para cuando uno la consiga ya habrán sido sustituidos por otra generación de algoritmos), pero una cosa está clara: todo es cuestión de datos. Los primeros corpus utilizados por los desarrolladores de programas de traducción fueron sobre textos legislativos, ampliamente disponibles y fáciles de alinear frase por frase. Algunos ejemplos incluyen los debates parlamentarios canadienses, transcritos en inglés y en francés; los documentos de la UE, disponibles en más de veinte idiomas; y las actas de la ONU, publicadas en seis. A medida que internet conquistó el mundo, las páginas multilingües se convirtieron en fuentes útiles, con Wikipedia como la mayor de ellas. Aunque no todos sus artículos sobre un tema determinado son traducciones de los demás, coger un solo tema, a menudo bastante limitado, y comparar los textos puede funcionar mejor que consultar un diccionario tradicional con sus equivalentes directos. Los corpus bíblicos son un tesoro de datos; las TED Talks se traducen habitualmente a varios idiomas; y la lista no acaba. La ubicuidad de la información multilingüe permite a los motores de búsqueda recopilar más datos en línea y crear nuevos corpus todavía en formación de menor calidad, pero útiles de todas maneras gracias a su gran volumen. La cantidad es más importante que la calidad, o eso parece; además, la disciplina tiene mucho más que ver con la informática que con la lingüística.

No siempre ha sido así. En los albores de la traducción automática, informáticos y lingüistas colaboraron estrechamente, empezando con los sistemas basados en reglas en los años 50, pero la aparición del enfoque estadístico en los 80 hizo que se distanciaran. A medida que el trabajo avanzaba, la implicación de los lingüistas en el proceso pasó de moda. Frederick Jelinek, famoso en el campo de la teoría de la información y quien dirigió el grupo de investigación de reconocimiento del habla de IBM durante dos décadas desde mediados de los años 70, supuestamente dijo: «Cada vez que despido a un lingüista, el rendimiento de nuestro sistema sube». Tal vez se trate de una anécdota apócrifa y, aunque fuera cierta, no cabe duda de que el comentario se hizo para causar efecto. La principal razón para deshacerse de los lingüistas era la rentabilidad, ya que cualquier cosa producida por personas es notoriamente difícil de integrar en un sistema complejo. Entrenar a un algoritmo de forma autónoma es mucho más rápido y barato que emplear especialistas para hacerlo, y a medida que se dispone de nuevos datos, los sistemas tienen que volver a entrenarse constantemente, lo que deja todavía menos tiempo y dinero para la intervención humana, por muy experta que sea, en esta industria tan competitiva.

Thierry Poibeau, un investigador especializado en humanidades digitales —su libro *Machine Translation* contrasta con muchas otras obras sobre el tema, que parecen haber sido escritas en una lengua extraña antes de pasarlas por una aplicación de traducción chapucera—, me contó que en los últimos veinticinco años ha habido varias propuestas para que los lingüistas vuelvan a trabajar en igualdad de condiciones junto a los desarrolladores, pero ahora que se espera que el aprendizaje profundo funcione de manera automática, su regreso parece cada vez menos probable. En su lugar, se han convertido, en palabras de Poibeau, en «el lumpemproletariado del aprendizaje automático». En 2016, cuando Google pasó de los métodos estadísticos a las redes neuronales, pregonando la evolución del aprendizaje supervisado al no supervisado como el siguiente paso hacia delante, la revista *Wired* informó de que la empresa contrató a un «equipo masivo de doctores en lingüística» llamado Pygmalion para introducir manualmente montones de datos para entrenar a los algoritmos, una tarea descrita por un exdirector del proyecto como «muy clic, clic, clic». En 2019, según *The Guardian*, «el apetito por los datos etiquetados a mano de Pygmalion, y el tamaño del equipo, no ha hecho más que aumentar». Las afirmaciones de Google sobre la naturaleza autosuficiente de sus redes van en contra de las experiencias de sus empleados. «La inteligencia artificial no es tan artificial», declaró uno de ellos al *The Guardian*. «Son los seres humanos los que están haciendo el trabajo».

Con o sin la ayuda de lingüistas, las herramientas de traducción automática han ido mejorando rápidamente. En la actualidad sus usos incluyen la recuperación de información entre varios idiomas (cuando se consultan fuentes multilingües en línea en busca de palabras clave), el subtitulado y subtitulado descriptivo automático, mensajería de texto y la traducción de voz directa para mensajes de audio, entre otros. Esta tecnología también se está abriendo camino en la industria editorial, donde cada vez más y más libros son traducidos por máquinas y luego poseditados (por lo general, también hay una etapa de preedición, diseñada para hacer que el texto sea más fácil de procesar para el algoritmo). Un ejemplo de esto es *Deep Learning*, de Ian Goodfellow, Yoshua Bengio y Aaron Courville, el cual se publicó en inglés en 2016 y dos años después se publicó traducido al francés por DeepL, uno de los competidores de Google Translate. Para ello se requirió un trabajo previo donde se elaboró un diccionario de términos técnicos que el ordenador podía utilizar y, posteriormente, el texto fue «validado» por unos editores anónimos. La edición francesa fue bastante exitosa, aunque es difícil saber en qué medida se debió a la contribución humana. La experiencia de Poibeau fue diferente: cuando trabajaba en una edición francesa de su propio libro, hizo algunos cambios en la conclusión y la sometió a una herramienta de traducción. «Estaba en francés», dice, «pero era demasiado literal, demasiado parecido al inglés original, así que era más fácil reescribirlo desde cero». La traducción de los documentos de la UE es otro de los puestos relativamente recientes que está a punto de ser asumido por las máquinas. Curiosamente, son los textos producidos por la UE, traducidos por profesionales, los que componen el gran conjunto de datos conocido como Europarl, una de las fuentes multilingües más útiles para el entrenamiento de algoritmos. El corpus ha enseñado a las máquinas todo lo que necesitan para sustituir a sus creadores.

A pesar de los avances revolucionarios de la era de las máquinas, la mayoría de los retos a los que se han enfrentado los traductores humanos desde el principio siguen ahí; un recordatorio de que las máquinas son productos hechos por el hombre.

Veamos como ejemplo las lenguas puente, utilizadas a modo de etapa intermedia en la traducción entre lenguas poco comunes. Cuando la cantidad de información disponible es todavía insuficiente para entrenar adecuadamente las sofisticadas redes neuronales, tiene sentido utilizar el inglés como lengua intermedia debido a la amplitud de textos disponibles. Sin embargo, la introducción de un obstáculo extra conlleva ciertos riesgos. El experto en humanidades Frédéric Kaplan, inventor del término «capitalismo lingüístico», menciona un ejemplo que se remonta a 2014, cuando Google Translate tradujo la expresión francesa *il pleut des cordes* (literalmente «llueven cuerdas») al italiano como *piove cani e gatti* (literalmente «llueven perros y gatos»), lo cual no tiene ningún sentido. La metáfora se había extendido demasiado, claramente a través del puente del inglés (*it's raining cats and dogs*).

Por otro lado, existen lenguas más universales que el inglés. «Quizá sea cierto que la manera de traducir del chino al árabe, o del ruso al portugués, no sea intentando la ruta directa, gritando de torre a torre», escribió Weaver en 1955. «Tal vez la mejor solución sea descender, desde cada lengua, hasta la base común de la comunicación humana: el, real pero todavía por descubrir, lenguaje universal». Puede que con esto se estuviera refiriendo al mentalés, el lenguaje del pensamiento. Las analogías con el funcionamiento del cerebro humano no se quedan en el plano teórico. Para imitar el proceso natural, los ingenieros de *software* idearon una combinación de un codificador —el cual traduce la lengua origen al llamado interlingua, un lenguaje formal desarrollado especialmente para facilitar el procesamiento de los ordenadores— y un descodificador. Este método basado en el interlingua, el más ambicioso de todos, nunca se ha aplicado a gran escala. Aun así, es bastante revelador que la búsqueda de una representación universal del significado haya pasado de un lenguaje innato a un equivalente maquinal del mentalés. Este último, a su vez, pretende automatizar completamente la traducción, permitiéndonos seguir siendo monolingües si eso es lo que queremos.

Entre otros problemas a los que se enfrentan tanto las máquinas como los humanos se encuentra la polisemia y, en general, cualquier cosa que requiera una desambiguación semántica o sintáctica. En su mordaz artículo, Bar-Hillel utilizó el ejemplo *the box was in the pen* para demostrar la inviabilidad de la traducción automática de alta calidad. La frase puede ser lógica en determinados contextos, ya que la palabra *pen* en inglés puede referirse a un instrumento de escritura o a un recinto, pero este último significado, según argumentaba Bar-Hillel, sería imposible de obtener probabilísticamente por un ordenador. Aunque tenía razón, otros contextos más predecibles no están fuera del alcance de los algoritmos actuales. Poibeau cita otro ejemplo, *the motion fails*, para demostrar que, aunque el equivalente francés más probable de *motion* es *mouvement*, cualquier algoritmo decente descartaría *la mouvement est rejetée* por sinsentido y elegirá en su lugar *la motion est rejetée*. Otros enunciados más ambiguos, como *there was not a single man at the party*, son imposibles de traducir sin contexto (o incluso con él), pero eso no es un problema específico de las máquinas, cualquier humano pensaría que la frase es confusa.

Dejando a un lado los ejemplos abstractos y pasando a las cuestiones prácticas, está claro que las máquinas necesitan toda la ayuda posible de los humanos. En agosto de 2019, Facebook fue investigado por la ONU por no detener las escandalosas publicaciones en birmano sobre los musulmanes rohinyá de Myanmar, decenas de miles de los cuales habían huido del país como resultado de la violencia hacia ellos por motivos étnicos. Considerado como «un instrumento útil para quienes buscan difundir el odio» contra este grupo minoritario, Facebook también fue criticado por proporcionar unas traducciones engañosas. Una publicación en birmano, por ejemplo, decía: «Matad a todos los kalar que veáis en Myanmar; no debe quedar vivo ni uno», el peyorativo kalar hace referencia a los rohinyá. La traducción de Facebook decía: «No debería haber ningún arcoíris en Myanmar». La empresa admitió ser «demasiado lenta a la hora de evitar la desinformación y el odio» y eliminó la opción de traducción del birmano. Todavía no está claro si los errores fueron generados únicamente por el *software* o si se contó con la ayuda de traductores humanos.

Los retos a los que se enfrenta la traducción son demasiados como para analizarlos aquí de forma exhaustiva, pero veamos algunos para saber si las máquinas son mejores que los humanos a la hora de afrontarlos. Hablando sobre el tema en su blog, el lingüista Mark Liberman menciona tres cosas que los ordenadores no consiguen dominar: los pronombres, las expresiones idiomáticas y el sentido común. Al abrir un libro cualquiera, coge la expresión en francés *qu'on me pose un lapin* que significa «que alguien me da plantón», la pasa por Google Translate y obtiene una versión literal; haciendo exactamente lo mismo ahora, sigue traduciéndolo como «me preguntan un conejo». El algoritmo trata con más tacto el título de la famosa traducción húngara de *Winnie the Pooh*, *Micimacko* («Mici el oso»), reconociéndolo como *Winnie the Pooh*. En lo que a las palabrotas se refiere, Google es bastante ingenioso: «joder», por ejemplo, genera una variedad decente de improperios. Los juegos de palabras, como era de esperar, caen en saco roto como siempre, a menos que sean rescatados por la suerte o el ingenio. Por último, para ponerlas a prueba hasta el límite, ¿pueden las máquinas distinguir entre registros? La frase con la que Twain se divirtió tanto «Pero aun así tuvo suerte, una suerte poco común; casi siempre salía ganando», traducida al francés y de vuelta al inglés, dice «Pero todavía tenía suerte, una rara oportunidad; casi siempre sale ganador». Si el lector realizara el mismo experimento ahora, los resultados probablemente serían diferentes (los algoritmos cambian constantemente a medida que se les introducen más datos), tal vez hasta el punto de sugerir que los ordenadores ya han superado a los humanos en el ámbito de la traducción, aunque eso podría ser una cuestión de definición.

«Hasta la fecha, el mayor inconveniente de la mayoría de este tipo de máquinas es que requieren de la intervención continua de un agente humano para controlar sus movimientos». Luigi Menabrea, el científico cuyas notas fueron traducidas y ampliadas por Ada Lovelace, escribió esto sobre la máquina analítica de Charles Babbage en 1840. De alguna manera, nuestra relación con la tecnología no ha cambiado tanto desde entonces. La cuestión más debatida hoy en día sobre las IA es si las máquinas pueden llegar a ser verdaderamente inteligentes de forma artificial y hacer cosas que los humanos no les hayan enseñado. A juzgar por las dificultades experimentadas por los algoritmos de traducción, hasta ahora han estado siguiendo los pasos de sus inventores y en lo que respecta a la evaluación de la calidad de sus traducciones, el referente también es sin duda humano. Existen varios métodos de evaluación basados en diferentes calificaciones diseñados para cuantificar características cualitativas tales como la adecuación y la fluidez, y sus defensores hablan de una evaluación «totalmente automática», pero el hecho es que cada uno de estos procedimientos implica la comparación entre una traducción producida por un ordenador y otra realizada por un profesional humano, siendo la última la que se considera óptima. En cuanto a la parte automatizada, Poibeau menciona «la pobreza de la información utilizada para la evaluación, que elimina por completo nociones como el estilo, la fluidez o incluso la gramaticalidad de las frases». Mi propia experiencia —una vez me pasé mucho tiempo intentando

arreglar un texto destrozado por un programa informático—
también hace que me ponga del lado de los luditas, al menos de
momento.

Otro método de evaluación muy popular consiste en pedirle a un traductor, que sea preferiblemente novato, que posedite
un texto generado por una herramienta informática y que ano-
te el tiempo que tarda en completar esta tarea. Esta forma de
medir la calidad, vinculada a la capacidad humana de procesar
el lenguaje, también es muy subjetiva: sea cual sea su grado de
experiencia, no se sabe cuánto tiempo puede tardar una persona en pulir un texto determinado. Lo mismo se aplica no solo
a las soluciones totalmente automatizadas, sino a todas las herramientas de traducción asistida. Algunos traductores evitan
la tecnología y prefieren utilizar los métodos de trabajo tradi-
cionales, ya que los consideran más eficientes; otros confían en
los recursos disponibles y utilizan las herramientas informáti-
cas para consultar textos almacenados y categorizados; algunos
dicen que la traducción automática debe evitarse a toda costa,
otros creen que los textos producidos por máquinas suelen ser
más fáciles de corregir y poseditar que aquellos traducidos por
personas. Un aspecto útil de la traducción automática es que
los errores que esta genera son más fáciles de detectar que los
de las personas, los cuales la mayoría de las veces dan lugar a
galimatías sin sentido alguno. No cabe duda de que las máquinas poseen conocimientos mucho más amplios que los humanos, pero hasta que no alcancen una profundidad comparable,
es demasiado pronto para que admitamos la derrota.

En lo que respecta a la tecnología de la interpretación asistida por ordenador —una serie de herramientas que combinan el
reconocimiento de voz con la traducción automática para proporcionar asistencia en tiempo real, por ejemplo, para sugerir
terminología, hacer correcciones, anotar cifras—, en este momento se encuentra en una fase todavía menos avanzada. No

es de extrañar que muchos intérpretes vean estas herramientas como un obstáculo. Su preocupación más frecuente (más allá del temor a que los robots vengan a quitarnos el trabajo) es que los desarrolladores no tienen ni idea de lo que realmente hacen los intérpretes. Y en un proceso tan complejo como la traducción en directo, hay que acostumbrarse a cada pequeño retoque que se hace. Como suele ocurrir con la tecnología, quienes no tienen que utilizarla están mucho más entusiasmados con ella que los que sí. Los expertos en derecho predijeron en 2018 que los intérpretes judiciales se quedarían obsoletos en «un par de años». Cuando los más escépticos pasaron la frase «sustituir a los intérpretes por la tecnología provocará grandes errores judiciales» por Google Translate del inglés a otra lengua y de vuelta al inglés, obtuvieron pruebas más que suficientes de que su escepticismo estaba justificado. Con el búlgaro, por ejemplo, se obtuvo «sustituir a los traductores provocará asesinatos espontáneos», aunque a día de hoy muestra un final más plausible, «conflictos sobre la justicia». Dejando de lado las expectativas a largo plazo, podemos estar seguros de una cosa: el principal objetivo del uso de ordenadores en cualquier tipo de traducción, escrita u oral, es proporcionar a los profesionales cierta ayuda y permitir a los clientes decidir cuánta intervención humana es necesaria para una tarea concreta.

«La traducción no analiza datos, flujos informáticos, topología circuital o *data input* y *output*», escribe Derek Schilling, un experto entusiasta de los experimentos multilingües del OuLiPo, en *Translation as Total Social Fact and Scholarly Pursuit* (utilizando un lipograma, para desafiar todavía más las reglas, los algoritmos y todo lo programable). «No basta con transcribir una palabra, oración o párrafo a una pantalla iluminada y lograr una fugaz satisfacción solo con pulsar un botón (*voilà !*). Aun con tal noción popular, la traducción actúa como una noción filosófica con una gran importancia histórica, una actividad práctica o vocación y un acto sociocultural». De hecho, la llegada de la era de las máquinas no ha hecho sino poner de relieve la naturaleza humana de la traducción. Los ordenadores hacen su trabajo —el cual incluye escudriñar terabytes de datos para recordarnos lo que ya hemos dicho muchas veces— mientras nosotros seguimos haciendo el nuestro. Hasta que el lenguaje no se reduzca a poner unas palabras más o menos correctas en un orden más o menos correcto; mientras la gente siga bromeando e insultando, elogiando e ironizando, pronunciando y escribiendo cosas que quieren decir o que no; mientras la comunicación humana siga implicando todo lo anterior y muchísimo más, podemos afirmar sin miedo, parafraseando a Twain, que las noticias sobre la muerte del traductor se han exagerado mucho.

Notas sobre las fuentes

Dado que se trata de un libro de divulgación, he considerado innecesario ofrecer una bibliografía al estilo académico. En su lugar, a continuación se enumeran las principales fuentes que he consultado durante mi investigación.

Introducción

Los acontecimientos que condujeron al bombardeo de Hiroshima se resumen en el reportaje de Edward Wiley *The Uncertain Summer of 1945* (https://www.nsa.gov/news-features/declassified-documents/cryptologicquarterly/assets/files/The_Uncertain_Summer_of_1945.pdf, desclasificado en 2011) y, de forma más detallada, en la obra de John Toland *The Rising Sun: The Decline and Fall of the Japanese Empire, 1936-1945* (Nueva York, Random House, 1970). El ensayo de José Ortega y Gasset *Miseria y esplendor de la traducción*, traducido al inglés por Elizabeth Gamble Miller, aparece en *The Translation Studies Reader*, editado por Lawrence Venuti (Londres y Nueva York, Routledge, 2000, pp. 49-63). La conferencia de Eliot Weinberger «Fuentes anónimas», impresa en inglés en la obra de Esther Allen y Susan Bernofsky (eds.) *In Translation: Translators on Their Work and What It Means* (Nueva York,

Columbia University Press, 2013, pp. 17-30), es una abundante fuente de reflexiones sobre la traducción.

El prefacio de John Dryden a su traducción inglesa de las *Heroidas* de Ovidio puede consultarse en https://www.gutenberg.org/files/54361/54361-h/54361-h.htm.

1 Sacudiendo el mundo

La biografía ganadora del Premio Pulitzer escrita por William Taubman, *Khrushchev: The Man and His Era* (Nueva York, W. W. Norton, 2003), es toda una mina de historias sobre la ambigua relación del líder soviético con Occidente. Los discursos que dio durante su viaje de 1960, reunidos en *Khrushchev in America* (Nueva York, Crosscurrent Press, 1960), fueron recopilados en numerosos artículos de revistas y periódicos; un extenso estudio de estos puede encontrarse en *K Blows Top* (Nueva York, Public Affairs, 2009), de Peter Carlson. Las memorias de los intérpretes están disponibles en sus ediciones rusas *A través de los años y las distancias* (*Cherez gody i rasstoyaniya*, Moscow, Vagrius, 1997), de Oleg Troyanovsky, y *Mi lengua es mi amiga* (*Yazyk moĭ - drug moĭ*, Moscú, AST, 1999), de Viktor Sukhodrev. Este último título es un juego de palabras con otro proverbio ruso: «Mi lengua es mi enemiga».

2 Efectos cómicos

Un vídeo de los presidentes Yeltsin y Clinton riéndose puede verse en https://www.youtube.com/watch?v=mv7M0xmq6i0. *Un pez en la higuera: Una historia fabulosa de la traducción* (Barcelona, Planeta, 2012), de David Bellos, es un libro cautivador e informativo escrito por un traductor con varias décadas de experiencia. El capítulo sobre el humor y los juegos de palabras es especialmente encantador. Las reflexiones de Umberto Eco sobre la teoría y la práctica de la traducción pueden encontrarse en *Decir casi lo mismo* (Barcelona, Lumen, 2008), una serie de conferencias traducidas al inglés por Alastair McEwen, repletas de entretenidos ejemplos. Algunos de los ejercicios oulipianos pueden encontrarse en *Translating Constrained Literature*, una edición especial de *Modern Language Notes* editado por Camille Bloomfield y Derek Schilling (MLN, vol. 131, 4, 2016).

3 El arte de halagar

Las aventuras de Joseph Wolff se relatan en su obra *Narrative of a Mission to Bokhara in the Years 1843-1845, to Ascertain the Fate of Colonel Stoddart and Captain Conolly* (Londres, John W. Parker, 1846). La correspondencia de Charles Stoddart y los relatos de los testigos presenciales de su encarcelamiento aparecen en *Papers Respecting the Detention of Lieutenant-Colonel Stoddart and Captain A. Conolly at Bokhara* (publicación del gobierno británico, 1839-44). Arthur Conolly habla de sus viajes en *Journey to the North of India, Overland from England, through Russia, Persia and Affghaunistaun* (Londres, Richard Bentley, 1838). Las experiencias de Alexander Burnes se describen en su exitoso diario de viaje *Travels into Bokhara* (Londres, John Murray, 1834).

El último año de la vida de Alexander Griboedov es el tema sobre el que gira la novela histórica de Yury Tynyanov Smert *Vazir-Mukhtara*, publicada por primera vez en 1927-28 y traducida del ruso al inglés por Anna Kurkina Rush y Christopher Rush como *The Death of Vazir-Mukhtar* (Nueva York, Columbia University Press, 2021). Un relato ficticio del Gran

Juego se entreteje en *The Devils' Dance*, una novela de Hamid Ismailov traducida del uzbeko por Donald Rayfield (Sheffield, Tilted Axis, 2018). Pueden encontrarse estudios detallados de los acontecimientos históricos en los que se basa este capítulo en la obra de Peter Hopkirk *El Gran Juego. El servicio secreto en los altos de Asia* (Fondo de Cultura Económica, 2023) y en *Torneo de sombras: El Gran Juego y la pugna por la hegemonía en Asia central*, de Karl E. Meyer y Shareen Blair Brysac (Barcelona, RBA Libros, 2008).

4 Observación y análisis

Las obras originales de Giovanni Virginio Schiaparelli, *Le opere di G. V. Schiaparelli* (Milán, U. Hoepli, 1930), y su correspondencia, *Corrispondenza su Marte di Giovanni Virginio Schiaparelli* (Pisa, Domus Galilaeana, 1963), ofrecen las interpretaciones del astrónomo sobre los *canali* que descubrió. Algunas de sus conversaciones con Percivall Lowell han sido recogidas por Alessandro Manara y Franca Chlistovsky en «Giovanni Virginio Schiaparelli, Percival Lowell. Scambi epistolari inediti (1896-1910)» (*Nuncius*, vol. XIX, 1, 2004, pp. 251-96). La obra *Biography of Percival Lowell* de Abbot Lawrence Lowell (Nueva York, Macmillan, 1935) ofrece otra perspectiva de su colaboración. Las obras de Percival Lowell *Mars* (Boston y Nueva York, Houghton, Mifflin, 1895), *Mars and Its Canals* (Nueva York, Macmillan, 1906) y *Mars as the Abode of Life* (Nueva York, Macmillan, 1908), desarrollan la idea de la existencia de vida inteligente en el planeta, mientras que Alfred Russel Wallace la cuestiona en su respuesta a Lowell *Is Mars Habitable?* (Londres, Macmillan, 1907). El debate en torno a los canales se resume en el artículo de William Sheehan «Giovanni Schiaparelli: Visions of a Colour Blind Astronomer» (*Journal of the British Astronomical Association*, vol. 107, 1, 1997, pp. 11-15). En «Some Curious Drawings. Mars through Giovanni Schiaparelli's Eyes: Between Science and Fiction» (*Nuncius*, vol. XXIV, 2, 2009, pp. 439–64) Elena Canadelli ofrece más detalles sobre las observaciones del astrónomo. Otros datos varios pueden encontrarse en *The Extraterrestrial Life Debate, 1750–1900* (Cambridge, CUP, 1986), de Michael J. Crowe, y en *Civilised Life in the Universe*, de George Basalla (Oxford, OUP, 2006).

La traducción de Ada Lovelace de «Notions sur la machine analytique de M. Charles Babbage» de Luigi Menabrea, publicada como «Sketch of the Analytical Engine Invented by Charles Babbage Esq. By L. F. Menabrea, of Turin, Officer of the Military Engineers, with Notes upon the Memoir by the Translator» (*Taylor's Scientific Memoirs*, vol. 3, 1843, pp. 666-731), habla por sí misma. Para un contexto más amplio de su vida y obra, véase *Ada: A Life and a Legacy* de Dorothy Stein (Cambridge, MA, MIT Press, 1985), *Ada, The Enchantress of Numbers* de Betty Toole (Moreton-in-Marsh, Strawberry Press, 1992) y *Ada Lovelace: The Making of a Computer Scientist* de Christopher Hollings, Ursula Martin y Adrian Rice (Oxford, Biblioteca Bodleiana, 2018).

5 Tesoros de la lengua

Gran parte de las obras de John Florio pueden encontrarse en línea, incluida su célebre traducción de Montaigne, *The Essayes* (https://warburg.sas.ac.uk/pdf/ebh610b2456140A.pdf), y el diccionario *A Worldde of Wordes* (https://archive.org/details/worldeofwordesor00flor). El detallado análisis de Frances A. Yates de estas y otras obras, *John Florio: The Life of an Italian in Shakespeare's England* (Cambridge, CUP, 1934), se complementa con la obra de F. O. Matthiessen *Translation, an Elizabethan*

Art (Cambridge, MA, Harvard University Press, 1931). Los escritos de John Dryden pueden consultarse en https://www.gutenberg.org/files/54361/54361-h/54361-h.htm.
Varios de los ejemplos históricos en los que se basa este capítulo, incluida la historia de Adriaan Koerbagh, han sido sacados de *Cultural Translation in Early Modern Europe*, una colección editada por Peter Burke y R. Po-chia Hsia (Cambridge, CUP, 2007). Para *Decir casi lo mismo* de Umberto Eco, véanse las notas del capítulo 2.

6 La Sublime Puerta

Las cartas de Alexander Mavrocordato, el truchimán jefe de la Sublime Puerta, se conservan en la biblioteca de la Escuela de Estudios Orientales y Africanos junto a los *Paget Papers*. Su carrera ha sido trazada por Nestor Camariano en *Alexandre Mavrocordato, le grand drogman: son activite diplomatique, 1673-1709* (Tesalónica, Instituto de Estudios Balcánicos, 1970). Otras fuentes de información sobre Mavrocordato y sus compañeros truchimanes son: *The History of the Growth and Decay of the Othman Empire* de Dimitrie Cantemir, traducida al inglés por N. Tindal (Londres, 1734); *Constantinopla: la ciudad deseada por el mundo 1453-1924* de Philip Mansel (Granada, Editorial Almed, 2006); *Biography of an Empire: Governing Ottomans in an Age of Revolution* de Christine M. Philliou (Berkeley y Londres, University of California Press, 2011); y «Panaiotis Nicousios and Alexander Mavrocordatos: The Rise of the Phanariots and the Office of Grand Dragoman in the Ottoman Administration in the Second Half of the Seventeenth Century» de Damien Janos (*Archivum Ottomanicum*, vol. 23, 2005–06, pp. 177–96).

Las instituciones lingüísticas venecianas son el objeto del estudio de E. Natalie Rothman «Interpreting Dragomans: Boundaries and Crossings in the Early Modern Mediterranean» (*Comparative Studies in Society and History*, vol. 51, 4, 2009, pp. 771–800). Los ejemplos de los propios escritos de los truchimanes proceden de «Of Translation and Empire: Sixteenth-Century Ottoman Interpreters as Renaissance Go-Betweens» de Tijana Krstic que aparece en *The Ottoman World* de C. Woodhead (ed.) (Londres, Routledge, 2011, pp. 133-40). «The Dragoman Who Commissioned His Own Portrait», de Aykut Gürçağlar, que aparece en *The Poetics and Politics of Place: Ottoman Istanbul and British Orientalism* de Zeynep Inankur *et al.* (eds.) (Estambul, Suna and Inan Kirac Foundation Pera Museum, 2010, pp. 211-17), nos permite echar un vistazo a la vestimenta de los truchimanes. Los méritos e infortunios de los intérpretes otomanos son tratados por Bernard Lewis en *From Babel to Dragomans: Interpreting the Middle East* (Londres y Nueva York, OUP, 2004) y por Alexander H. Groot en «Dragomans' Careers: Change of Status in Some Families Connected with the British and Dutch Embassies in Istanbul 1785–1829», el cual aparece en *Friends and Rivals in the East: Studies in Anglo-Dutch Relations in the Levant from the Seventeenth to the Early Nineteenth Century* de Alastair Hamilton, Alexander de Groot y Maurits van den Boogert (eds.) (Leiden, Brill, 2000, pp. 223–46).

7 Infidelidades

Las transcripciones de la audiencia parlamentaria en la que se basa este capítulo aparecen en *The Whole Proceedings on the Trial of Her Majesty, Caroline Amelia Elizabeth, Queen of England, for'Adulterous Intercourse' with Bartolomeo Bergami: With Notes and Comments and The Important and Eventful*

Trial of Queen Caroline, Consort of George IV for 'Adulterous Intercourse' with Bartolomeo Bergami (Londres, John Fairburn, 1820). Puede encontrarse más información en *Satirical Songs, and Miscellaneous Papers, Connected with the Trial of Queen Caroline* (Londres, G. Smeeton, 1820). Roger Fulford ofrece una perspectiva moderna en *The Trial of Queen Caroline* (Londres, B. T. Batsford, 1967). Ruth Morries analiza el juicio desde un punto de vista lingüístico en «The Gum Syndrome: Predicaments in Court Interpreting» (*Forensic Linguistics: The International Journal of Speech, Language and the Law*, vol. 6, 2, 1999, pp. 1–29).

Las observaciones de David Bellos proceden de *Un pez en la higuera: Una historia fabulosa de la traducción* (véanse las notas del capítulo 2). La obra teatral *Translations* de Brian Friel fue publicada por primera vez por Faber and Faber en 1981.

8 La precisión no era el punto fuerte de Hitler

Las memorias que proporcionan el grueso del material histórico de este capítulo son las de: Eugen Dollmann, *The Interpreter: Memoirs of Doktor Eugen Dollmann* traducidas al inglés por J. Maxwell Brownjohn (Londres, Hutchinson, 1967); Paul Schmidt, *Hitler's Interpreter*, traducidas por Alan Sutton (Stroud, The History Press, 2016); Arthur Herbert Birse, *Memoirs of an Interpreter* (Londres, Joseph, 1967); y Charles Bohlen, *Witness to History: 1929–1969* (Nueva York, W. W. Norton, 1973). Un estudio académico sobre la traducción de los dictadores, el cual incluye el episodio de Hendaya, puede encontrarse en *La interpretación de conferencias, el nacimiento de una profesión: de París a Núremberg* de Jesús Baigorri-Jalón, traducido al inglés por Holly Mikkelson y Barry Slaughter Olsen (Granada, Comares, 2000). La primera parte de «Eichmann in

Jerusalem» de Hannah Arendt apareció en el *New Yorker* el 8 de febrero de 1963.

9 Poca cosa

Las memorias de Richard Sonnenfeldt, *Witness to Nuremberg: The Many Lives of the Man Who Translated at the Nazi War Trials* (Nueva York, Arcade, 2006), están repletas de historias esclarecedoras. Los testimonios de los intérpretes Alfred Steer y Peter Uiberall entre otros, pueden encontrarse en *Eyewitnesses at Nuremberg*, editado por Hilary Gaskin (Londres, Arms and Armour, 1990). Su compañero Siegfried Ramler rememora el pasado en *Origins and Challenges of Simultaneous Interpretation: The Nuremberg Trial Experience*, publicado en *Languages at Crossroads* de Deanna L. Hammond (ed.) (Medford, NJ, Learned Information, 1988, pp. 437-40). Ann y John Tusa ofrecen una perspectiva más amplia del primer juicio de Núremberg, incluyendo la introducción del sistema de interpretación simultánea, en *The Nuremberg Trial* (Londres, Macmillan, 1983). *The Origins of Simultaneous Interpretation: The Nuremberg Trial* de Francesca Gaiba (Ottawa, University of Ottawa Press, 1998) aborda el tema con gran detalle.

10 Los dos últimos truchimanes

Las memorias de Andrew Ryan, The Last of the Dragomans (Londres, G. Bles, 1951), editadas por Reader Bullard, se publicaron tras la muerte del autor en 1949. *The Last Dragoman: Swedish Orientalist Johannes Kolmodin as Scholar, Activist and Diplomat*, editado por Elizabeth Ozdalga (Londres, I. B. Tauris, 2005), documenta las actividades de la legación sueca en Constantinopla. La aparición de los Jóvenes Otomanos y la crisis de gobierno resultante se describen en *The Revolution in Constantinople and Turkey* de William Mitchell Ramsay (Londres, Hodder and Stoughton, 1909). Los mensajes de Charles Doughty-Wylie desde Adana se conservan los archivos del Ministerio de Relaciones Exteriores (informes consulares 48 y 83, 1909). En *The Burning Tigris: The Armenian Genocide and America's Response* (Nueva York, HarperCollins, 2003) Peter Balakian analiza en profundidad las masacres otomanas. Los fracasos de la diplomacia británica en Turquía precedentes a la guerra se abordan en *Constantinople* de Philip Mansel (véanse las notas del capítulo 6).

11 Lo más oriental posible

Rubaiyat of Omar Khayyam, editado por Christopher Decker (Charlottesville, VA, University of Virginia Press, 2008), es una de las muchas ediciones fundamentales de la obra magna de Edward Fitzgerald. Las circunstancias bajo las que fue creada se abordan en *Letters of Edward FitzGerald* (Londres, Macmillan, 1901) y se describen más detalladamente en *English Men of Letters: Edward FitzGerald* (Londres, Macmillan, 1905) de A. C Benson y *The Life of Edward FitzGerald* (Londres, Grant Richards, 1904) de Thomas Wright.

Las *Noches* de Richard Burton pueden consultarse en línea en http://www.burtoniana.org/, junto a otras diversas fuentes biográficas, entre ellas *The Life of Sir Richard Burton* de Thomas Wright (Londres, Everett, 1906). *The Arabian Nights: A Companion* (London, Allen Lane, 1994) de Robert Irwin, ofrece un comentario sobre las distintas traducciones de los cuentos. Colette Colling analiza la temprana recepción de la obra de Burton en «Esoteric Pornography: Sir Richard Burton's Arabian Nights and the Origins of Pornography» (*Victorian Review*, vol. 28, 2, 2002, pp. 31-64). La primera entrega de la traducción de las *Noches* de Yasmine Seale es *Aladdin* (Nueva York, Liveright, 2018).

Las traducciones de poesía son analizadas en profundidad por J. M. Cohen en *English Translators and Translations* (Londres, British Council, 1962) y por Matthew Reynolds en *The Poetry of Translation: From Chaucer and Petrarch to Homer and Logue* (Oxford, OUP, 2011). El ensayo de Octavio Paz «Traducción: literatura y literalidad», traducido al inglés por Irene de Corral, aparece en *Theories of Translation: An Anthology of Essays from Dryden to Derrida* (Chicago, University of Chicago Press, 1992, pp. 152-62) de Rainer Schulte, John Biguenet (eds.).

Para las *Fuentes anónimas* de Eliot Weinberger y el prefacio de John Dryden de las *Heroidas* de Ovidio, véanse las notas de la introducción. Emily Wilson reflexiona sobre la traducción en una carta al *London Review of Books* (vol. 40, 9, 2018).

12 El cincuenta por ciento de Borges

Los recuerdos de Norman Thomas di Giovanni sobre Borges son el tema de sus libros *La lección del maestro* (Buenos Aires, Editorial Sudamericana, 2002) y *Georgie and Elsa: Jorge Luis Borges and His Wife: The Untold Story* (Londres, Friday Project, 2014). Sus traducciones conjuntas, por desgracia, están hoy en día casi descatalogadas: *The Aleph and Other Stories 1933-1969* (Boston, MA, Dutton, 1979), *Doctor Brodie's Report* (Londres y Nueva York, Penguin, 1992) y *The Book of Imaginary Beings* (Nueva York, Vintage, 2002). Lawrence Venuti considera distintos enfoques de la traducción literaria en *The Translator's Invisibility: A History of Translation* (Londres y Nueva York, Routledge, 1995), citando numerosos ejemplos. Para las

Fuentes anónimas de Eliot Weinberger, véanse las notas de la introducción.

13 Culto a la palabra

Los escritos de san Jerónimo son el objeto de varios ensayos incluidos en *Translation - Theory and Practice: A Historical Reader*, editado por Daniel Weissbort y Astradur Eysteinsson (Oxford, OUP, 2006). Anne Enright expone las opiniones de Jerónimo sobre las mujeres en su ensayo «The Genesis of Blame» (*London Review of Books*, vol. 40, 5, 2018). El análisis de Jane Barr, «The Vulgate Genesis and St. Jerome's Attitudes to Women», se incluye en *Equally in God's Image: Women in the Middle Ages* de Julia Bolton Holloway, Joan Bechtold y Constance S. Wright (eds.) (Nueva York, Peter Lang, 1990, pp. 122-28).

Eugene A. Nida relata su experiencia como consultor en la traducción de la Biblia en *Fascinated by Languages* (Ámsterdam y Filadelfia, John Benjamins, 2003). R. Po-chia Hsia resume el enfoque de la traducción de Matteo Ricci en «The Catholic Mission and Translations in China, 1583-1700», publicado en *Cultural Translation in Early Modern Europe* (véanse las notas del capítulo 5, pp. 39-51). La anécdota sobre Adriaan Koerbagh ha sido tomada de la misma colección. Se pueden encontrar más datos sobre Ricci en *The Memory Palace of Matteo Ricci* de Jonathan D. Spence (Londres y Boston, Faber and Faber, 1985) y en *Mission to China: Matteo Ricci and the Jesuit Encounter with the East* de Mary Laven (Londres, Faber and Faber, 2011).

14 *Journalation*

La mayor parte del material de este capítulo procede de diversas publicaciones periódicas y mensajes privados. La historia inicial se cuenta en «The Spectator, or the Metamorphoses of the Periodical: A Study in Cultural Translation» (en *Cultural Translation in Early Modern Europe*; véanse las notas al capítulo 5; pp. 142-60). Los ejemplos relacionados con Irán son citados por Robert Holland en «News Translation», el cual se incluye en *The Routledge Handbook of Translation Studies* (Londres, Routledge, 2013, pp. 332-46) de C. Millán-Varela y F. Bartrina (eds.). La obra de Roberto A. Valdeón «Fifteen Years of Journalistic Translation Research and More» (*Perspectives: Studies in Translatology*, vol. 23, 4, 2015, pp. 634-62) contiene una visión histórica de las noticias en la traducción. La versión de Andrew Bromfield de la novela de Victor Pelevin, publicada en Reino Unido bajo el título *Babylon* (Londres, Faber and Faber, 2001), sirve como una guía práctica para traducir juegos de palabras.

15 Lidiar con los nativos

El caso Dilessi se analiza en detalle en la obra de Romilly Jenkins *The Dilessi Murders* (Plymouth, Longmans, 1961). *Notes on the Recent Murders by Brigands in Greece* de Ioannes Gennadius (Londres, Cartwright, 1870), ofrece una explicación contemporánea de los hechos contados desde una perspectiva griega. *Brigandage in Greece*, de Charles Tuckerman, reimpreso de *Papers Related to the Foreign Relations of the United States* (Londres, 1871), es otra crónica escrita poco después de los asesinatos. La reacción de Reino Unido ante el caso y las libertades que se tomó el traductor griego de Tuckerman son examinadas por Rodanthi Tzanelli en «Unclaimed Colonies: Anglo-Greek Identities through the Prism of the Dilessi/Marathon Murders (1870)» (*Journal of Historical Sociology*, vol. 15, 2, 2002, 169-91). La historia de Solomon Negima es el tema central del capítulo 6 de *Archaeologists, Tourists, Interpreters: Exploring Egypt and the Near East in the Late 19th - Early 20th Centuries*, de Rachel Mairs y Maya Muratov (Londres, Bloomsbury, 2015).

16 Rectificar los nombres

A. Henry Savage Landor recopiló sus informes sobre la rebelión de los bóxers en *China and the Allies* (Nueva York, Charles Scribner's Sons, 1901). Su colega ruso Dmitry Yanchevetsky hizo lo mismo en *U sten nedvizhnago Kitaya*, publicado por primera vez en 1903 y que aparecerá próximamente en mi traducción como *By Never-Changing Cathay's Walls* (Amherst, MA, Amherst College Press). Las relaciones anteriores entre China y Occidente se tratan en *Changing China* (Nueva York, D. Appleton, 1912) de William Gascoyne-Cecil. En *China and Christianity: The Missionary Movement and the Growth of Chinese Antiforeignism, 1860–1870* (Cambridge, MA, Harvard University Press, 1963) Paul A. Cohen ofrece una versión académica de la Convención sino-francesa de 1860. *The Peking Gazette: A Reader in Nineteenth-Century Chinese History*, compilado por Lane J. Harris (Leiden y Boston, Brill, 2018), es una abundante fuente de noticias. La obra de Joseph Estherick *The Origins of the Boxer Uprising* (Berkeley y LA, CA, University of California Press, 1987) aporta un análisis detallado de los problemas nacionales de China y sus interacciones con el mundo exterior a finales del siglo xix y principios del xx. Entre otros estudios académicos sobre el tema se incluyen *The Boxer Rebellion and the Great Game in China: A History* (Nueva York,

Farrar, Straus and Giroux, 2013), de David J. Silbey, y *Peking 1900: The Boxer Rebellion* (Oxford, Osprey, 2013), de Peter Harrington. Algunas de las historias actuales fueron comunicadas en privado por antiguos contratistas lingüísticos militares. El resto procede de reportajes de los medios de comunicación y de *The Interpreters* (2018), un documental dirigido por Andrés Caballero y Sofian Khan, emitido en el canal estadounidense PBS en 2019.

17 La obligación de las autoridades competentes

Este capítulo se basa principalmente en un artículo que escribí para la *London Review of Books* en febrero de 2017 (https://www.lrb.co.uk/blog/2017/february/shambles-in-court). Los demás casos que cito han aparecido en los medios británicos y norteamericanos. Jonathan Downie habla de su experiencia profesional en *Being a Successful Interpreter* (Londres, Routledge, 2016); algunos de sus artículos pueden encontrarse en https://lifeinlincs.wordpress.com/author/integritylanguages. El texto en inglés del libro blanco sobre el Brexit de 2018 *The Future Relationship between the United Kingdom and the European Union* puede consultarse en www.gov.uk/government/publications.

El comentario de Jean-Claude Juncker sobre su uso de la palabra *nebuleux* puede verse en https://www.bbc.co.uk/news/av/uk-politics-46572863/juncker-explains-nebulous-remark. La carta de Robert Walkden (*London Review of Books*, vol. 40, 22, 2018) merece ser leída en su totalidad.

18 Elementos alógicos

Las tres versiones de la historia de Mark Twain aparecen en *The Jumping Frog: In English, Then in French, Then Clawed Back into a Civilized Language Once More by Patient, Unremunerated Toil* (Harvard, Harper & Brothers, 1903). Gran parte de la información histórica y técnica resumida en este capítulo procede del entretenido libro de Thierry Poibeau *Machine Translation* (Cambridge, MA y Londres, MIT Press, 2017). *Deep Learning*, de Ian Goodfellow, Yoshua Bengio y Aaron Courville (Cambridge, MA, MIT Press, 2016), ofrece un exhaustivo estudio de la IA. Se puede acceder al blog de Frédéric Kaplan en https://fkaplan.wordpress.com, y al de Mark Liberman en https://languagelog.ldc.upenn.edu/nll. El lipograma original de Derek Schilling *Translation as Total Social Fact and Scholarly Pursuit* aparece *en Translating Constrained Literature* (véanse las notas al capítulo 2; pp. 841-45).

Agradecimientos

Este libro nunca habría existido sin el apoyo y la ayuda de mis colegas y amigos que se interesaron por él. He tenido la suerte de tener a mi lado a muchos traductores, escritores, editores y lectores brillantes, y a todos ellos les estoy sinceramente agradecida. Ed Lake, la primera persona que pensó en el proyecto y me convenció de que yo era capaz de hacerlo, ha sido un gran editor con el que trabajar. El texto mejoró mucho gracias a la acertada corrección de Hugh Davis. Todos los comentarios y sugerencias de aquellos quienes leyeron los primeros borradores me ayudaron a mejorar: Chloe Aridjis, Houman Barekat, Boris Dralyuk, Dennis Duncan, Bryn Geffert, Mark Polizzotti, Lorna Scott Fox, Yasmine Seale, Nicholas Spice, Andrew Stevens y Tom Wright. Thomas Jones publicó lo que se convertiría en uno de los capítulos en la *London Review of Books*, tras haber editado magistralmente el texto. Gran parte del libro se escribió en bibliotecas y archivos, por lo que quisiera extender mi gratitud al atento personal de la Biblioteca Británica y de la biblioteca de la Escuela de Estudios Orientales y Africanos, cuyo trabajo fue crucial para el éxito del mío. También estoy en deuda con los especialistas que facilitaron mi investigación indicándome las fuentes pertinentes: Andres Caballero, Sergei Chernov, Hamid Ismailov, Homa Katouzian, Noboru Koyama,

So Mayer, Varya Nuttall y Donald Rayfield. Por último, he tenido la suerte de poder comunicarme con algunos de mis
protagonistas, quienes resultaron ser unos entrevistados fascinantes, a los cuales estoy agradecida por prestarme su tiempo y
sus historias: Norman Thomas di Giovanni, Jonathan Downie,
Atar Hadari, Ivan Melkumjan, Stephen Pearl, Thierry Poibeau,
Raz Mohammad Popal, Victor Prokofiev, Hiromi Sakai y Edna
Weale.

Índice de términos

Todas las erratas de este libro
han sido colocadas estratégicamente.